# 铁路钢轨缺陷与伤损图鉴

《铁路钢轨缺陷与伤损图鉴》编委会　编

中国铁道出版社有限公司

2024年·北　京

## 内 容 简 介

钢轨伤损的检测、处理和判定，是铁路线路养护工作的重点和难点之一。不同的生产工艺、不同的焊接手段、不同的运营环境所产生的钢轨伤损会有很大的不同。本书以我国钢轨生产技术发展历程、质量检测经验以及铁路安全运营经验，特别是十余年来高速铁路安全运营经验为依托，全面搜集、整理了从生产到使用过程中已经出现的各类钢轨伤损和缺陷，以图文并茂的形式论述了其特征、检验方法、判定依据、产生原因、处理方法和预防措施，是我国钢轨研发与养护成果的总结。

书中涉及各类钢轨病害一百余种，每一种伤损均配有现场实拍图片以方便读者理解，病害名称后分别用“(★★★)”“(★★)”“(★)”表示该病害出现的频次为常见、一般或少见。为了方便读者查阅，将全书一百余种伤损进行分类，并附以中英文索引。本书对于统一钢轨伤损的名称和定义，让相关技术人员系统了解钢轨病害，快速解决实际工作中出现的问题具有重要意义，可供钢轨生产应用全行业人员使用、参考。

**图书在版编目(CIP)数据**

铁路钢轨缺陷与伤损图鉴/《铁路钢轨缺陷与伤损图鉴》编委会编. —北京：中国铁道出版社有限公司，2023.12(2024.7 重印)
ISBN 978-7-113-29963-7

Ⅰ.①铁… Ⅱ.①铁… Ⅲ.①钢轨-探伤-图谱
Ⅳ.①U213.4-64

中国国家版本馆 CIP 数据核字(2023)第 028326 号

**书　　名**：**铁路钢轨缺陷与伤损图鉴**
TIELU GANGGUI QUEXIAN YU SHANGSUN TUJIAN
**作　　者**：《铁路钢轨缺陷与伤损图鉴》编委会

---

**策划编辑**：王　淳　高　楠
**责任编辑**：高　楠　　**编辑部电话**：(010)51873347　　**电子邮箱**：13522756157@163.com
**封面设计**：尚明龙
**责任校对**：刘　畅
**责任印制**：樊启鹏

---

**出版发行**：中国铁道出版社有限公司(100054，北京市西城区右安门西街 8 号)
**网　　址**：http://www.tdpress.com
**印　　刷**：北京盛通印刷股份有限公司
**版　　次**：2023 年 12 月第 1 版　2024 年 7 月第 3 次印刷
**开　　本**：787 mm×1 092 mm 1/16　**印张**：15　**字数**：252 千
**书　　号**：ISBN 978-7-113-29963-7
**定　　价**：128.00 元

---

# 编审人员

主　　编：张志方　吴细水

副 主 编：高彦嵩　董华利　刘丰收　刘懿乐

编写人员：魏　峰　罗国伟　张军朝　王忠伟
王旭华　吴　军　刘晓卫　张铭达
骆增兴　唐　军　张　斌　刘　明
李晓东　王　川　李中原　许海龙
贵　瑶　王　志　阎晓倩　田　伟
王　强　杜江升　高　博　刘　义
陈殿武　李亚轩　梁　婕　王启明
龚利军　杨其全　梁　旭　陈怀杰
王　昆　郑万吉　董茂松　张旭峰

审定人员：张军政　张银花　姚　力　李志清
冯一波　周剑华

# 前言

钢轨是铁路轨道的重要组成部件，其功能是引导列车车轮运行，直接承受车轮荷载，并将荷载下传至轨枕。钢轨质量的优劣对列车运行的安全性、平稳性和舒适性有直接影响。钢轨的生产制造、铺设运用、维护管理是一项系统工程，涉及多学科、多专业，做好钢轨全生命周期管理意义重大。为延长钢轨全生命周期，保证行车安全，提高钢轨综合使用效益，有必要采取针对性的措施努力减少钢轨缺陷与伤损；同时，由于钢轨相关从业人员往往受限于钢轨全生命周期中的某些特定环节，因而对上下游环节出现的钢轨缺陷、伤损问题缺乏全面了解。有鉴于此，本书结合中国国家铁路集团有限公司相关科研成果和现场实践，系统收集、提炼、总结了钢轨在生产、焊接、使用等过程中出现的缺陷与伤损，编辑形成图鉴，供读者参考使用。

本书共分为四章。第一章为钢轨全生命周期，第二章为钢轨制造缺陷与伤损图鉴，第三章为钢轨焊接缺陷与伤损图鉴，第四章为钢轨使用伤损图鉴。本书言简意赅、图文并茂、内容丰富、通俗易懂，可供钢轨生产应用全行业人员使用、参考。

本书由中国国家铁路集团有限公司科信部、工电部，中铁物轨道科技服务集团有限公司，中国铁道科学研究院集团有限公司，中国铁路沈阳局集团有限公司，中国铁路北京局集团有限公司，中国铁路郑州局集团有限公司，中国铁路济南局集团有限公司，中国铁路成都局集团有限公司，中国铁路西安局集团有限公司，中国铁路太原局集团有限公司，鞍钢股份有限公司，内蒙古包钢钢联股份有限公司，攀钢集团攀枝花钢钒有限公司，武汉钢铁有限公司，邯郸钢铁集团有限责任公司等单位的相关人员共同编写。本书由张志方、吴细水担任主编，高彦嵩、董华利、刘丰收、刘懿乐担任副主编，魏峰、罗国伟、张军朝、王忠伟、王旭华、吴军、刘晓卫、张铭达、骆增兴、唐军、张斌、刘明、李晓东、王川、李中原、许海龙、贵瑶、王志、阎晓倩、田伟、王强、杜江升、高博、刘义、陈殿武、李亚轩、梁婕、王启明、龚利军、杨其全、梁旭、陈怀杰、王昆、郑万吉、董茂松、张旭峰执笔编写，张军政、张银花、姚力、李志清、冯一波、周剑华集体审定。在此，对为本书顺利出版而辛苦付出的人员和有关单位的大力支持表示衷心感谢。

本书相关内容涉及的标准、规章制度等具有时效性，读者阅读时以现行规章制度为准。由于编者水平有限，书中不足之处，欢迎批评指正。

编　者

2023 年 4 月

# 目 录

# 第一章 钢轨全生命周期

钢轨全生命周期包含了钢轨生产、焊接、上道铺设、养护维修及下线等环节，各环节有其系统性及专业性要求，同时这些环节中，上游的产品会对下游的加工过程或使用有影响，整体来看，钢轨全生命周期各环节既相对独立又密切联系。了解钢轨全生命周期重要环节中相关工序及流程有助于理解钢轨缺陷与伤损的产生、处置、预防等内容，因此本章主要介绍钢轨生产、焊接工艺、铺设及运维等环节相关的基本内容。

## 第一节　钢轨生产工艺

钢轨是保障铁路建设和运营的基础设备之一，随着我国铁路的快速发展，钢轨生产设备和工艺技术得到了快速提升。目前国内铁路用钢轨的主要生产厂家有鞍钢①、包钢②、攀钢③、武钢④和邯钢⑤，钢轨生产流程基本相同。

### 一、工艺流程

钢轨工艺流程可以大致分为冶炼和轧制两大步骤，简单来说，冶炼是把铁水炼成具有特定质量要求的钢水，并将钢水浇铸成固态钢坯的过程。轧制是将加热后的钢坯通过具有不同孔型的轧机或轧制机组，得到满足使用要求的钢轨形状，同时辅以相应的工艺获得不同的钢轨性能，如通过热处理工艺提升钢轨的强度、硬度等。目前我国的钢轨生产主要采用图 1-1-1 所示的流程，各钢厂根据自身条件，在工艺流程上存在略微差异。

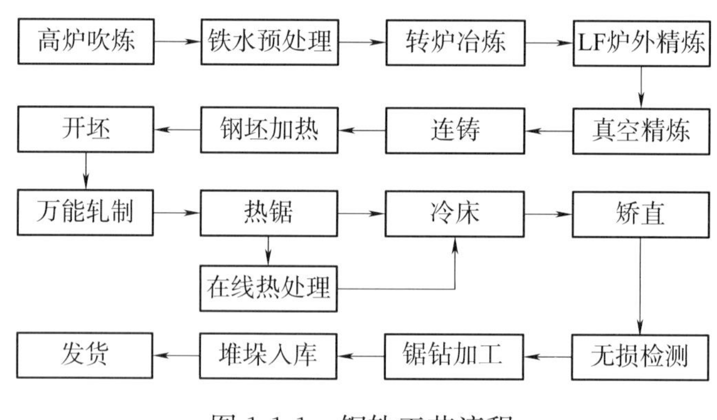


图 1-1-1　钢轨工艺流程

#### （一）冶炼工艺

目前各钢厂钢轨钢冶炼工艺均采用长工艺流程，即以铁矿石为原料，经高炉冶炼成铁水，对铁水进行脱硫等处理后，由转炉炼成钢水，然后经过炉外精炼和真空精炼，最后通过连续浇铸（连铸）形成矩形断面钢坯，期间通过调节合

---

① 鞍钢股份有限公司的简称。
② 内蒙古包钢钢联股份有限公司的简称。
③ 攀钢集团攀枝花钢钒有限公司的简称。
④ 武汉钢铁有限公司的简称。
⑤ 邯郸钢铁集团有限公司的简称。

金元素以获得目标成分，钢坯作为钢轨轧制的“原料”进入下一环节。

早期采用模铸的方式生产钢坯，不仅自动化水平及生产效率低下，而且往往需要依靠生产人员的经验，因此生产质量稳定性得不到保障，加上早期炼钢技术不成熟，在内部洁净度等控制方面也存在难点，所以模铸钢坯生产的钢轨不能满足当前铁路运输对钢轨质量的要求。与模铸相比，连铸钢坯可以实现连续浇注，并通过电磁搅拌、轻压下等技术，加上炼钢过程的自动控制，提高了钢轨的内部质量，减少了缺陷的产生，提升了生产稳定性及效率，可以满足铁路高质量发展对钢轨的需求。

(二)轧制工艺

当前钢轨轧制工艺采用的均是万能轧制法(图 1-1-2)，与传统的孔型轧制法(图 1-1-3)相比，钢轨头部和底部的晶粒更细化，组织和性能得到了有效改善，同时断面尺寸精度较高、表面质量较好，由于变形更加均匀，冷却后的弯曲变形小，内部应力也相对较小，并且在生产成本和能耗上也有明显的降低，因此使用万能轧制法生产的钢轨具有更好的尺寸精度和性能。另外，万能轧制法实现了钢轨由短尺转变为百米长定尺生产，减少了无缝线路的焊头数。

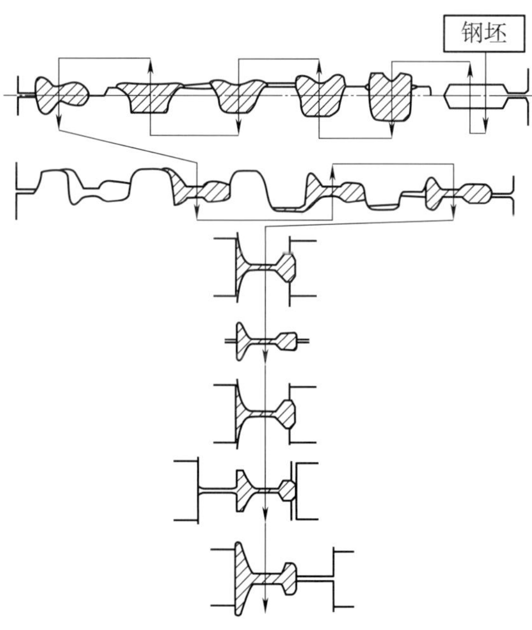


图 1-1-2　万能轧制法示意

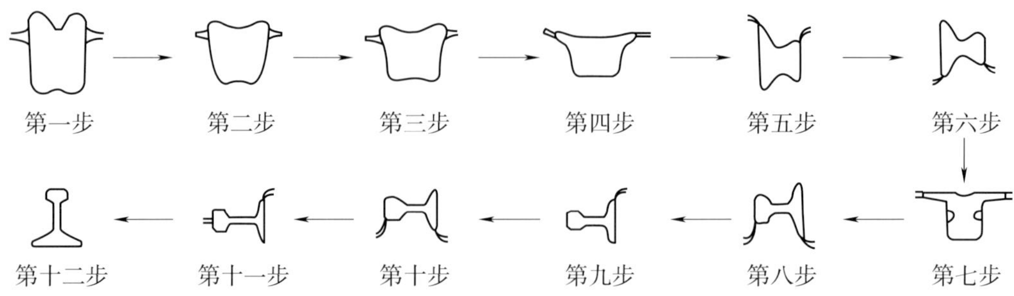


图 1-1-3　孔型轧制法示意

## 二、主要工序

### (一)铁水预处理

铁水预处理是指高炉铁水在转炉冶炼前,为提高入炉铁水质量而进行的脱硫、脱磷、脱硅及提取铁水中有价元素(如钒)等一系列冶金处理。铁水预处理能显著改善炼钢炉脱硫、脱磷的条件,降低钢水中非金属夹杂物含量,提高钢的纯净度。

### (二)转炉冶炼

转炉冶炼在炼钢工艺中起到承上启下的作用,是实现铁水转化为钢水的关键工序。采用顶底复吹工艺,把原料中过多的碳、硫、磷等杂质去掉并加入适量的合金元素以获得特定的性能。

### (三)LF 炉外精炼

LF 炉外精炼是指在冶炼炉(转炉)生产钢水的基础上,以更加经济、有效的方法,改善钢水的物理与化学性能,其主要任务是脱硫后控制合适的钢水温度、实现合金化以及去除非金属夹杂物。钢包精炼时可以添加合金和渣料,调整钢水成分、深度脱硫和脱氧,钢水通过电弧加热获得新的热能,保障钢水连铸时的开浇温度。通过装在钢包底部的透气砖向钢水中吹氩,对钢水进行充分的搅拌。钢水的搅拌可以均匀钢水的温度和成分,提高钢水脱硫反应速率,促使钢水中非金属夹杂物的上浮吸附,减少钢液中的非金属夹杂物。

### (四)真空精炼

真空精炼是指在远低于常压(故称真空)的环境下脱除钢水中的有害气体,并通过钢水循环使得非金属夹杂物上浮吸附、均匀钢水成分和温度。目前

钢轨生产中主要有 VD(真空脱气)和 RH(真空循环脱气)两种真空精炼方式。

### (五)连　铸

连铸是液态钢水通过连铸机浇注、冷凝、切割而得到连铸坯的连续铸造工艺的简称。钢水从钢包经中间包流入结晶器,在结晶器内经一次冷却形成坯壳。带液芯的坯壳在二次冷却区利用喷水或喷雾连续冷却并矫直,直至钢水完全凝固后拉出连铸机,并被切割成下步工序所需要的定尺钢坯(连铸坯)。连铸工艺控制不当会影响钢轨的内部质量和外观质量,严重的内部质量缺陷(如中心缩孔)在后续轧制过程中不能有效愈合,会产生钢轨腰部缺陷;严重的外观质量缺陷如角部裂纹、表面凹槽和划伤等在后续加热及轧制过程中也不能完全消除,会在钢轨表面产生缺陷。连铸大包向连铸中间包浇注钢水如图 1-1-4 所示,钢水连续铸造成连铸坯如图 1-1-5 所示。

图 1-1-4　钢水浇注

图 1-1-5　连铸成型

（六）钢坯加热

钢坯轧制前需要加热到一定温度以上，目的是提高钢的塑性，降低变形抗力。加热炉是钢坯加热的主要设备，根据钢坯在炉内的运动方式，可分为推钢式或步进式。推钢式加热炉采用推钢机推动钢坯由进料端向出料端移动，钢坯始终与加热炉炉底滑轨接触，长期使用并缺少维护时可能划伤钢坯底部；同时，由于钢坯之间密贴接触，会产生加热不均的情况。步进式加热炉采用步进梁往复运动把钢坯由进料端送至出料端，钢坯运动时不会与炉底产生相对滑动，可以减少钢坯表面划伤的产生，表面质量更好。除钢坯在加热炉内的运动方式对钢坯表面质量有影响外，加热工艺对钢轨的内部质量也有影响，主要是加热会导致碳原子溢出，影响钢轨表面脱碳层深度。

（七）万能轧制

万能轧制是用轧机将钢坯加工成特定的形状，国内外钢轨轧制生产线布置主要有七机架和五机架两种形式。七机架布置的轧线由两架开坯机（BD1-BD2）、万能粗轧机组（U1-E1）、万能中轧机组（U2-E2）、万能精轧机（UF）组成，如图 1-1-6 所示。采用该布置方式，轧件在万能精轧机生产线上不形成连轧关系，一定程度上避免了由于机架间张力变化造成的产品尺寸波动。五机架布置的轧线由两架开坯机（BD1-BD2）和三架可逆式万能连轧机组（UR-E-UF）组成，具有轧制线短、占地面积小等特点，布置形式如图 1-1-7 所示。

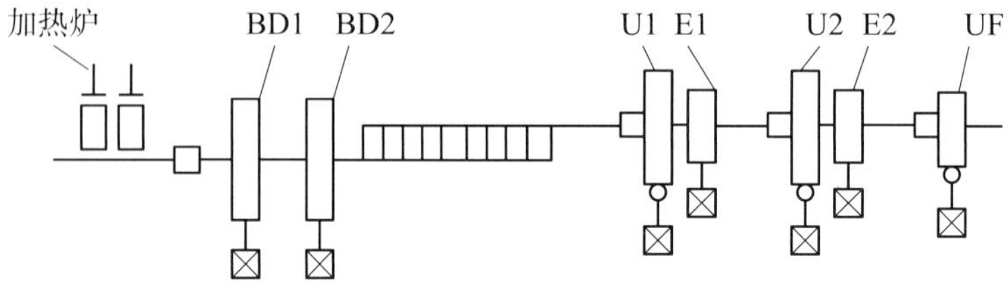

图 1-1-6　七机架布置形式示意

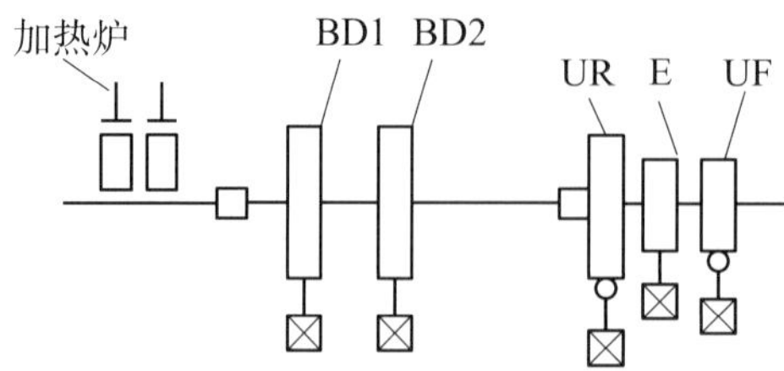

图 1-1-7　五机架布置形式示意

轧制工序控制不当不仅影响钢轨型式尺寸、平直度及扭曲，也直接影响钢轨表面质量，为保证钢轨具有良好的表面质量，轧线一般配备有高压水或高压风除鳞装置，利用高压水或高压风对加热后的钢坯或高温轧件进行冲洗，去除钢坯或轧件表面的氧化铁皮，防止在轧制过程中产生表面质量缺陷，轧制过程如图 1-1-8 所示。轧辊的标定精度，轴承座稳定性，轧件进、出钢状态，导卫受力状态，轧辊、导卫(图 1-1-9)及辊道的表面质量，轧制参数的调整等，都会对钢轨的表面质量产生影响。

图 1-1-8　钢轨轧制

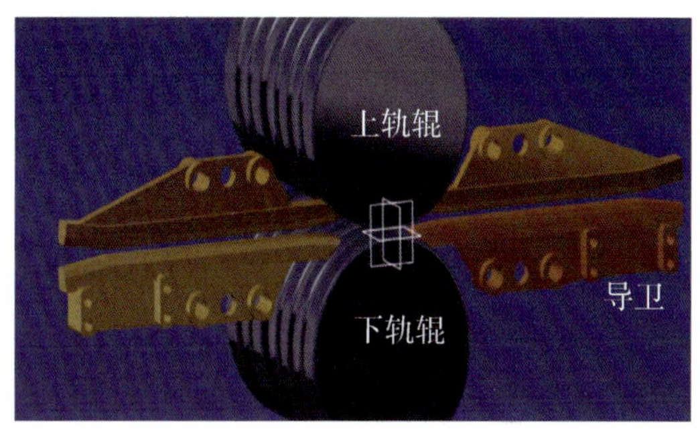


图 1-1-9　轧辊、导卫示意

### (八)热　处　理

钢轨热处理分为在线热处理和离线热处理。在线热处理是利用钢轨轧制余热，通过在线热处理机组施加一定速率的冷却介质，使钢轨轨头得到细片状珠光体组织，获得更高的强度和硬度。在线热处理是控制热处理钢轨组织、性能的关键工序，用该工序生产的全长热处理钢轨质量相对稳定。离线热处理是将冷却的钢轨加热到相转变温度后通过冷却获得细片状珠光体组织，早期的离线热处理生产线由于热处理效率低、质量控制波动大，基本不再使用，目前仅有道岔厂还用于处理部分钢轨品种，钢厂一般用于带螺栓孔钢轨的轨头热处理。

### (九)矫　　直

钢轨采用平立复合矫直机进行矫直，将冷却至室温的钢轨通过连续的三点弯曲弹塑性变形改善其不平顺，以获得较好的平直度，如图 1-1-10 所示。矫直机主要由机架本体、矫直圈和锥套组成，水平矫直机控制钢轨的上下弯度，同时能对钢轨部分规格尺寸进行微调，优化成品尺寸；立式矫直机控制钢轨的水平弯曲度和扭曲状态。

图 1-1-10　钢轨矫直

## （十）锯钻加工

钢轨锯切是使用锯钻组合机床进行加工以获得需要的定尺长度，并切除掉无法矫直及未进行超声波探伤区域，如图 1-1-11 所示，操作不当会导致锯切面锯斜，钢轨长度超标等缺陷。钻孔是使用锯钻组合机床在钢轨端部按照需求进行加工，如图 1-1-12 所示，操作不当会导致钻孔直径、钻孔位置超标，甚至是未完全钻孔等缺陷。锯切及钻孔后需要对边缘进行去除毛刺及倒棱等处理。

图 1-1-11　钢轨锯切

图 1-1-12　钻孔

## （十一）钢轨输送及吊装

钢轨生产过程中主要采用辊道输送，使用横移链条或横移小车横向移动，如图 1-1-13 和图 1-1-14 所示。设备状态不稳定会使钢轨在移动过程中产生热态或冷态表面缺陷，横移不当还会影响钢轨平直度，如形成硬弯等。

图 1-1-13　钢轨输送辊道和横移小车

图 1-1-14　钢轨横移链条

钢轨生产中的吊运、装卸主要采用磁吸龙门吊，如图 1-1-15 所示。吊运过程中可能出现断电消磁导致钢轨坠落，在装车过程中钢轨与钢轨装载运输座架碰撞产生撞伤、划伤等，采用卡吊吊运钢轨时卡具磕伤钢轨等。

图 1-1-15　钢轨吊运

## 三、钢轨的分类

### （一）按钢牌号分类

目前国内生产的热轧钢轨钢牌号有 U71Mn、U75V、U78CrV、U77MnCr、U76CrRE，其中“U”是“轨”的汉语拼音“GUI”中的第二个字母（因第一个字母已被滚动轴承钢使用），“71”“75”等是标准中要求的碳元素含量范围的中间值，“Mn”“V”“Cr”“RE”（指稀土元素）等是加入的合金元素，高速铁路[①]用钢

① 本书中所称高速铁路是指运行速度 200 km/h 及以上的铁路线路和 200 km/h 以下仅运行动车组列车的铁路线路。

轨是在辊印中加入高速标识"G",目前有 U71MnG、U75VG。需要说明的是,《钢轨　第 1 部分:43 kg/m～75 kg/m 钢轨》(TB/T 2344.1—2020)标准颁布前,U71MnG 和 U75VG 是作为钢牌号纳入《高速铁路用钢轨》(TB/T 3276—2011)标准中的,为便于管理,2020 年修订标准时"G"只代表速度等级,不代表钢牌号,用于运行速度大于或等于200 km/h 的钢轨仍用"G"标记,用于运行速度小于 200 km/h 的钢轨不作速度等级标记。为满足线路对高强度钢轨的需求,在生产过程中通过热处理提高钢轨的强度和硬度,常用的热处理钢轨钢牌号有 U71MnH、U75VH、U78CrVH、U77MnCrH 等。此外,还有一些特殊功能的钢轨如 U68CuCr(耐蚀钢轨)、贝氏体钢轨(贝马复相、无碳化物)及过共析钢轨(U95Cr)等。一些线路还可能看见老的钢牌号钢轨,如 U74 等,但目前已不生产。

(二)按轨型分类

通过轨型可以确定钢轨的横断面类型,一般使用每米的质量(kg)来表征,目前生产的钢轨轨型有 43 kg/m、50 kg/m、60 kg/m(60N)、75 kg/m(75N)等,其中"N"是英文单词"NEW"的首字母,60N 和 75N 轨型是在 60 kg/m、75 kg/m 的基础上为适应轮轨关系而调整的新轨型。从产量情况来看,60 kg/m(60N)及 75 kg/m(75N)钢轨产量较大,50 kg/m 钢轨产量较少,43 kg/m 钢轨目前已很少生产。

在实际使用过程中,还有一种用于制作道岔的非对称断面钢轨,轨型有 50AT1、60AT1、60AT2、60AT3、60TY1,其中"50"表示与之连接的钢轨轨型,"AT"表示矮型特种断面钢轨,"TY"表示特种断面翼轨,最后的数字表示同一系列中的不同类型钢轨。

(三)其他分类

按定尺长度分类,目前常用的钢轨定尺长度有 100 m、25 m 和 12.5 m。按线路连接时不同的加工方式可分为焊接轨(不钻孔)和端部钻孔钢轨等。

## 四、钢轨标准及质量指标

(一)标　　准

我国钢轨生产及出厂检测主要相关标准见表 1-1-1。

**表 1-1-1　钢轨生产及出厂检测主要标准**

| 标　　准 | 其他引用标准(以下标准未注明日期,以最新版本为准) |
|---|---|
| 《钢轨　第 1 部分:43 kg/m～75 kg/m 钢轨》(TB/T 2344.1—2020)<br>《钢轨　第 2 部分:道岔用非对称断面钢轨》(TB/T 2344.2—2020) | 《钢铁及合金化学分析方法　钽试剂萃取光度法测定矾含量》(GB/T 223.14)<br>《钢铁及合金化学分析方法　萃取分离-偶氮氯膦 mA 分光光度法测定稀土总量》(GB/T 223.49)<br>《钢铁及合金化学分析方法　高氯酸脱水重量法测定硅含量》(GB/T 223.60)<br>《钢铁及合金化学分析方法　乙酸丁酯萃取光度法测定磷量》(GB/T 223.62)<br>《钢铁及合金　锰含量的测定　高碘酸钠(钾)分光光度法》(GB/T 223.63)<br>《钢铁及合金化学分析方法　管式炉内燃烧后碘酸钾滴定法测定硫含量》(GB/T 223.68)<br>《钢铁及合金化学分析方法　管式炉内燃烧后重量法测定碳含量》(GB/T 223.71)<br>《钢铁　氢含量的测定　惰性气体熔融-热导或红外法》(GB/T 223.82)<br>《碳素钢和中低合金钢　多元素含量的测定　火花放电原子发射光谱法(常规法)》(GB/T 4336)<br>《钢和铁　化学成分测定用试样的取样和制样方法》(GB/T 20066)<br>《钢铁　总碳硫含量的测定　高频感应炉燃烧后红外吸收法(常规方法)》(GB/T 20123)<br>《钢铁　氧含量的测定　脉冲加热惰气熔融-红外线吸收法》(GB/T 11261)<br>《钢铁　氮含量的测定　惰性气体熔融热导法(常规方法)》(GB/T 20124)<br>《低合金钢　多元素含量的测定　电感耦合等离子体发射光谱法》(GB/T 20125)<br>《钢的低倍组织及缺陷酸蚀检验法》(GB/T 226)<br>《金属材料　拉伸试验　第 1 部分:室温试验方法》(GB/T 228.1)<br>《金属材料　洛氏硬度试验　第 1 部分:试验方法》(GB/T 230.1)<br>《金属材料　布氏硬度试验　第 1 部分:试验方法》(GB/T 231.1)<br>《金属材料　维氏硬度试验　第 1 部分:试验方法》(GB/T 4340.1)<br>《钢中非金属夹杂物含量的测定　标准评级图显微检验法》(GB/T 10561)<br>《金属显微组织检验方法》(GB/T 13298)<br>《钢轨超声波探伤方法》(YB/T 951)<br>《金属材料　疲劳试验　轴向力控制方法》(GB/T 3075)<br>《金属材料　平面应变断裂韧度 $K_{IC}$ 试验方法》(GB/T 4161)<br>《金属材料　疲劳试验　疲劳裂纹扩展方法》(GB/T 6398) |

(二)钢轨主要质量指标

钢轨质量与其化学成分、理化性能及外观质量等有关,其主要质量指标如下。

1. 化学成分

钢轨化学成分直接影响钢轨理化性能,钢轨主要的化学成分有 C、Si、Mn、P、S、V、Cr、Al 等,合理的化学成分控制区间可以获得需要的性能,如增加 C 含量可以提升钢轨的强度和硬度,但 C 含量过高时,钢轨的脆性也会加大,因此在标准中对钢轨化学成分的上下偏差有明确的规定。

钢轨中的残留元素需要限制其含量上限，如 Ni、Co、Cu 等，但不同成分的配比可以发挥残留元素在钢轨中的性能优势以满足特定的使用要求，如提高耐蚀轨中的 Cu 可以有效提升钢轨的耐腐蚀能力。

2. 气体元素

气体元素通常指的是 H、O、N，需要严格控制其含量，其中 H 对钢轨的危害是巨大的，当钢轨中 H 含量过大时，可能促成“白点”的形成，破坏钢轨内部的连续性，在使用过程中由于应力作用会导致钢轨的脆性断裂。O 和 N 会降低钢轨的力学性能，并且 N 含量还会影响钢轨的可焊性。

3. 显微组织

显微组织对钢轨的力学性能有影响。目前钢轨的显微组织主要是珠光体组织，其具有适应钢轨需求的强度和韧性。在珠光体钢轨生产和使用过程中应控制不能产生马氏体组织，因为此类组织强度较高但韧性较低，会严重影响钢轨使用性能。但对于贝马复相的贝氏体钢轨，允许存在贝氏体和马氏体组织。

4. 非金属夹杂物

非金属夹杂物是钢轨在制造过程中产生的“杂质”，其破坏了钢轨基体本身的连续性，应尽量减少非金属夹杂物的尺寸及数量。

5. 宏观组织形貌

宏观组织形貌需在低倍状态下观察，属于缺陷的有中心疏松、偏析等。这些缺陷通常对钢轨的使用是有害的，因此标准规定了一些不允许存在的宏观组织形貌。

6. 强度、硬度和塑性

强度是指钢材抵抗永久变形及断裂的能力，硬度是指钢材局部抵抗硬物压入其表面的能力，塑性是指钢材在外力作用下能发生永久变形而不破坏其完整性的能力。一般来说，钢轨强度越高，硬度也越大，而塑性越低，反之亦然。钢轨使用过程中并非强度、硬度越高越好，应根据线路条件选择合适强度的钢轨，并关注使用过程中轮轨磨耗后的匹配状态。

7. 脱碳层

脱碳层是连铸坯在加热和高温轧制阶段，由于最表层的碳原子与外界反应而造成碳原子缺失所形成的。脱碳层会导致钢轨表层的硬度降低、耐磨性能和疲劳强度变差，较深的脱碳层会明显影响钢轨使用，降低钢轨使用寿命。

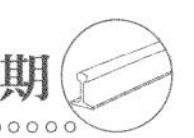

8. 型式尺寸

型式尺寸是指钢轨断面尺寸，标准规定了一些主要尺寸指标，如钢轨高度、轨头宽度、轨冠饱满度、轨底宽度、断面不对称等。型式尺寸不合格会影响焊接对轨质量，有些指标不合格也会影响上道使用，尤其是轨头的尺寸，对列车运行及钢轨使用寿命等均有影响。

9. 平直度及扭曲

平直度及扭曲是指钢轨的纵向尺寸，控制不当会影响焊接、铺设以及线路的平顺性等。

10. 表面质量

钢轨表面缺陷会影响钢轨上道使用，其中轨底横向划痕、封闭性轧疤等不易发现的缺陷对线路运行安全影响较大，在上道使用过程中会因作用力导致钢轨出现掉块甚至断裂。

11. 其他指标

钢轨的其他指标还有断裂韧性、轨底残余应力等。

## 第二节　钢轨焊接工艺

无缝线路加工的关键工序是钢轨焊接，钢轨通过焊接相连接，以保证轨道的稳定性与平顺性，减少列车的冲击与振动，延长轮轨使用寿命。本节主要介绍目前国内广泛应用的三种钢轨焊接方式：闪光焊、气压焊和铝热焊。

### 一、闪 光 焊

闪光焊又称接触焊，是电阻对焊的一种。闪光焊通过将两个工件接通电源，利用工件接触电阻产生的电阻热将工件端部加热融化，达到一定温度时施加顶锻力，使焊接区域发生强烈塑性变形，结合面相互结晶，形成牢固焊接接头。

钢轨的闪光焊按照焊接地点及焊接设备的不同，又可分为固定式闪光焊和移动式闪光焊，固定式闪光焊主要应用于焊轨厂焊接，移动式闪光焊主要应用于现场焊接。

#### (一)固定式闪光焊

1. 工艺流程

我国焊轨基地采用的是固定式闪光焊，其基本工艺流程如图 1-2-1 所示，由于建设规模和建设时间不同，生产工艺流程会有部分差异。

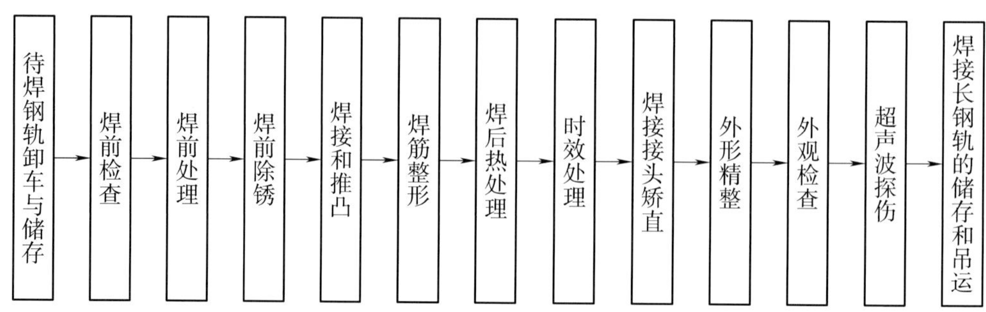


图 1-2-1　固定式闪光焊工艺流程示意

2. 主要工序介绍

(1)待焊钢轨卸车与储存

使用龙门吊将待焊钢轨从平板车吊卸至存轨台指定地点，按要求对不同钢牌号、规格、生产厂、速度等级、交货状态的钢轨分开堆码存放并做好标识。该工序要严格装卸控制，操作不当会导致钢轨摔跌、磕碰，夹持不当以及存放不规范等会导致钢轨伤损，存放时间太长会导致钢轨锈蚀严重等。

(2)焊前检查

焊前检查是根据焊接钢轨速度等级要求对钢轨表面质量、型式尺寸、端面斜度、端部扭曲、平直度等进行检测，剔除不合格钢轨，并且对每支钢轨进行条形码编号，为钢轨焊接生产系统提供钢轨信息。

(3)焊前处理

焊前处理包括钢轨除湿、矫直、锯切、去除影响焊接夹持和推凸的轨腰部位凸起标志等工作，其中在钢轨母材矫直作业过程中不应使钢轨产生任何伤损，对于端部弯曲无法矫直的钢轨，应将弯曲的钢轨端部锯切掉，锯切后钢轨的端面斜度应符合相应的钢轨标准要求。

(4)焊前除锈

为增加钢轨与焊机电极导电性，提高焊接电流强度和稳定性，需要在钢轨焊接前对钢轨端面、轨顶和轨底面进行除锈。钢轨除锈面待焊时间超过 24 h 以上或除锈面被水、油、污垢等污染时，应重新进行除锈处理。若除锈不净则会导致焊接电流降低，造成焊接不牢固，接头内部产生质量隐患。

(5)焊接和推凸

焊接和推凸是固定式闪光焊的核心工序。在焊机中设置适宜的焊接工艺参数对钢轨进行焊接，焊接完成后利用自动推凸功能，将顶锻凸出的多余金属焊筋切除。为了保障焊接质量，每次焊接前操作人员对焊接环境、钢轨状态、焊接工艺、焊接电压、焊机状态等信息进行检查核对。焊接完成后应检查焊接曲线、接头表面质量、推凸质量，测量接头错边量及清洁焊机等，并对接头进行标识。

固定式闪光焊按闪光方式不同分为预热闪光焊和连续闪光焊，目前使用较多的是预热闪光焊。

预热闪光焊以短路预热为主要加热形式，通过钢轨端面多次短路接触，产生大量的热能，使钢轨端部及附近区域金属被强烈加热，目前使用较多的是固定式直流焊机，如图 1-2-2 和图 1-2-3 所示。其焊接工艺过程分为闪平、预热、烧化、顶锻、保持五个阶段，典型预热闪光焊工艺曲线如图 1-2-4 所示。焊接工序控制不当会使焊头内部质量及外观质量产生缺陷。

图 1-2-2　目前使用较广泛的 GAAS80 焊机

图 1-2-3　我国自主研发的 GHG800 焊机

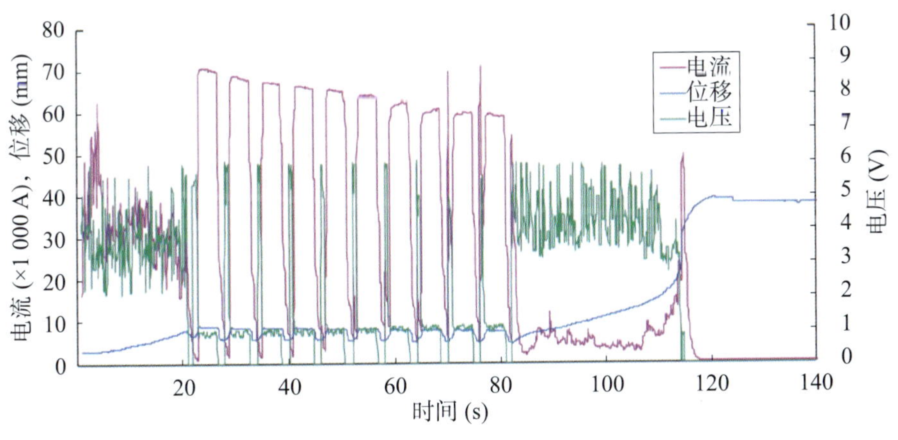


图 1-2-4　预热闪光焊工艺曲线示意

连续闪光焊依靠连续闪光进行加热，从焊接开始直到顶锻，钢轨端面一直进行连续不断的闪光，初始阶段闪光激烈，末端闪光均匀，目前使用较多的是 K 系列焊机，如图 1-2-5 所示。焊接工艺过程可分为预闪、连续闪光、加速烧化、顶锻、保持五个阶段，连续闪光焊工艺曲线如图 1-2-6 所示。

图 1-2-5 K 系列焊机

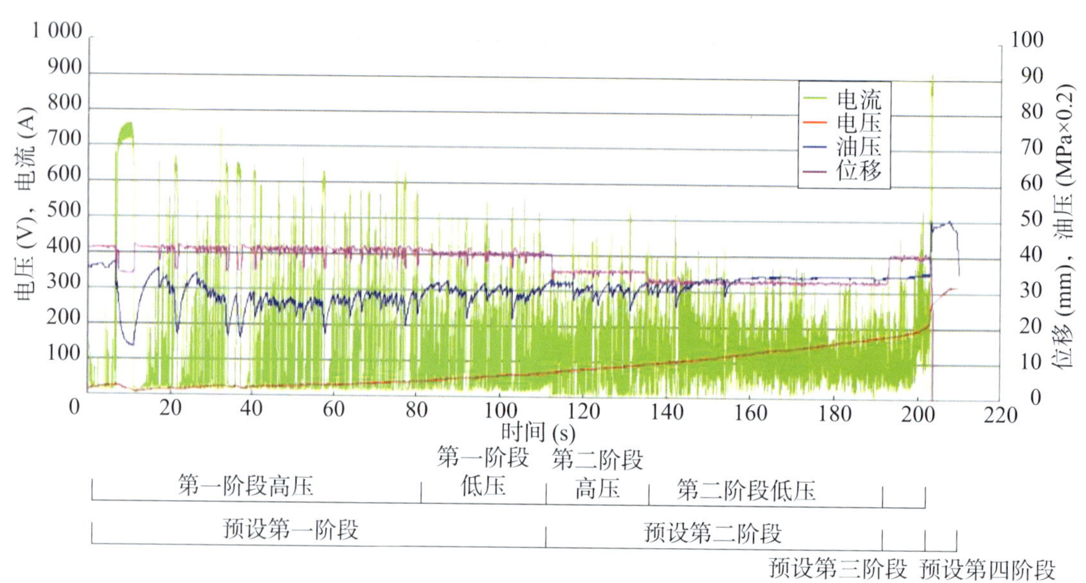


图 1-2-6 连续闪光焊工艺曲线示意

(6)焊筋整形

采用磨削或铣削方式进行焊筋整形。焊筋整形的对象是轨腰、轨底和轨头非工作边的焊筋，轨头工作边(导向面，下同)的焊筋也可以在外形精整工位去除。如果对接头顶面(行车面，下同)或导向面的焊筋进行磨削或铣削，不应加工至钢轨母材。焊筋整形作业时，加工刀痕应沿钢轨纵向方向，不应沿钢轨横向方向；应将焊筋表面加工至与钢轨表面平齐，焊筋边缘与钢轨母材过渡处应无棱角。焊筋整形后的钢轨表面应平滑、无棱角或台阶，表面粗糙度应满足超声波探伤扫查需要。粗铣机铣刀在铣削过程中操作不当会损伤钢轨母材表面从而产生铣痕，甚至铣亏，而砂轮打磨过程中压力过大或同一位置打磨时间过长，易产生打磨灼伤。

(7)焊后热处理

焊后热处理是指通过对焊接接头加热、保温和控制冷却,使其获得预期组织和性能的一种金属热处理工艺,如图 1-2-7 所示。钢轨焊后热处理作业一般包括加热过程和冷却过程。焊轨基地采用电感应加热的方式及喷风冷却的方式对焊接接头进行热处理,以达到细化金属组织、提高焊接接头韧性、提高焊接接头和母材硬度匹配程度、消除接头可能出现的异常显微组织和改善焊接残余应力分布的目的。

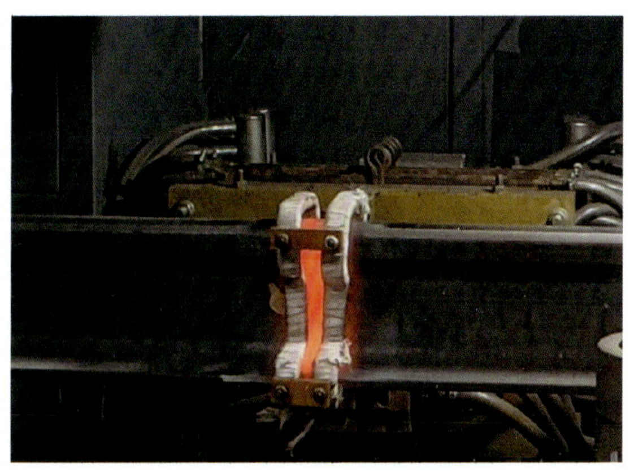

图 1-2-7　焊后热处理

(8)时效处理

使用龙门吊将焊接线所生产的半成品长钢轨吊至时效台,按要求堆码存放,并在时效台存放 24 h 以上,以充分释放钢轨焊接内应力,为接头矫直和精整作准备。长钢轨时效处理工序如图 1-2-8 所示。

图 1-2-8　长钢轨时效处理

(9)焊接接头矫直

使用四向钢轨调直机，对以焊缝为中心 1 m 范围内的钢轨行车面和导向面平直度偏差进行矫正，以达到质量要求。

(10)外形精整

采用精磨(精铣)机对焊接接头行车面、导向面进行外形精整，保证接头平直度符合标准。外形精整不应使焊接接头或钢轨产生任何机械损伤或热损伤。精整后轨头应与母材具有一致的轮廓形状，精整长度、廓形、粗糙度等应满足接头表面质量检验要求。外形精整后的焊接接头如图 1-2-9 所示。

图 1-2-9　外形精整后的焊接接头

(11)外观检验

采用非接触式测量装置(如钢轨电子平直仪等)检查钢轨焊接接头行车面平直度和不平度、导向面平直度；检查外形精整后的轨头廓形质量、表面粗糙度和外形精整的长度。目视检查接头表面质量(电极灼伤、打磨灼伤、焊筋整形质量等)、焊接长钢轨端部表面质量等。

(12)超声波探伤

为了保证上道铺设的焊接接头不存在夹渣、裂纹、过烧等各类内部缺陷，采用单探头法和双探头法对焊接接头进行超声波探伤。探伤前检查探测面表面状态，应无锈蚀和焊渣，打磨面应平顺、光滑，打磨范围应能满足探伤扫查的需要。

(13)焊接长钢轨的存储和吊运

采用龙门吊吊运长钢轨，并按钢牌号、规格、生产厂、速度等级、交货状态分类码放。吊运时要注意不能有吊运设备不同步导致的钢轨弯曲、坠落导致的钢轨伤损等，存放时要严格按要求存放，避免因存放不规范导致钢轨的扭曲、平直度等超标。

### （二）移动式闪光焊

1. 工艺流程

移动式闪光焊的工艺流程如图 1-2-10 所示。

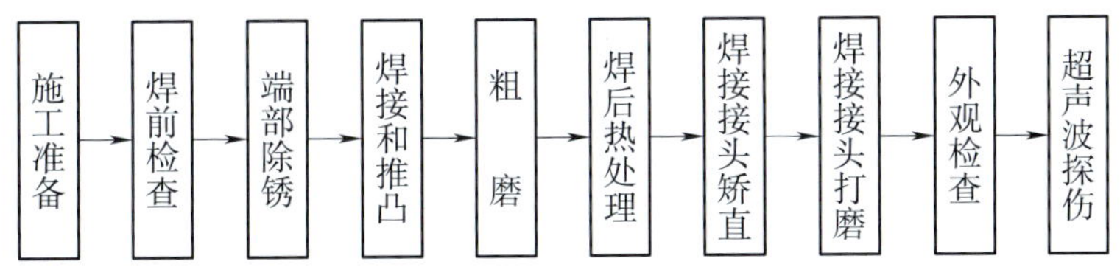


图 1-2-10　移动式闪光焊工艺流程示意

2. 主要工艺介绍

与固定式闪光焊类似，移动式闪光焊的主要生产工艺包括施工准备、焊前检查、端部除锈、焊接和推凸、粗磨、焊后热处理、焊接接头矫直、焊接接头打磨、外观检查、超声波探伤，由于移动式闪光焊多在线路现场进行，受环境（气温、天气等）、设备状态、人员操作等影响较大，因此对工艺控制的要求更高。

我国移动式闪光焊使用的焊接设备有自行式移动焊轨车和非自行式移动焊轨车两种，焊机主要采用的是 LR1200 闪光焊机，如图 1-2-11 所示。

图 1-2-11　LR1200 闪光焊机

自行式焊轨车外观如图 1-2-12 所示。非自行式焊轨车是用集装箱将 LR1200 焊机系统加装至普通平车上，如图 1-2-13 所示，无自运行能力，需要由轨道车牵引至焊接地点进行焊接。

图 1-2-12　自行式焊轨车

图 1-2-13　非自行式焊轨车

## 二、气 压 焊

钢轨气压焊是一种用燃烧气体火焰加热待焊钢轨至塑性或表面熔化状态，然后施加一定压力，使钢轨结合为一体的焊接方法。

气压焊前需对清洁的钢轨端面施加一定的预顶力，使两个待焊轨端面紧密贴合，用气体火焰加热端面周围，使其达到塑性状态，待金属原子具有了足够的活化能，能够穿过贴合面互相扩散时，即对贴合面加压顶锻，使焊接表面之间的距离缩短，达到分子之间的金属键连接，从而完成焊接，如图 1-2-14 所示。

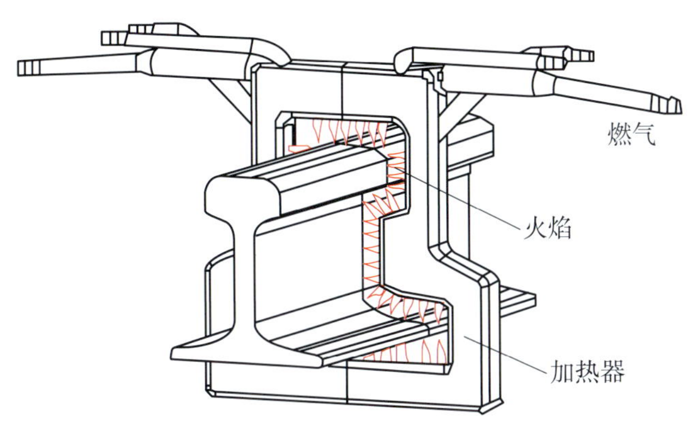


图 1-2-14　气压焊示意

## (一)气压焊流程

移动气压焊流程如图 1-2-15 所示。

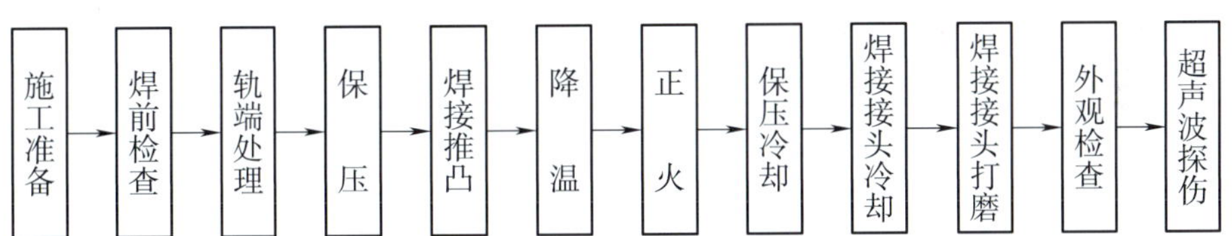


图 1-2-15　移动气压焊流程示意

## (二)主要工艺介绍

轨端处理是气压焊的关键环节，端面斜度不良，轨端存在加工硬化层，端面被油、污物等污染，都将存在于焊接接头内部，形成焊接伤损。因此焊接前需要打磨钢轨端面，并用四氯化碳对端部进行清洗，保持端面满足待焊要求。

国内气压焊轨设备主要为 YHGQ-1200 气压焊轨车，如图 1-2-16 和图 1-2-17 所示。YHGQ-1200 气压焊轨车是具备焊接、热处理一机化作业功能的现代焊轨装备，能适应我国高速铁路、重载铁路和城际铁路焊轨工程的线下单元焊、线上锁定焊、合龙锁定焊等复杂工况。

图 1-2-16　气压焊轨车

图 1-2-17　气压焊轨车的焊机

## 三、铝 热 焊

铝热焊是在待焊钢轨之间留出一定的间隙，周边用模具围住，然后点燃坩埚中的铝热焊剂，通过氧化还原反应放热生成液态的金属，将液态金属注入钢轨之间的间隙，完成钢轨焊接，如图 1-2-18 所示。

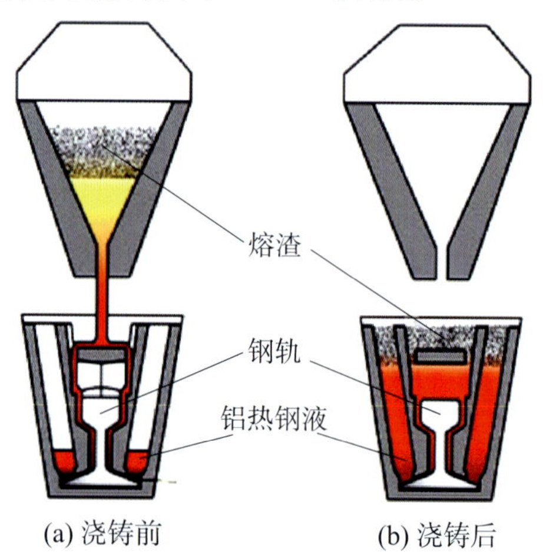


图 1-2-18　铝热焊

### (一)铝热焊流程

铝热焊工艺流程如图 1-2-19 所示。

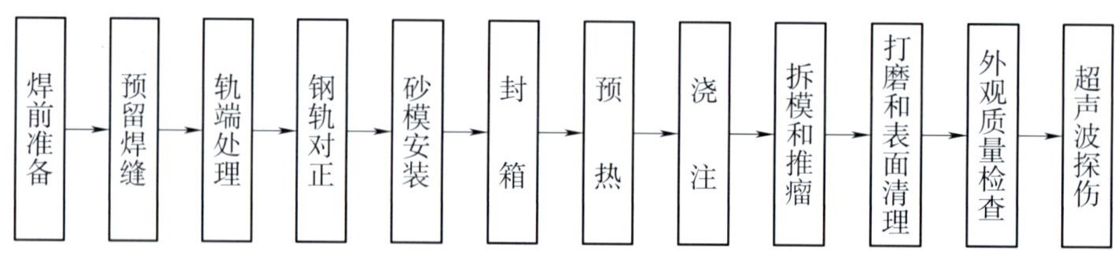


图 1-2-19　铝热焊接工艺流程示意

### (二)主要工艺介绍

1. 焊前准备

焊前需要确认所有的工机具材料齐全，做好氧气、燃气及相关安全控制措施；检查确认待焊钢轨钢牌号、热处理状态与所用焊剂型号是否匹配；待焊钢轨侧面磨耗方向应一致，两待焊钢轨高度差不大于 3 mm；在两侧轨腰背光一侧放置轨温表测量轨温；待焊接头两侧各不少于 50 m 范围内扣件复紧锁定；拆除待焊接头两侧各 2～4 根轨枕上的扣件，抽出待焊接头两侧相邻轨枕上的橡胶垫板；待焊接头下方道砟扒开距离轨底不少于 100 mm，无砟轨道焊接应

在接头下方铺设石棉布或隔热板，以保护轨道板不被烫伤。

2. 预留轨缝

(1)配轨：按焊剂生产厂商提供的工艺手册要求预留轨缝，在轨头划线标注锯切位置锯轨。

(2)端面斜度检查：采用直角尺(200 mm)配合塞尺检查待焊钢轨端面斜度，垂直、水平方向偏差不应大于1 mm。

(3)倒棱：对待焊钢轨轨顶面进行倒棱，尺寸0.8～1.5 mm，角度45°。

(4)预留轨缝：测量轨头、轨脚处轨缝并记录，出现轨缝上小下大的情况应进行修磨，以轨底脚处为基准，宽度应满足焊剂生产厂商提供的工艺手册要求。

(5)锯轨后，在两侧最近一处未拆除扣件处做钢轨移动标记，用来观测钢轨是否发生移动。

3. 轨端处理

(1)轨端去湿：自端部向外对两待焊轨端不小于400 mm范围进行烘烤去湿。

(2)轨端除锈：采用角磨机安装钢丝刷或角磨片进行轨端除锈；轨端除锈应去除距轨端100 mm范围钢轨表面的锈蚀和油污，踏面和工作面清理长度大于500 mm，以消除对轨时由于钢轨表面浮锈等原因造成的误差；将距轨端50 mm范围的热轧凸起标识打磨至与母材平齐，并去除肥边等。

4. 钢轨对正

(1)水平、垂直对正：用1 m钢直尺对钢轨轨头行车面和工作面、轨腰、轨底同时进行对正。

(2)起拱量调整：按焊剂生产厂商提供的工艺手册要求设置起拱量，防止焊后出现低接头。

对轨开始至浇注结束后15 min内，停止一切扰动钢轨、轨枕的行为，避免钢轨发生位移产生焊接缺陷。

5. 砂模安装

(1)检查砂模：确认砂模与钢轨廓形相匹配；检查确认砂模内外无缺陷，去除砂模内表面浮砂；当砂模与钢轨之间间隙较大时，应对砂模进行修磨；确认高温棉条状态完好，无影响砂模密合的固化胶水异物，粘贴错位与缺失的高温棉条应修复，固化胶水等影响砂模密合的异物应去除。

(2)安装砂模底板：底板中心与焊缝中心对齐，前后、左右对中，紧贴轨底，用夹具夹紧。

(3)二次对轨检查：安装底板后，作业负责人进行二次对轨，检查轨缝、起拱量、水平对正，如不符合要求应重新对正钢轨。

(4)侧模安装：应在轨头放置厚度合适的白卡纸塞紧缝隙，再用夹具夹紧，夹具夹紧压力不宜过大，避免挤裂砂模，安装完毕，检查砂模与轨腰、轨底部分的贴合状态，以白卡纸不能插入为宜。

(5)试放分流塞：检查分流塞状态，试放分流塞。如果过紧，需适当修整。

(6)纸板覆盖：在浇注口、砂模口上分别覆盖纸板，防止异物落入砂模内。

6. 封箱

(1)砂模间隙填充：砂模外侧与钢轨间缝隙用封箱材料填满、封严、捣实；封箱次序原则上先轨底、轨头，再整体封箱；封箱材料不应塞入砂模与钢轨之间的间隙。

(2)凹槽、边耳覆盖：用封箱材料填满模板与钢轨之间的凹槽；将侧模板顶端的“边耳”用封箱材料覆盖。

(3)封箱质量交互确认：封箱人员对封箱质量进行交互确认；作业负责人用手依次触摸所有封箱位置，确认封箱效果。

(4)灰渣盘安装：将灰渣盘稳定安装在指定位置。在曲线上焊轨时，灰渣盘应安装在曲线内侧，避免熔渣流出污染道床。

(5)准备堵漏棒：采用封箱泥封箱时，准备好堵漏棒(将封箱泥置于木棒上)。

7. 预热

(1)预热前准备：预热器具应与所用焊剂匹配，性能保持良好。预安装预热枪，检查确认预热枪高度；确认气体表总成与所用气体匹配，检定合格，性能良好，无气体泄漏；预热参数经型式检验、生产检验合格，主要包括预热枪高度、气体压力、预热时间和匹配的钢牌号等；采用专用机具将型腔内砂粒等杂物吹出。

(2)预热作业：点火后，确认火孔通畅，调节燃气阀门，控制火焰形态，用中性焰进行预热，预热温度宜为 700～1 000 ℃。预热前烘烤灰渣盘，去除水分，避免熔渣流入灰渣盘时水分气化产生爆炸；预热枪应安装于上风方向；预热温度按焊剂生产厂商提供的工艺手册要求进行，不应烧化待焊钢轨和砂模；适当烘烤分流塞，去除水分。

8. 浇注

(1)坩埚准备：确认坩埚内壁无破损、无返潮，自熔塞完好；去除坩埚内部浮砂;确认完好的坩埚应放置干净的垫板(或纸板)上,避免坩埚底部粘连污物。

(2)焊剂准备:再次确认焊剂与待焊钢轨匹配;焊剂包装完好,打开后无结块;焊剂反复倾倒,混合均匀;倒入坩埚,顶部成锥形,不得将焊剂散落到坩埚上沿,盖好坩埚;将准备用于点火的高温火柴插入焊剂备用,或将安启塞放置在坩埚盖孔内备用。

(3)点火准备:预热完成后,移开预热装置,使用火钳垂直放入分流塞;坩埚放置于砂型侧模板顶部定位片内,迅速盖上坩埚盖。应在预热结束后 20 s 内点燃焊剂,如图 1-2-20 所示。

图 1-2-20　铝热焊现场作业

(4)点火:将高温火柴在砂型浇注孔内擦燃,快而稳地将高温火柴插入焊剂锥形顶部,插入长度不宜超过 2/3,高温火柴插入焊剂时,用力过猛、速度过快会导致高温火柴熄灭。严禁使用预热枪火焰直接点燃焊剂;使用安启塞点火时在预热后将预热枪取出,待坩埚盖盖好后,用预热火焰点燃安启塞。

(5)浇注:焊剂反应时,操作者应密切关注焊剂反应至浇注的全过程,记录时间节点。对照各时间节点与焊剂生产厂商提供的工艺手册要求是否一致；采用封箱泥封箱时，作业人员应手持堵漏棒在一旁等待，发现铁水漏出时及时堵漏。在焊剂反应与钢水浇注期间所有人员退离到 3 m 以外。

9. 拆模和推瘤

拆模和推瘤时间遵照焊剂生产厂商提供的工艺手册要求执行。检查推瘤机刀头状态，保证推瘤后留有打磨余量且不损伤钢轨。推瘤前先缓慢去除轨头砂型，确认轨头钢水凝固后再推瘤，若钢水未完全凝固，立即将轨头砂型恢复原位，延长推瘤时间，等待钢水凝固。扳弯浇注棒，至浇注棒不影响焊后粗打磨作业，待浇注棒冷却后，采用大锤沿着钢轨纵向将其打断。采用国产铝热焊时，应在推瘤后及时采用专用工具将浇注棒扳断或浇注棒冷却后用切割机切断，禁止冷却后采用大锤敲断。

10. 打磨和表面清理

(1)粗打磨：粗打磨应进行平直度预留，避免接头冷却后出现低接头。

(2)精打磨：精打磨宜在铝热焊接头冷却到自然轨温后进行。打磨范围内不应有机械损伤或打磨灼伤。新钢轨焊接时，精打磨长度不应超过焊缝中心线两侧各 400 mm。

(3)表面清理和打磨修整：清理焊筋表面粘砂及残留砂模，冒口根部打磨平整，打磨后接头应表面光洁，无残渣、毛刺、打磨灼伤，无溢流飞边存留，避免过度打磨伤及母材。

11. 外观质量检查及超声波探伤

(1)使用 1 m 平直尺、塞尺检查接头外观应满足相关规范要求。

(2)及时对焊接接头进行探伤，探伤时接头温度不超过 40 ℃或降至自然轨温。

(3)接头温度高于 300 ℃时，严禁放行列车。

(4)填写焊接记录，保存焊轨影像及图片资料。

(5)有砟道床区段焊接完成后应对接头两侧至少 3 根轨枕下方道砟进行捣实。

## 四、焊接标准及焊缝质量指标

### (一)标　　准

我国钢轨焊接相关标准见表 1-2-1，需要说明的是，TB/T 1632.1～TB/T 1632.4 是针对闪光焊、铝热焊、气压焊制定的行业标准，适用于所有新制铁路钢轨焊接的生产和验收，本书中部分固定式闪光焊缺陷的判定也参考了国铁

集团[①]企业标准 Q/CR 707 的相关条款。

表 1-2-1　焊接生产及检测标准

| 焊接标准 | 其他标准(以下标准未注明日期,以最新版本为准) |
| --- | --- |
| 《钢轨焊接　第 1 部分:通用技术条件》(TB/T 1632.1—2014)<br>《钢轨焊接　第 2 部分:闪光焊接》(TB/T 1632.2—2014)<br>《钢轨焊接　第 3 部分:铝热焊接》(TB/T 1632.3—2019)<br>《钢轨焊接　第 4 部分:气压焊接》(TB/T 1632.4—2014)<br>《固定式钢轨闪光焊接》(Q/CR 707—2019) | 《金属材料　拉伸试验　第 1 部分:室温试验方法》(GB/T 228.1)<br>《焊接接头拉伸试验方法》(GB/T 2651)<br>《金属材料　夏比摆锤冲击试验方法》(GB/T 229)<br>《金属材料焊缝破坏性试验　冲击试验》(GB/T 2650)<br>《金属材料　洛氏硬度试验　第 1 部分:试验方法》(GB/T 230.1)<br>《金属材料　布氏硬度试验　第 1 部分:试验方法》(GB/T 231.1)<br>《金属材料　维氏硬度试验　第 1 部分:试验方法》(GB/T 4340.1)<br>《金属平均晶粒度测定方法》(GB/T 6394)<br>《金属显微组织检验方法》(GB/T 13298)<br>《A 型脉冲反射式超声波探伤仪通用技术条件》(JB/T 10061)<br>《超声探伤用探头性能测试方法》(JB/T 10062)<br>《钢轨　第 1 部分:43 kg/m～75 kg/m 钢轨》(TB/T 2344.1)<br>《质量管理体系　要求》(GB/T 19001) |

(二)钢轨焊接接头质量指标

钢轨焊接质量指标可以分为外观质量、内部质量和理化性能,要获得良好使用性能的焊接接头,需要对相应的质量指标进行严格的控制。

1. 外观质量

外观质量不达标不仅影响钢轨焊接接头的使用,甚至有可能会产生裂纹源,引起钢轨的断裂。外观质量的指标有焊接接头错边量、平直度及表面质量等。

2. 内部质量

焊接接头的内部质量直接影响焊缝的使用性能,一些原生内部质量缺陷在使用中有可能会造成安全隐患,如焊接接头的夹渣、裂纹等在使用过程中易成为焊接接头的裂纹源,引起焊接接头的伤损等。

3. 理化性能

焊接接头的理化性能指标包括落锤、静弯、疲劳、拉伸、冲击韧性、硬度等,这些性能反映了焊接接头在应力作用下焊缝抵抗变形、防止裂纹发生、减少裂纹扩展的能力。

① 中国国家铁路集团有限公司的简称。

## 第三节　钢轨铺设及运维

钢轨出厂或厂内焊接后运输到特定位置进行铺设，铺设是一个涉及多个流程的系统工程，保证钢轨的铺设质量需要对铺设流程进行有效的盯控，避免因铺设控制不当导致母材伤损。此外，为了延长钢轨服役寿命，除选择合适钢轨种类、优化线路结构、改善轮轨关系等手段外，还可以利用钢轨打磨消除钢轨病害。本节主要介绍钢轨铺设、钢轨打磨等方面内容，有助于对钢轨使用伤损及相关伤损的理解。

### 一、钢轨铺设

钢轨铺设可分为新建铁路时的钢轨铺设及使用过程中的换轨作业。

#### （一）有砟轨道钢轨铺设

有砟轨道具有弹性良好、价格低廉、更换与维修方便、吸噪特性好等优点，但相对无砟轨道来说，其也具有线路平面几何形状不易保持、使用寿命短、养护维修工作量大等缺点。

1. 新建铁路有砟轨道钢轨铺设

新建铁路有砟轨道钢轨铺设施工流程如图 1-3-1 所示。

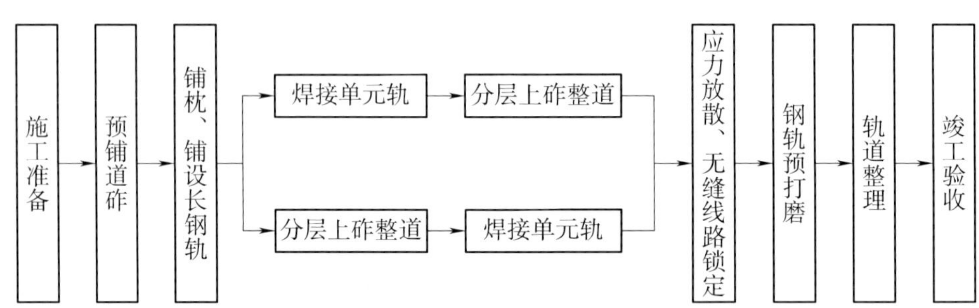


图 1-3-1　新建铁路有砟轨道钢轨铺设施工流程示意

铺轨作业前先将轨枕布设装置按规定间距布设在平整的底层道砟上，避免在布枕前扰动破坏砟面的平整性。轨枕布设时将橡胶垫板放至轨枕承轨槽中，铺轨装置在铺轨机前进时自动将长钢轨放入至轨枕承轨槽中，长钢轨间用临时连接器连接，就位应准确，并避免碰伤轨枕预埋铁座和长钢轨，长钢轨就位后，安装部分扣件，保证铺轨机组安全通过。铺轨机组通过后要及时补充扣件，并对施工现场进行收尾作业。

长钢轨铺设后应及时上砟整道，第一次上砟整道必须与铺轨紧密衔接，以免轨节变形，上砟同时应进行捣固（图 1-3-2）、稳定等大机作业。

图 1-3-2　有砟轨道捣固作业

2. 使用过程中的换轨作业

钢轨使用过程中的换轨作业可以分为单根更换钢轨作业和成段更换钢轨作业。单根更换钢轨作业主要用于日常线路维修更换既有伤损钢轨，成段更换钢轨作业主要用于成段更换达到大修周期的钢轨，一般可以分为成段更换曲线磨耗达到标准的钢轨和成段更换大修钢轨。

单根更换钢轨作业主要流程为：切除重伤钢轨、更换新（再用）钢轨、两端与既有钢轨连接。成段更换钢轨作业主要流程为：钢轨装运卸，钢轨现场放置，拆除扣件，旧钢轨移除、新钢轨移入，钢轨现场焊接，更换联结零件，埋设位移观测桩，整修线路，恢复轨道加强设备，回收旧轨料，设置常备材料等。

### （二）无砟轨道钢轨铺设

无砟轨道与有砟轨道相比，避免了道砟飞溅，轨道平顺性好，稳定性高，使用寿命长，日常维修工作量少。

1. 新建铁路无砟轨道钢轨铺设

新建铁路无砟轨道钢轨铺设施工流程如图 1-3-3 所示。

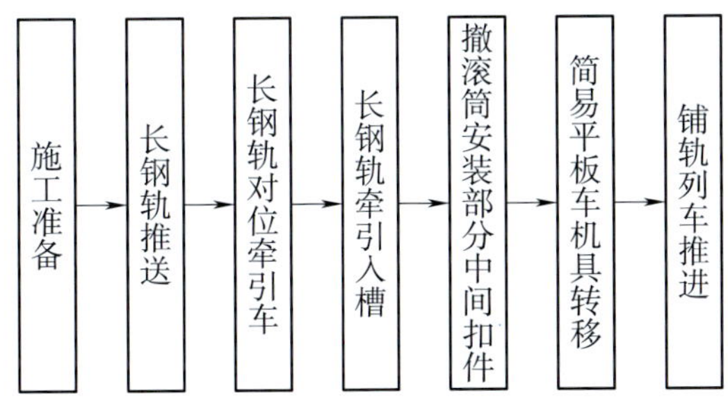


图 1-3-3　新建铁路无砟轨道钢轨铺设施工流程示意

2. 使用过程中的换轨作业

无砟轨道钢轨更换作业主要是进行伤损钢轨的更换，主要流程为：将待替换钢轨准备好、伤损钢轨切除、钢轨扣件拆除、旧钢轨移除、新钢轨移入、焊接钢轨、扣件锁定、回收旧轨、精调及质量检查等。

## 二、钢轨打磨

钢轨打磨是线路维修工作的重要内容之一，是预防和治理钢轨病害的有效手段。通过打磨可以改善轮轨接触关系，预防和延缓接触疲劳、磨耗、波磨等钢轨病害的产生，修复或减轻轨面病害，降低钢轨折断风险，延长轨道设备使用寿命和维修周期。钢轨打磨能够解决的病害主要有疲劳裂纹、剥离掉块、波磨、擦伤、硌伤、肥边、不均匀磨耗、光带不良等。另外，某些不平顺也可以采取打磨方式进行治理。

### （一）钢轨打磨的分类

一般将钢轨打磨分为预打磨、预防性打磨和修理性打磨，使用时可以采取某种或多种类型相结合的方式。

1. 预打磨

预打磨的主要目标是去除轨面脱碳层，消除钢轨在生产、焊接、运输和施工过程中产生的表面缺陷，修正钢轨轨头廓形，改善焊接接头平顺性。

2. 预防性打磨

预防性打磨的主要目标是修复轨头廓形，消除钢轨表面产生的微裂纹等浅层病害，改善轮轨作用关系，预防钢轨疲劳裂纹、波磨等病害的产生和发展。

3. 修理性打磨

修理性打磨主要目标是修正轨头廓形，消除或减缓滚动接触疲劳裂纹、波磨及擦伤等病害。

### （二）钢轨打磨类型

钢轨打磨类型主要有大机打磨、快速打磨、小机打磨及铣磨等。

1. 大机打磨

大机打磨是利用钢轨打磨列车上的电机或者液压马达驱动打磨砂轮旋转，利用恒压控制系统使打磨砂轮和钢轨紧密贴合，打磨砂轮高速旋转时，砂轮上镶嵌的磨粒切入钢轨中实现对钢轨表层金属磨削。大机打磨具有切削量大、角度覆盖广的优点，适用于剥离掉块、肥边等消除及廓形修复，但很难消除波磨缺陷，如图 1-3-4 所示。

图 1-3-4　钢轨大机打磨

2. 快速打磨

快速打磨车(图 1-3-5)的打磨砂轮由机车牵引被动旋转，通过砂轮与钢轨之间产生的摩擦实现钢轨磨削，具有打磨速度高、稳定性好的优点，适用于高速铁路长区间钢轨预防性打磨、波磨不平顺打磨和新建线钢轨预打磨等，但打磨量较小，且砂轮周面磨削与钢轨接触面积较大，廓形精准修复困难。

图 1-3-5　快速打磨车

3. 小机打磨

小机打磨是利用垂直打磨机、道岔打磨机、仿形打磨机等小型机械对焊缝、擦伤和道岔大机打磨受限区等部位进行打磨。小机打磨具有操作灵活的优点，是大机打磨的良好补充，但受人员水平影响大，同时作业相对效率较低。

4. 铣磨

钢轨铣磨车可以重塑钢轨横向及纵向轮廓，如图 1-3-6 所示，清除钢轨轨面碾轧层，对钢轨进行修理性整治，降低列车运行噪声。钢轨铣磨量大，且廓形固定，对剥离掉块等严重钢轨伤损整治效果较好，但钢轨铣磨存在效率低、成本高等不足。

图 1-3-6　钢轨铣磨车

# 第二章 钢轨制造缺陷与伤损图鉴

钢轨在制造过程中因为生产工序控制不当会产生缺陷与伤损，其中制造加工过程中形成的称为缺陷，制造加工后的合格成品或半成品在输送或后续加工中形成的称为伤损。本章将钢轨制造缺陷或伤损分为型式尺寸缺陷、外形缺陷、表面质量缺陷与伤损、理化性能不合格四类。每种缺陷或伤损除附有图片或示意图外，还描述了其特征、检验方法、判定依据、产生原因、处理方法和预防措施等，每种缺陷根据经验总结按照出现的频次由高到低分为常见(★★★)、一般(★★)和少见(★)，并在名称后进行标注，供读者参考。

## 第一节　型式尺寸缺陷

### 一、钢轨高度超标　★★★

**Height of rail exceeds the standard requirements**

【特征】

钢轨高度是指钢轨横断面垂直方向的尺寸，超过标准正偏差称“轨高”，超过标准负偏差称“轨低”。

【检验方法】

钢轨高度通常使用样板测量，测量步骤如下：

1. 测量时，轨高样板底部平靠轨底面，样板与钢轨纵向垂直，沿平靠的轨底面向钢轨推进。

2. 正样板能进入，负样板不能进入为合格，如图 2-1-1 所示。

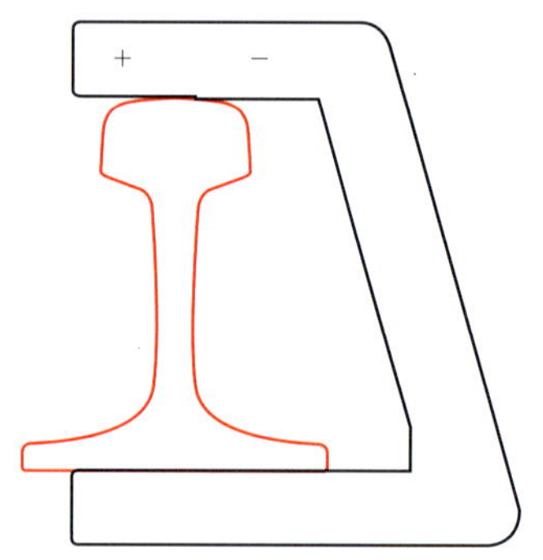

图 2-1-1　钢轨高度合格

3. 正样板不能进入表示高度超正偏差，不合格，如图 2-1-2 所示；负样板能进入表示高度超负偏差，不合格，如图 2-1-3 所示。

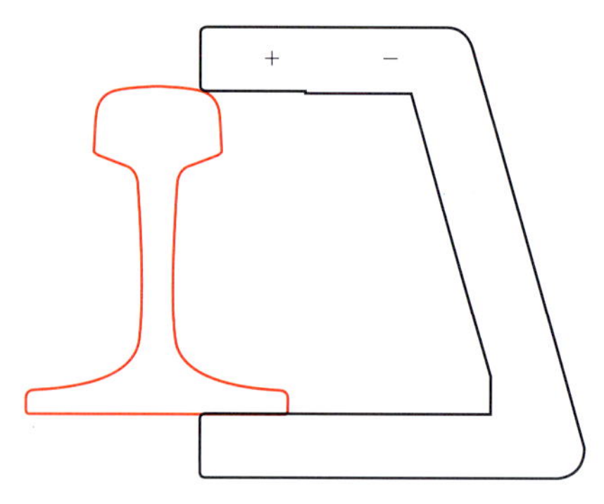

图 2-1-2　钢轨高度超正偏差

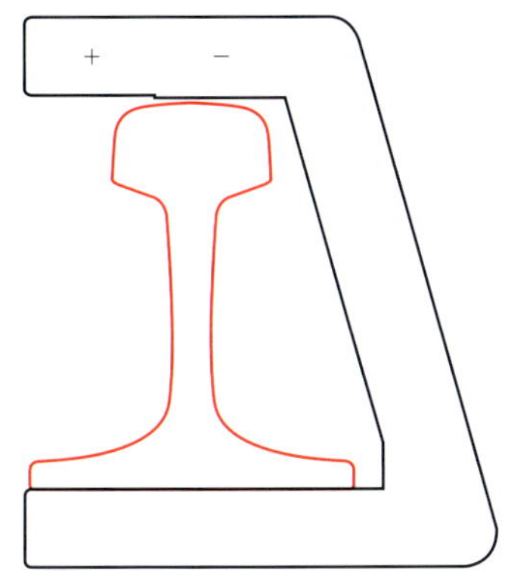

图 2-1-3　钢轨高度超负偏差

定量测量采用游标卡尺，测量轨顶面最高点与轨底面的垂直距离。

【判定依据】

钢轨高度允许偏差依据标准《钢轨　第 1 部分：43 kg/m～75 kg/m 钢轨》(TB/T 2344.1—2020)①第 6.1.2 条判定，具体见表 2-1-1。

**表 2-1-1　钢轨高度标准要求**

| 标　　准 | 轨　　型 | 标称尺寸(mm) | 允许偏差(mm) |
|---|---|---|---|
| TB/T 2344.1—2020 | 43 kg/m | 140 | ±0.6 |
| | 50 kg/m | 152 | |
| | 60 kg/m(60N) | 176 | |
| | 75 kg/m(75N) | 192 | |

【产生原因】

1. 钢轨高度超过允许偏差主要是加热温度、轧制工艺控制或其他轧制参数设置不当等造成，如轧件温度过高或过低、孔型不良等。

2. 矫直对钢轨高度也有影响。

【处理方法】

超出标准允许偏差部位应切除或整支判废。

【预防措施】

1. 规范钢坯加热、轧制及矫直等生产工艺。

2. 加强生产过程中的检查，出现问题及时调整，避免批量缺陷钢轨产生。

---

① 本章以对称断面钢轨为例进行介绍，非对称断面等其他钢轨可以参照并查阅相关标准。

## 二、轨头宽度超标 ★★

**Width of rail head exceeds the standard requirements**

【特征】

钢轨轨头宽度是指距轨头踏面以下一定位置的轨头横向尺寸(以 60 kg/m 钢轨为例,轨头宽度是距踏面以下 14.2 mm 的轨头横向尺寸),超过标准正偏差称“头大”,超过标准负偏差称“头小”。

【检验方法】

轨头宽度通常使用样板测量,测量步骤如下:

1. 测量时,轨头宽度样板应保持与钢轨纵向垂直,避免倾斜导致的测量偏差。

2. 采用正样板测量时,样板的两个上支点接触钢轨后,左右支点不接触钢轨为合格,如图 2-1-4 所示;如果正样板下部的两个支点接触钢轨,上部有一个支点不接触,表示轨头宽度超正偏差为不合格,如图 2-1-5 所示。

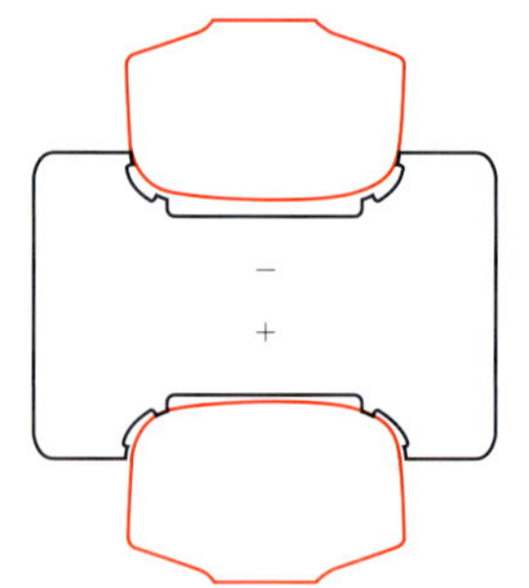


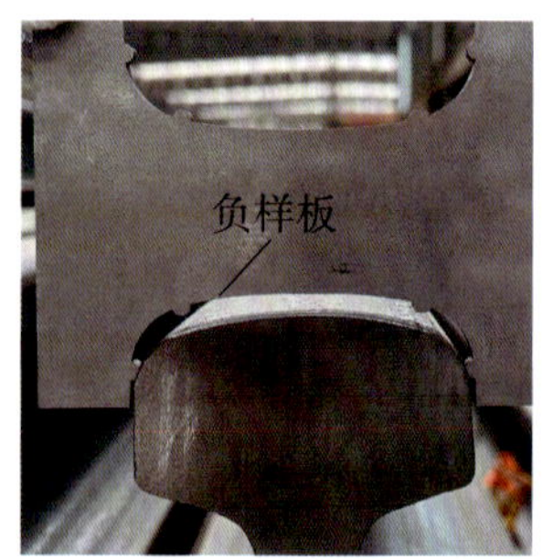


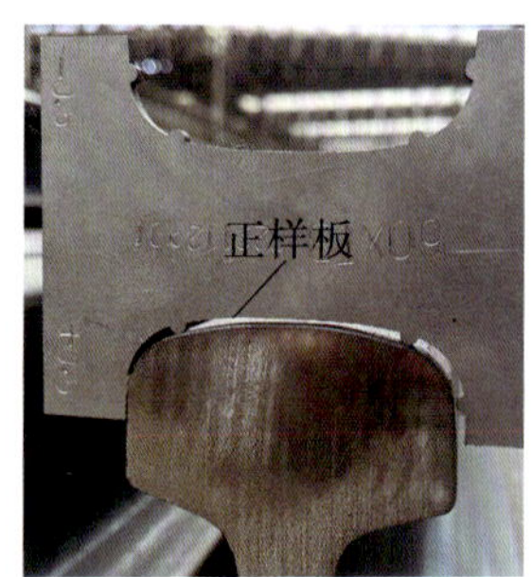


图 2-1-4 轨头宽度合格

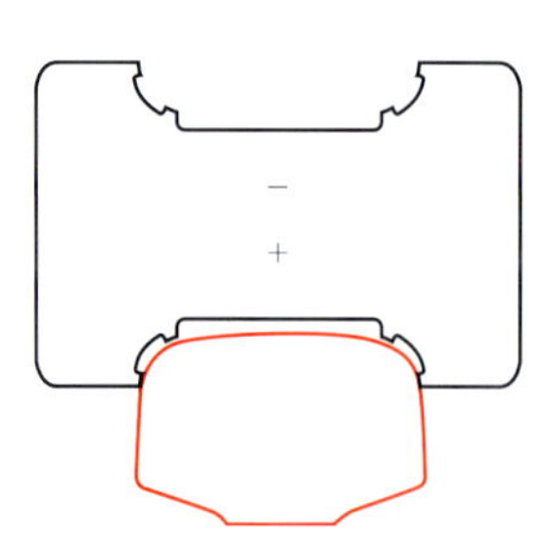

图 2-1-5 轨头宽度超正偏差

3. 采用负样板测量时,样板下部的左右支点接触钢轨,上部有一个支点不接触钢轨为合格，如图 2-1-4 所示；若负样板上部的两个支点均接触钢轨，表示轨头宽度超负偏差为不合格，如图 2-1-6 所示。

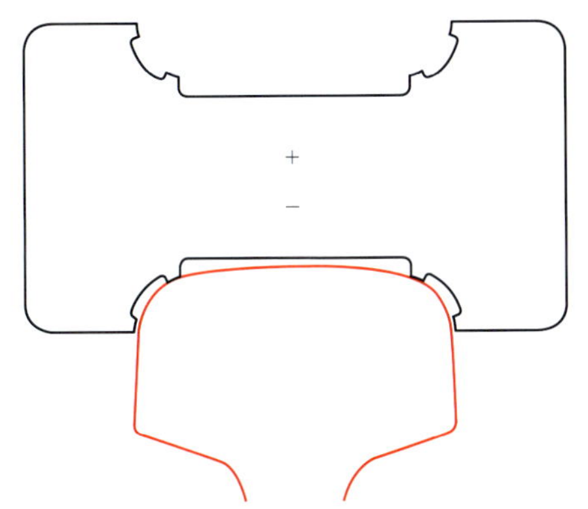

图 2-1-6　轨头宽度超负偏差

【判定依据】

轨头宽度允许偏差依据标准《钢轨　第 1 部分：43 kg/m～75 kg/m 钢轨》(TB/T 2344.1—2020)第 6.1.2 条判定，具体见表 2-1-2。

**表 2-1-2　轨头宽度标准要求**

| 标　　准 | 轨　　型 | 标称尺寸(mm) | 允许偏差(mm) |
|---|---|---|---|
| TB/T 2344.1—2020 | 43 kg/m | 70 | ±0.5 |
| | 50 kg/m | 70 | |
| | 60 kg/m(60N) | 70.8 | |
| | 75 kg/m(75N) | 72 | |

【产生原因】

钢轨轨头宽度超过允许偏差主要是加热温度、轧制工艺控制或其他轧制参数设置不当等造成，如轧件温度过高或过低、孔型不良等。

【处理方法】

超出标准允许偏差部位应切除或整支判废。

【预防措施】

1. 规范钢坯加热、轧制等生产工艺。
2. 加强生产过程中的检查，出现问题及时调整，避免批量缺陷钢轨产生。

## 三、轨冠饱满度超标 ★★

**Crown profile exceeds the standard requirements**

【特征】

轨冠饱满度是钢轨踏面金属的充满程度，踏面金属量分布过多，出现踏面过饱满的情况为轨冠饱满度超正偏差；踏面金属量分布过少，出现踏面过平甚至凹陷的情况则为轨冠饱满度超负偏差。

【检验方法】

通常采用样板测量，具体如下：

1. 轨冠饱满度由两块样板(轨冠饱满度样板及塞块)组合进行测量，如图 2-1-7 所示，先用轨冠饱满度样板四个支点贴合钢轨踏面，然后使用塞块塞量。

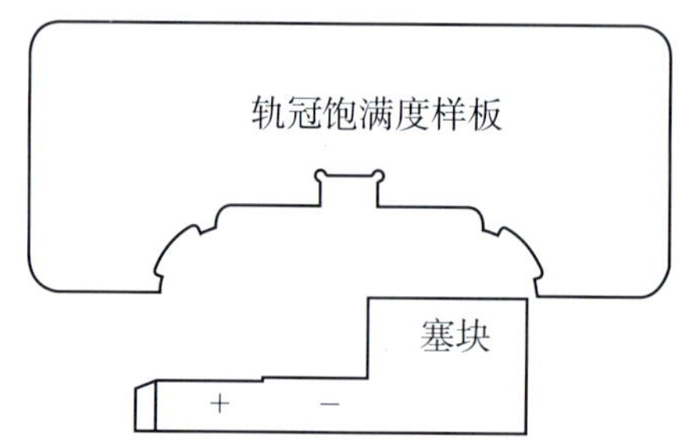


图 2-1-7　轨冠饱满度检查样板示意

2. 塞块较低部分(正号标记)塞入轨冠饱满度样板能通过，且较高部分(负号标记)不能通过为合格(图 2-1-8)；正号标记楔块不通过时(塞块不能塞入)，表示轨冠饱满度超正偏差，不合格，如图 2-1-9 所示；负号标记通过时(塞块全部塞入)，表示轨冠饱满度超负偏差，不合格，如图 2-1-10 所示。

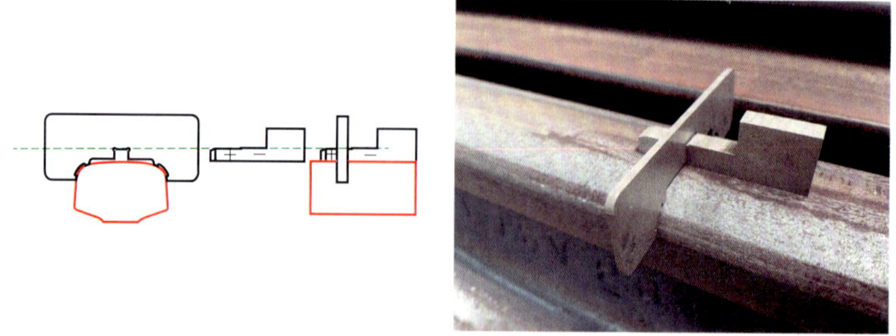

图 2-1-8　轨冠饱满度合格

【判定依据】

轨冠饱满度允许偏差依据标准《钢轨　第 1 部分：43 kg/m～75 kg/m 钢轨》(TB/T 2344.1—2020)第 6.1.2 条判定，具体见表 2-1-3。

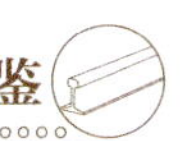

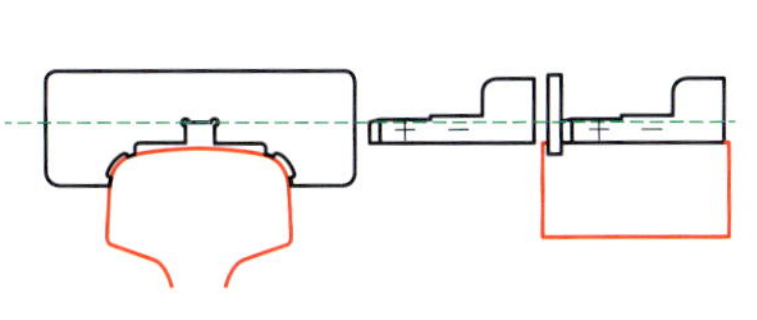

图 2-1-9　轨冠饱满度超正偏差

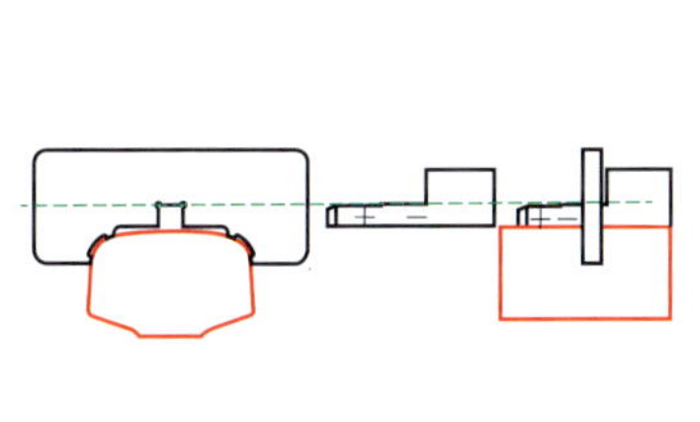

图 2-1-10　轨冠饱满度超负偏差

**表 2-1-3　轨冠饱满度标准要求**

| 标　　准 | 轨　　型 | 允许偏差(mm) | |
|---|---|---|---|
| | | ≥200 km/h | <200 km/h |
| TB/T 2344.1—2020 | 43 kg/m | 不作要求 | |
| | 50 kg/m | | |
| | 60 kg/m(60N) | +0.6<br>−0.3 | +0.6<br>−0.5 |
| | 75 kg/m(75N) | | |

【产生原因】

1. 钢轨轨冠饱满度超过允许偏差主要是加热温度、轧制工艺控制或其他轧制参数设置不当等造成，如轧件温度过高或过低、孔型不良等。

2. 矫直对钢轨轨冠饱满度也有一定影响，但一般不明显。

【处理方法】

超出标准允许偏差部位应切除或整支判废。

【预防措施】

1. 规范钢坯加热、轧制及矫直等生产工艺。

2. 加强生产过程中的检查，出现问题及时调整，避免批量缺陷钢轨产生。

## 四、轨腰厚度超标 ★

### Web thickness exceeds the standard requirements

【特征】

轨腰厚度超过标准正偏差称“腰厚”，超过标准负偏差称“腰薄”。

【检验方法】

轨腰厚度通常使用样板测量，测量要求如下：

1. 测量时必须保证钢轨端面无影响测量的毛刺、飞边、凸起的商标等，测量时测量轨腰中部位置。

2. 测量时，正样板能进入，负样板不能进入为合格，如图 2-1-11 所示；正样板不能进入，表示轨腰厚度超正偏差，不合格，如图 2-1-12 所示；负样板能进入，表示轨腰厚度超负偏差，不合格，如图 2-1-13 所示。

定量测量采用千分尺，测量轨腰厚度最小值。

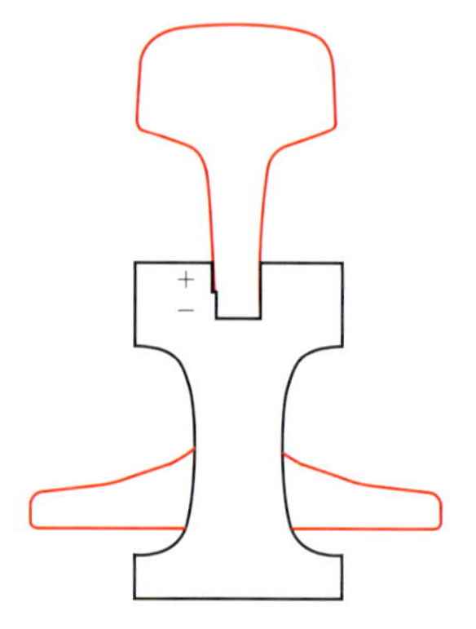

图 2-1-11　轨腰厚度合格

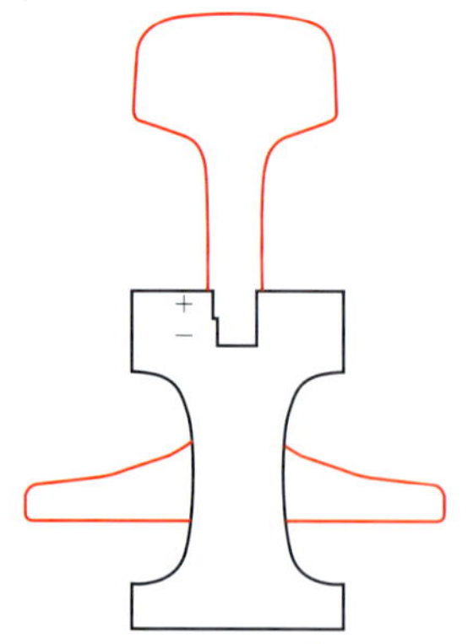

图 2-1-12　轨腰厚度超正偏差

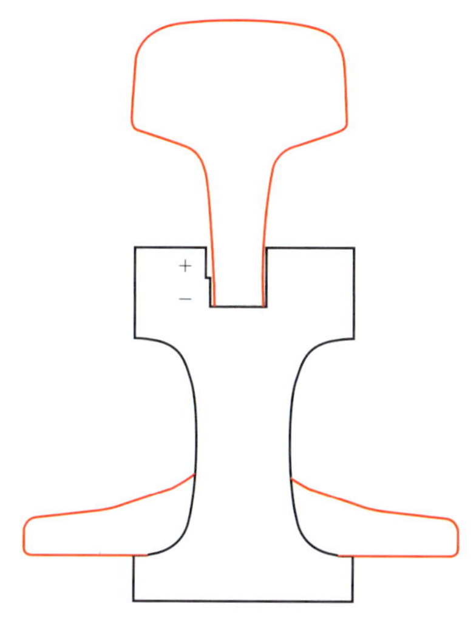

图 2-1-13　轨腰厚度超负偏差

【判定依据】

轨腰厚度允许偏差依据标准《钢轨　第 1 部分：43 kg/m～75 kg/m 钢轨》(TB/T 2344.1—2020)第 6.1.2 条判定，具体见表 2-1-4。

**表 2-1-4　轨腰厚度标准要求**

| 标　　准 | 轨　　型 | 标称尺寸(mm) | 允许偏差(mm) |
|---|---|---|---|
| TB/T 2344.1—2020 | 43 kg/m | 14.5 | $^{+1.0}_{-0.5}$ |
| | 50 kg/m | 15.5 | |
| | 60 kg/m(60N) | 16.5 | |
| | 75 kg/m(75N) | 20 | |

【产生原因】

钢轨腰厚超过允许偏差主要是加热温度、轧制工艺控制或其他轧制参数设置不当等造成，如轧件温度过高或过低、孔型不良等。

【处理方法】

超出标准允许偏差部位应切除或整支判废。

【预防措施】

1. 规范钢坯加热及轧制等生产工艺。
2. 加强生产过程中的检查，出现问题及时调整，避免批量缺陷钢轨产生。

## 五、轨底宽度超标 ★

### Width of rail foot exceeds the standard requirements

【特征】

轨底宽度超过正偏差称“底宽”（或“底大”），超过负偏差称为“底窄”（或“底小”）。

【检验方法】

轨底宽度通常使用样板测量，测量要求如下：

1. 测量时应使样板与钢轨纵向垂直，避免倾斜导致测量偏差。

2. 正样板能进入、负样板不能进入为合格，如图 2-1-14 所示。

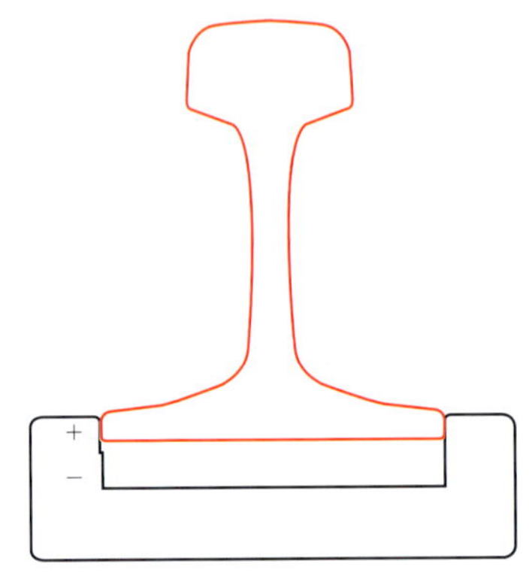

图 2-1-14　轨底宽度合格

3. 正样板不能进入，表示钢轨底宽超正偏差，不合格，如图 2-1-15 所示；负样板能进入，表示钢轨底宽超负偏差，不合格，如图 2-1-16 所示。

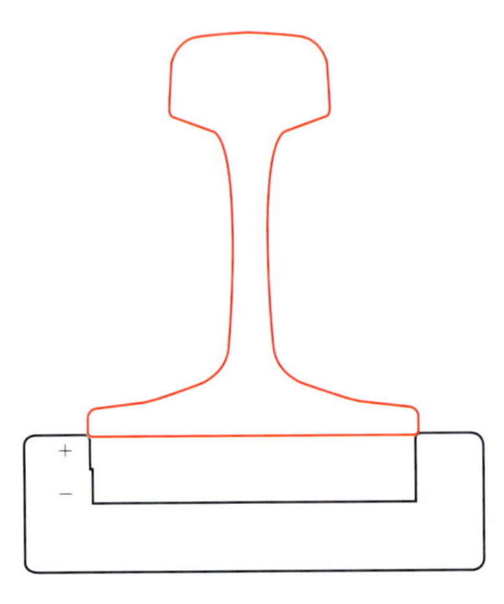

图 2-1-15　轨底宽度超正偏差

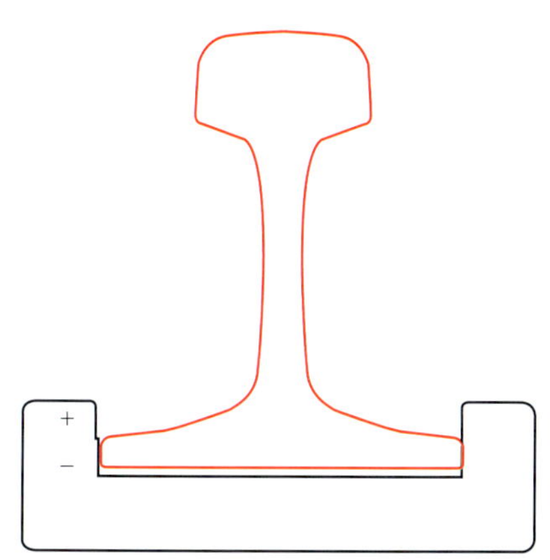

图 2-1-16　轨底宽度超负偏差

定量测量使用游标卡尺。

【判定依据】

轨底宽度允许偏差依据标准《钢轨　第 1 部分:43 kg/m～75 kg/m 钢轨》(TB/T 2344.1—2020)第 6.1.2 条判定,具体见表 2-1-5。

**表 2-1-5　轨底宽度标准要求**

| 标　准 | 轨　型 | 标称尺寸(mm) | 允许偏差(mm) | |
|---|---|---|---|---|
| | | | ≥200 km/h | <200 km/h |
| TB/T 2344.1—2020 | 43 kg/m | 114 | ±1.0 | +1.0<br>−1.5 |
| | 50 kg/m | 132 | | |
| | 60 kg/m(60N) | 150 | | |
| | 75 kg/m(75N) | 150 | | |

【产生原因】

轨底宽度偏差主要是加热温度、轧制工艺控制或其他轧制参数设置不当等造成,如轧件温度过高或过低、孔型不良等。

【处理方法】

超出标准允许偏差部位应切除或整支判废。

【预防措施】

1. 规范钢坯加热及矫直等生产工艺。
2. 加强生产过程中的检查,出现问题及时调整,避免批量缺陷钢轨产生。

## 六、断面不对称超标 ★★★

**Rail asymmetry exceeds the standard requirements**

【特征】

断面不对称是指钢轨断面左右对称度存在偏差，以轨头和轨底宽度的相对差与标准允许相对差的比较来表征。同一侧轨头与轨底宽度相对差大于标准要求时，为正偏差，相反则为负偏差，一般来说，一侧为正则另一侧为负。

【检验方法】

断面不对称通常采用样板测量，测量要求如下：

1. 测量时要使用两块样板分别测量钢轨两侧，应使样板与钢轨轨底面平靠，检查样板接触点与轨头侧面或腿尖的间隙。

2. 正样板平靠钢轨底面推进，并与钢轨纵向保持垂直状态，样板接触轨头侧面，且与腿尖不接触为合格，如图 2-1-17 所示；负样板接触腿尖，且与轨头侧面不接触为合格，如图 2-1-18 所示。

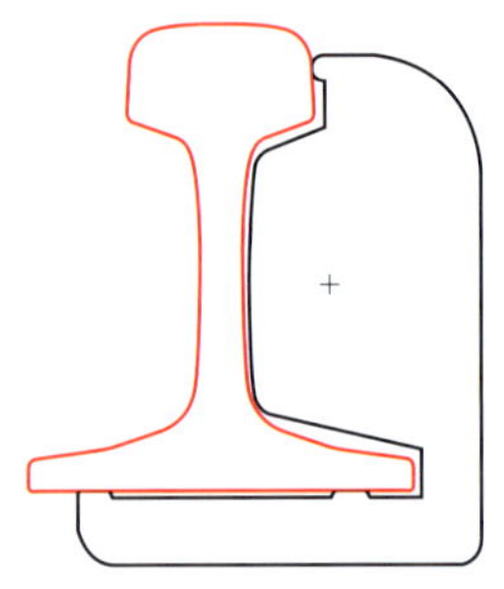


图 2-1-17　断面不对称正样板合格示意

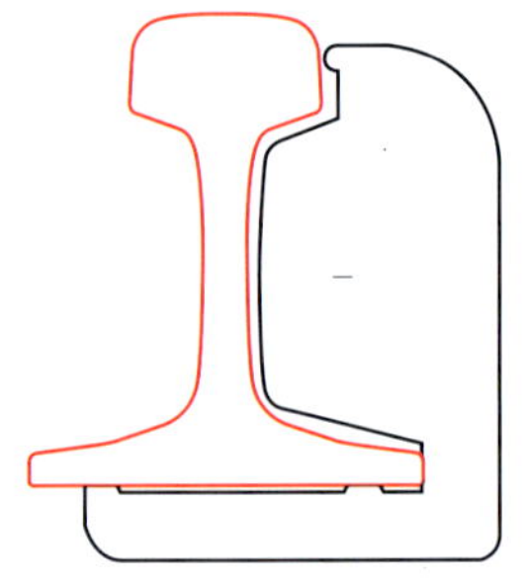


图 2-1-18　断面不对称负样板合格示意

3. 正样板平靠钢轨底面推进，正样板接触腿尖，但与轨头未接触，表示断面不对称超过标准正偏差，不合格，如图 2-1-19 所示；负样板接触轨头，与腿尖未接触，表示断面不对称超过标准负偏差，不合格，如图 2-1-20 所示。

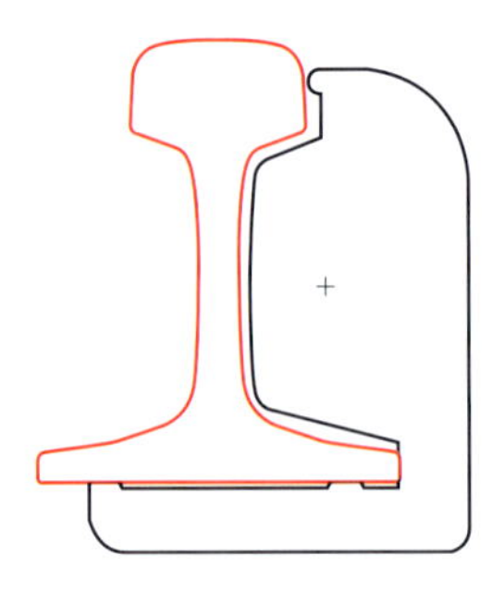

图 2-1-19　断面不对称超正偏差

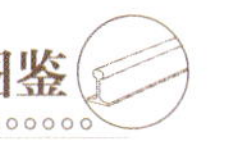

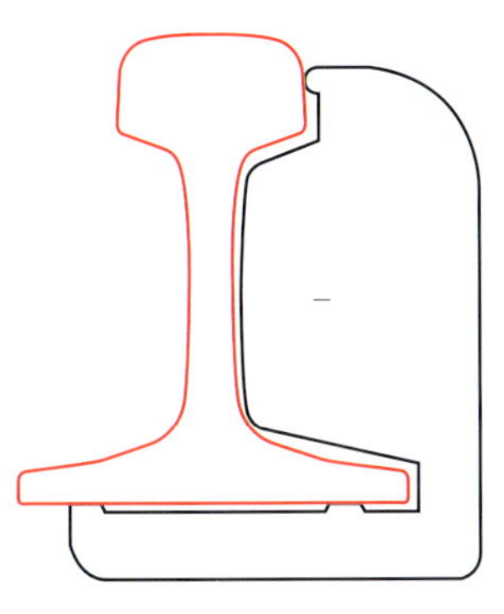

图 2-1-20　断面不对称超负偏差

【判定依据】

断面不对称允许偏差依据标准《钢轨　第 1 部分：43 kg/m～75 kg/m 钢轨》（TB/T 2344.1—2020）第 6.1.2 条判定，具体见表 2-1-6。

**表 2-1-6　断面不对称标准要求**

| 标　　准 | 轨　　型 | 允许偏差(mm) | |
|---|---|---|---|
| | | ≥200 km/h | <200 km/h |
| TB/T 2344.1—2020 | 43 kg/m | ±1.5 | |
| | 50 kg/m | ±1.2 | |
| | 60 kg/m(60N) | | |
| | 75 kg/m(75N) | | |

【产生原因】

1. 钢轨断面不对称超过允许偏差主要是加热温度、轧制工艺控制或其他轧制参数设置不当等造成，如轧件温度过高或过低、孔型不良等；因轧制导致钢轨轨头相对于纵向对称轴偏转，产生头偏的情况也会影响钢轨断面不对称，通常叫做偏心。

2. 矫直控制不当会使钢轨轨头相对于纵向对称轴产生偏转，产生头偏的情况。

【处理方法】

超出标准允许偏差部位应切除或整支判废。

【预防措施】

1. 规范钢坯加热、轧制及矫直等生产工艺。

2. 加强生产过程中的检查，出现问题及时调整，避免批量缺陷钢轨产生。

## 七、接头夹板安装面高度超标 ★★★

## Height of fishing exceeds the standard requirements

【特征】

钢轨接头夹板安装面高度超过正偏差称“腹高”，超过负偏差称“腹低”。

【检验方法】

采用样板测量，测量要求如下：

1. 测量时，应避免测量位置存在凸起物(如金属凸出、热轧商标等)影响测量结果，正样板与钢轨轨腰不接触、负样板与钢轨轨腰接触为合格，如图 2-1-21 所示。

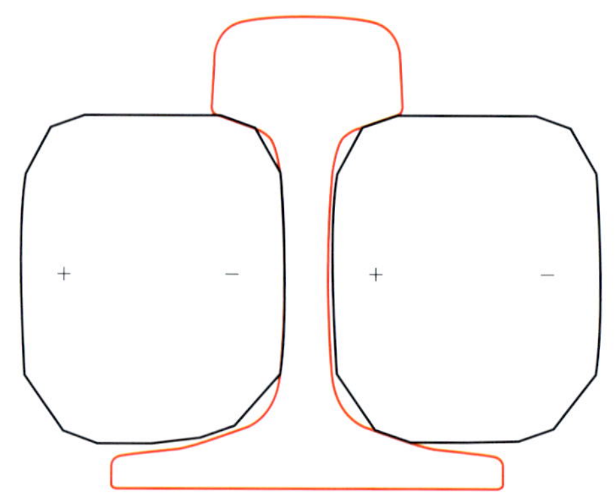

图 2-1-21　接头夹板安装面高度合格

2. 正样板与钢轨腰部接触，并且与轨底上表面或轨头下颚不接触，表示接头夹板安装面高度超正偏差，不合格，如图 2-1-22 所示。

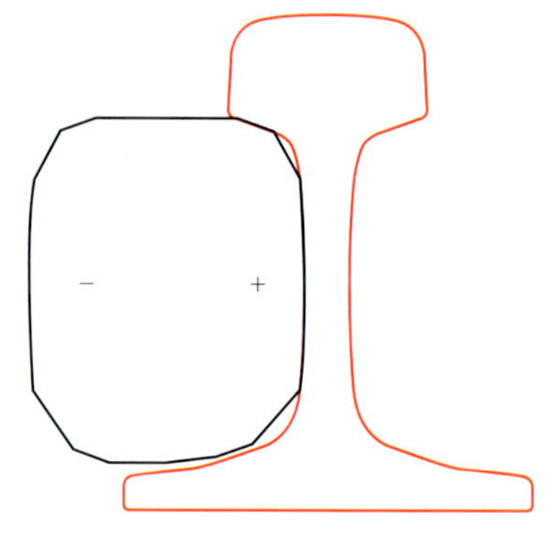

图 2-1-22　接头夹板安装面高度超正偏差

3. 负样板与钢轨腰部不接触，并且与轨底上表面或轨头下颚接触，表示

接头夹板安装面高度超负偏差，不合格，如图 2-1-23 所示。

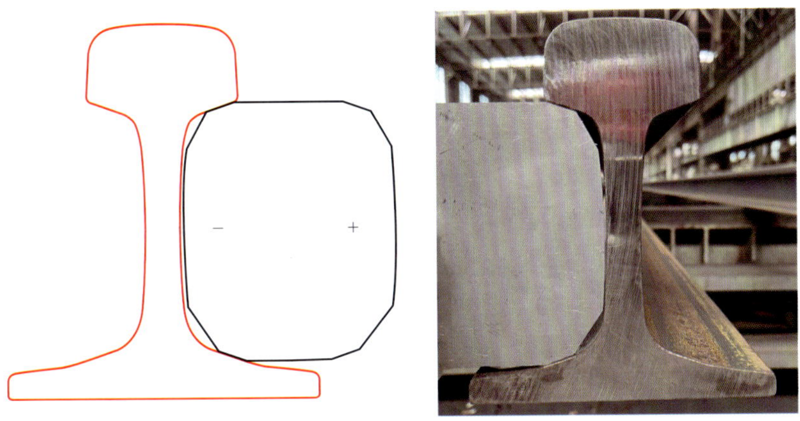


图 2-1-23　接头夹板安装面高度超负偏差

【判定依据】

接头夹板安装面高度允许偏差依据标准《钢轨　第 1 部分：43 kg/m～75 kg/m 钢轨》(TB/T 2344.1—2020)第 6.1.2 条判定，具体见表 2-1-7。

**表 2-1-7　接头夹板安装面高度标准要求**

| 标　　准 | 轨　　型 | 允许偏差(mm) |
| --- | --- | --- |
| TB/T 2344.1—2020 | 43 kg/m | $^{+0.6}_{-0.5}$ |
| | 50 kg/m | |
| | 60 kg/m(60N) | |
| | 75 kg/m(75N) | |

【产生原因】

1. 钢轨接头夹板安装面高度超过允许偏差主要是加热温度、轧制工艺控制或参数设置不当等造成，如轧件温度过高或过低、孔型不良等。轧制导致钢轨轨头相对于纵向对称轴产生偏转，也会影响钢轨接头夹板安装面高度。

2. 矫直控制不当会使钢轨轨头相对于纵向对称轴产生偏转，影响接头夹板安装面高度。

【处理方法】

超出标准允许偏差部位应切除或整支判废。

【预防措施】

1. 规范钢坯加热、轧制及矫直等生产工艺。

2. 加强生产过程中的检查，出现问题及时调整，避免批量缺陷钢轨产生。

## 八、轨底边缘厚度超标 ★

### Foot toe thickness exceeds the standard requirements

【特征】

钢轨轨底边缘厚度超过正偏差称“腿厚”，超过负偏差称“腿薄”。

【检验方法】

采用样板测量，测量要求如下：

1. 使用正样板测量时，样板与钢轨底腰连接处接触，且与腿尖上表面不接触为合格，如图 2-1-24 所示，反之为不合格，如图 2-1-25 所示。

(a) 轨底边缘厚度正样板测量合格

(b) 轨底边缘厚度负样板测量合格

图 2-1-24　轨底边缘厚度合格

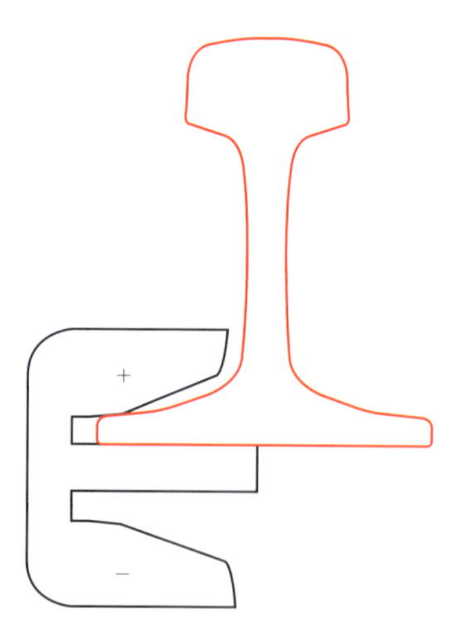

图 2-1-25　轨底边缘厚度超正偏差

2. 使用负样板测量时，样板与钢轨腿尖上表面接触，且与底腰连接处不接触为合格，如图 2-1-24 所示，反之为不合格，如图 2-1-26 所示。

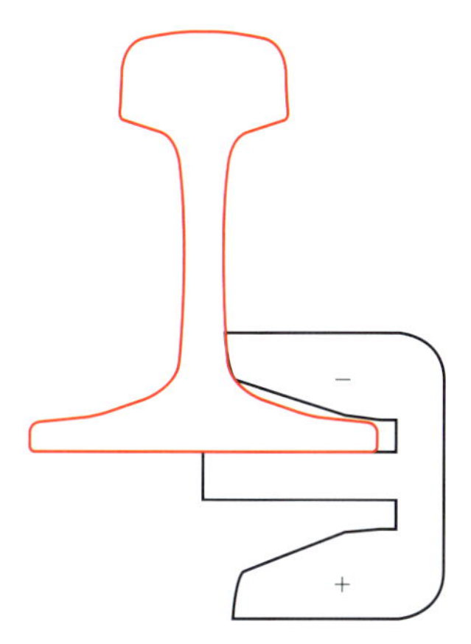

图 2-1-26　轨底边缘厚度超负偏差

【判定依据】

轨底边缘厚度允许偏差依据标准《钢轨　第 1 部分：43 kg/m～75 kg/m 钢轨》(TB/T 2344.1—2020)第 6.1.2 条判定，具体见表 2-1-8。

**表 2-1-8　轨底边缘厚度标准要求**

| 标　　准 | 轨　　型 | 允许偏差(mm) | |
|---|---|---|---|
| | | ≥200 km/h | <200 km/h |
| TB/T 2344.1—2020 | 43 kg/m | — | |
| | 50 kg/m | $^{+0.75}_{-0.50}$ | |
| | 60 kg/m(60N) | | |
| | 75 kg/m(75N) | | |

【产生原因】

轨底边缘厚度超过允许偏差主要是加热温度、轧制工艺控制或其他轧制参数设置不当等造成，如轧件温度过高或过低、孔型不良等。

【处理方法】

超出标准允许偏差部位应切除或整支判废。

【预防措施】

1. 规范钢坯加热及轧制等生产工艺。

2. 加强生产过程中的检查，出现问题及时调整，避免批量缺陷钢轨产生。

## 九、轨底不平 ★

**Foot base concavity or convexity exceeds the requirements**

【特征】

钢轨轨底不平存在向里凹入或向外凸出的情况。

【检验方法】

使用平尺或直角尺等平靠在轨底面配合塞尺进行测量，如图 2-1-27～图 2-1-29 所示。

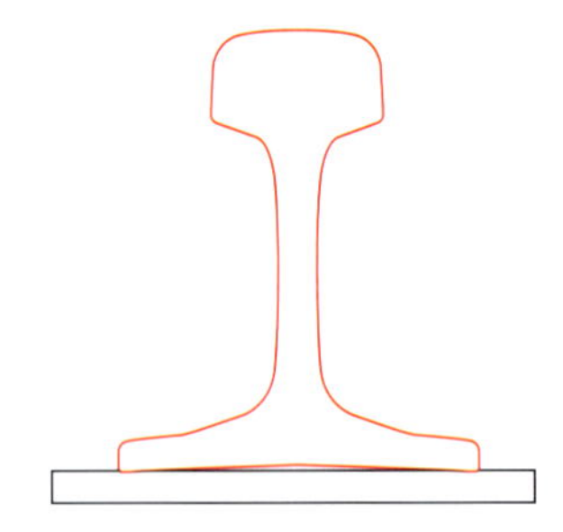

图 2-1-27　轨底凹入测量示意

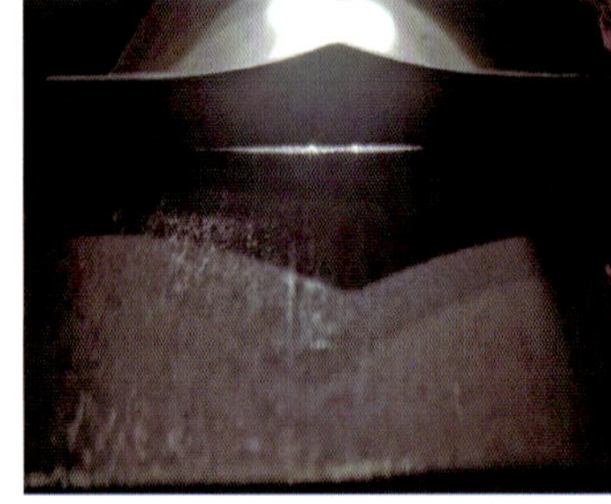

图 2-1-28　轨底凹入超标

图 2-1-29　轨底凸出

【判定依据】

轨底凹入允许偏差依据标准《钢轨　第 1 部分：43 kg/m～75 kg/m 钢轨》(TB/T 2344.1—2020)第 6.1.2 条判定，具体见表 2-1-9，轨底不允许有凸出。

**表 2-1-9　轨底凹入标准要求**

| 标　　准 | 轨　　型 | 允许偏差(mm) | |
|---|---|---|---|
| | | ≥200 km/h | <200 km/h |
| TB/T 2344.1—2020 | 43 kg/m | ≤0.3 | ≤0.4 |
| | 50 kg/m | | |
| | 60 kg/m(60N) | | |
| | 75 kg/m(75N) | | |

【产生原因】

1. 轧辊或孔型不良会导致轨底凹入或轨底凸出。
2. 矫直时由于矫直辊辊缝、矫直压力等控制不当造成轨底凹入。

【处理方法】

超出标准允许偏差部位应切除或整支判废。

【预防措施】

1. 规范轧制及矫直等生产工艺。
2. 加强生产过程中的检查，出现问题及时调整，避免批量缺陷产生。

## 十、螺栓孔不合格　★★

**Drilling tolerance exceeds the standard requirements**

### （一）孔径超标

Drilling diameter exceeds the standard requirements

【特征】

钢轨端部钻孔直径超过标准允许正偏差称“孔大”，钻孔直径超过标准允许负偏差称“孔小”。

【检验方法】

采用孔径样板测量，测量要求如下：

1. 孔径样板垂直塞入孔径，旋转进行测量。

2. 孔径样板塞入孔径时，负号标记部分能通过孔径，正号标记部分不能通过为合格，如图 2-1-30 所示，反之不合格，如图 2-1-31 和图 2-1-32 所示。

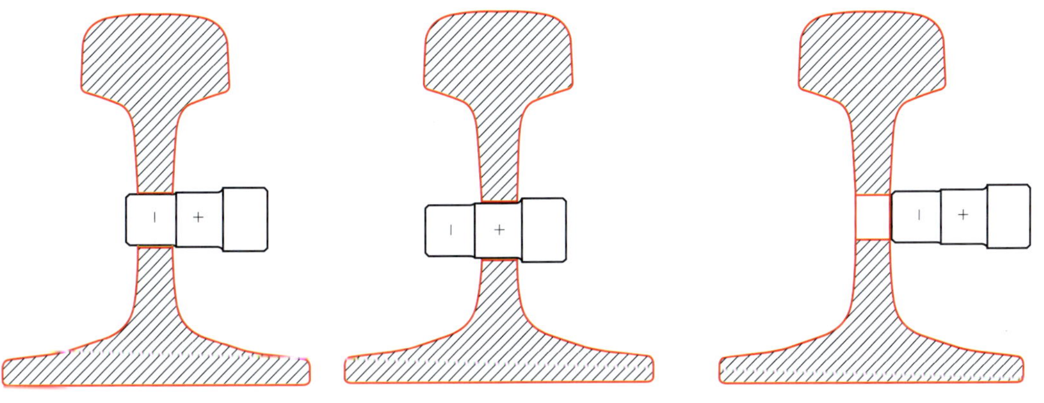

图 2-1-30　孔径合格示意　图 2-1-31　孔径超正偏差示意　图 2-1-32　孔径超负偏差示意

【判定依据】

孔径允许偏差依据标准《钢轨　第 1 部分：43 kg/m～75 kg/m 钢轨》（TB/T 2344.1—2020）第 6.1.2 条判定，具体见表 2-1-10。

**表 2-1-10　孔径标准要求**

| 标　准 | 轨　型 | 允许偏差(mm) | |
|---|---|---|---|
| | | ≥200 km/h | <200 km/h |
| TB/T 2344.1—2020 | 43 kg/m | ±0.7 | ±0.8 |
| | 50 kg/m | | |
| | 60 kg/m(60N) | | |
| | 75 kg/m(75N) | | |

【产生原因】

主要是钻头尺寸或钻孔时控制不当导致螺栓孔孔径不符合要求。

【处理方法】

超出标准允许正偏差应判废，超出标准允许负偏差可以重新钻孔加工。

【预防措施】

1. 螺栓孔加工前检查钻头尺寸是否符合标准要求。

2. 确保加工工艺规范。

3. 加工后应及时检查钻孔质量，避免批量性缺陷的产生。

### （二）螺栓孔位置不合格

The vertical position of the holes exceeds the standard requirements

【特征】

钢轨端部钻孔位置距钢轨轨底面垂直高度超过标准允许正偏差称“孔高”，钻孔高度超过标准允许负偏差称“孔低”。

【检验方法】

采用螺栓孔位置样板测量，测量要求如下：

1. 测量时样板与轨底面平靠，垂直向钢轨推进。

2. 样板能进入螺栓孔为合格，如图 2-1-33 所示；螺栓孔在样板上方则螺栓孔位置过高，不合格，如图 2-1-34 所示；螺栓孔在样板下方则螺栓孔位置过低，不合格，如图 2-1-35 所示。

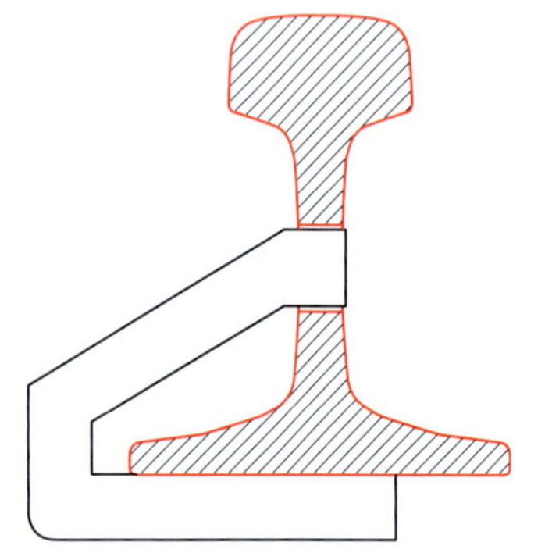

图 2-1-33　螺栓孔高度合格示意

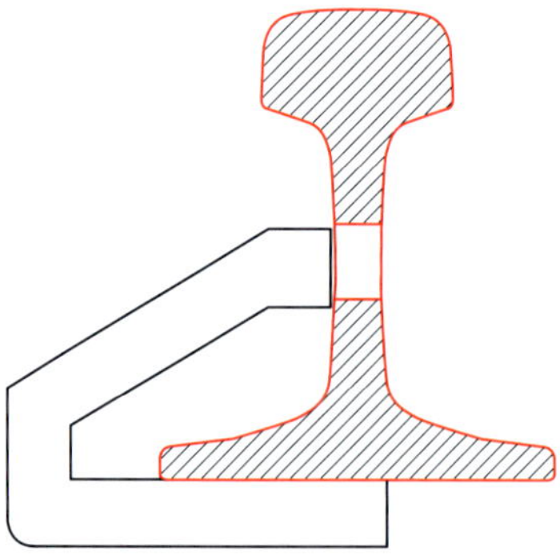

图 2-1-34　螺栓孔过高示意

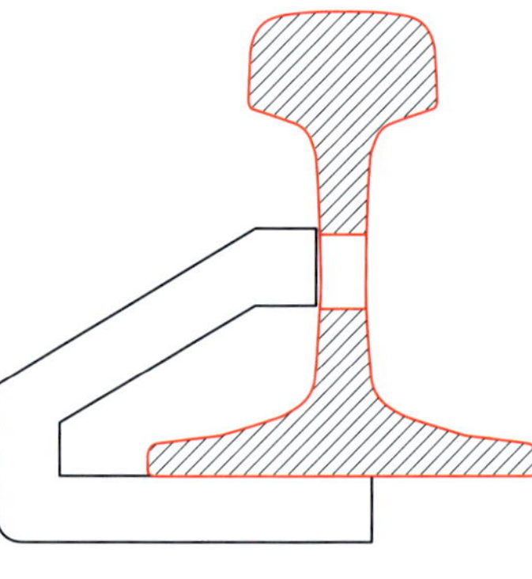

图 2-1-35　螺栓孔过低示意

【判定依据】

螺栓孔位置允许偏差依据标准《钢轨　第 1 部分：43 kg/m～75 kg/m 钢轨》(TB/T 2344.1—2020)第 6.1.2 条判定，具体见表 2-1-11。

表 2-1-11　螺栓孔位置标准要求

| 标　　准 | 轨　　型 | 允许偏差(mm) | |
|---|---|---|---|
| | | ≥200 km/h | <200 km/h |
| TB/T 2344.1—2020 | 43 kg/m | ±0.7 | ±0.8 |
| | 50 kg/m | | |
| | 60 kg/m(60N) | | |
| | 75 kg/m(75N) | | |

【产生原因】

主要是钻头加工尺寸和位置出现偏差。

【处理方法】

超出标准允许偏差部位应判废。

【预防措施】

1. 螺栓孔加工前检查设备状态满足加工要求。
2. 确保加工工艺规范。
3. 加工后应及时检查钻孔质量，避免批量缺陷的产生。

## (三)螺栓孔距离不合格

The horizontal position of the holes exceeds the standard requirements

【特征】

钢轨端部螺栓孔间的水平距离超过标准允许偏差称为螺栓孔距离不合格，如图 2-1-36 所示。

图 2-1-36　螺栓孔距离不合格

【检验方法】

采用螺栓孔位置样板测量，测量时，孔距离测量样板的三个支点均卡入孔径内为合格，如图 2-1-37 所示，有一个支点不能卡入即孔距离不合格，如图 2-1-38 所示。

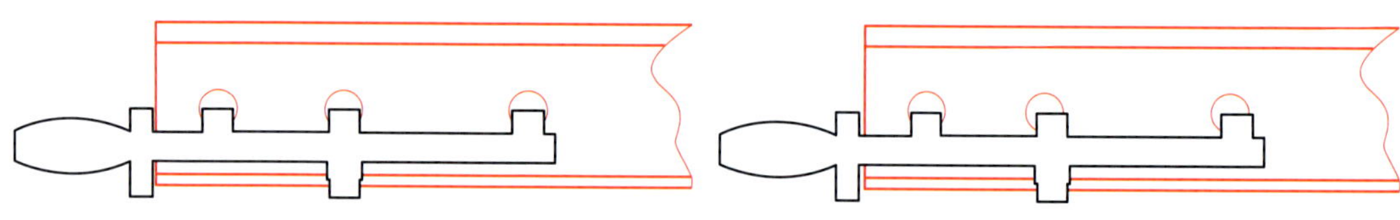

图 2-1-37　螺栓孔距离合格示意　　图 2-1-38　螺栓孔距离不合格示意

【判定依据】

螺栓孔距离允许偏差依据标准《钢轨　第 1 部分：43 kg/m～75 kg/m 钢轨》(TB/T 2344.1—2020)第 6.1.2 条判定，具体见表 2-1-12。

**表 2-1-12　螺栓孔距离标准要求**

| 标　　准 | 轨　　型 | 允许偏差(mm) |
|---|---|---|
| TB/T 2344.1—2020 | 43 kg/m | 2.0 |
| | 50 kg/m | |
| | 60 kg/m(60N) | |
| | 75 kg/m(75N) | |

【产生原因】

主要是钻头加工尺寸或位置出现偏差。

【处理方法】

超出标准允许偏差部位应判废。

【预防措施】

1. 螺栓孔加工前检查设备状态满足加工要求。
2. 确保加工工艺规范。
3. 加工后应及时检查钻孔质量，避免批量缺陷的产生。

### (四)螺栓孔加工不良
### Drilling defects

【特征】

螺栓孔表面存在损伤或毛刺等，也存在未钻孔或钻孔不良的情况，如图 2-1-39～图 2-1-41 所示。

【检验方法】

目测检查。

【判定依据】

1. 依据标准《钢轨　第 1 部分：43 kg/m～75 kg/m 钢轨》(TB/T 2344.1—

2020)第 7.9.7 条判定:钢轨螺栓孔表面边缘上的毛刺应予清除。

图 2-1-39　螺栓孔边缘啃伤

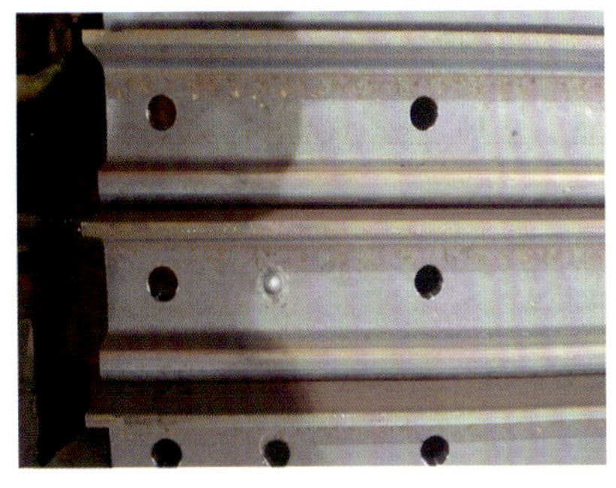

图 2-1-40　螺栓孔第二孔未开孔

图 2-1-41　螺栓孔边缘未倒棱

2. 依据标准《钢轨　第 1 部分:43 kg/m～75 kg/m 钢轨》(TB/T 2344.1—2020)第 6.3 条判定:钢轨螺栓孔边缘应予倒棱,尺寸为 0.8～1.5 mm,角度为 45°。

3. 螺栓孔直径、螺栓孔位置、及距离标准要求参照表 2-1-10～表 2-1-12。

【产生原因】

1. 设备故障,带病作业。

2. 人员操作不符合作业规程。

【处理方法】

1. 螺栓孔损伤应判废。

2. 未开孔应重新加工。

3. 螺栓孔倒棱尺寸小,应重新补倒棱。

4. 螺栓孔倒棱尺寸大,切除相应部位。

【预防措施】

1. 螺栓孔加工前检查设备状态满足加工要求。

2. 确保加工工艺规范。

3. 加工后应及时检查钻孔质量,避免批量缺陷的产生。

## 十一、端面斜度超标 ★★★

## Squareness of ends exceeds the standard requirements

【特征】

钢轨端部平面锯切斜度偏大，分为垂直方向斜度超标和水平方向斜度超标。

【检验方法】

采用直角尺(或直角样板)配合塞尺测量，测量时，样板与钢轨踏面或轨底边缘面平行，平移靠紧钢轨端面，采用塞尺测量钢轨端面最大间隙值，如图 2-1-42 和图 2-1-43 所示；不合格如图 2-1-44 和图 2-1-45 所示。

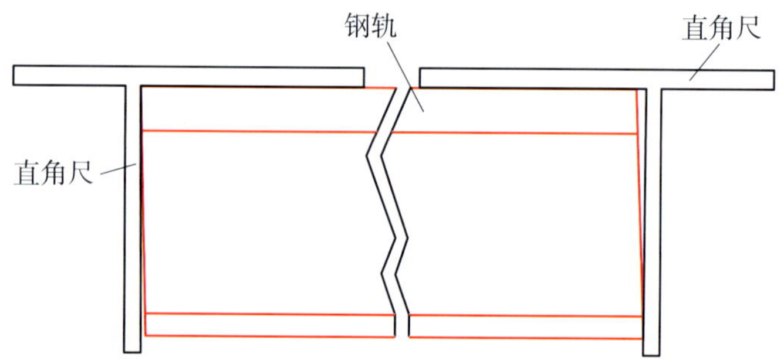


图 2-1-42　端面斜度(垂直方向)测量示意

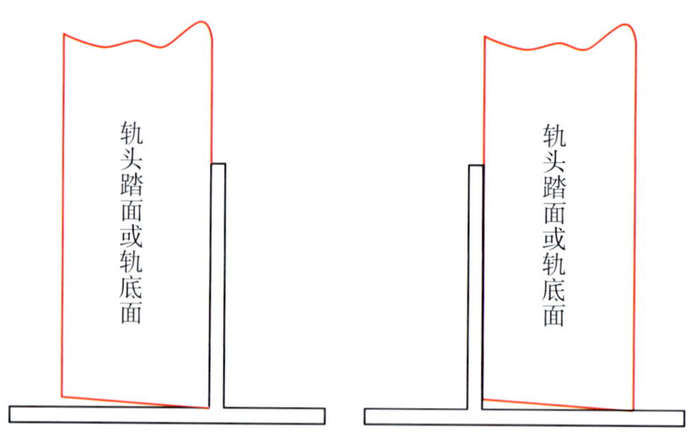


图 2-1-43　端面斜度(水平方向)测量示意

【判定依据】

端面斜度允许偏差依据标准《钢轨　第 1 部分：43 kg/m～75 kg/m 钢轨》(TB/T 2344.1—2020)第 6.1.2 条判定，具体见表 2-1-13。

图 2-1-44　端面斜度(垂直方向)超标

图 2-1-45　端面斜度(水平方向)超标

**表 2-1-13　端面斜度标准要求**

| 标　　准 | 轨　　型 | 允许偏差(mm) | |
|---|---|---|---|
| | | ≥200 km/h | <200 km/h |
| TB/T 2344.1—2020 | 43 kg/m | ≤0.6 | ≤0.8 |
| | 50 kg/m | | |
| | 60 kg/m(60N) | | |
| | 75 kg/m(75N) | | |

【产生原因】

由于设备或操作原因导致锯切后端面斜度超标，端部撞伤也会导致端面斜度超标。

【处理方法】

1. 通过修磨进行处理。

2. 重新锯切或判废。

【预防措施】

1. 锯切前检查设备状态满足加工要求，尤其是锯片质量，不允许有钝化等情况。

2. [illegible]加工工艺规范。

[illegible]加工后应及时检查锯切质量，避免批量缺陷的产生。

## 第二节　外形缺陷

### 一、平直度超标　★★★

**Flatness exceeds the standard requirements**

【特征】

钢轨沿垂直或水平方向不平直,呈弯曲状或波浪形。

【检验方法】

一般弯曲较为明显的平直度超标可以直接用肉眼观测,如图 2-2-1 所示,小范围的平直度需要使用平直尺和塞尺测量,如图 2-2-2 和图 2-2-3 所示。除钢轨端部向下平直度外,其余部位的平直度均是测量平直尺与钢轨之间的内弦值,如图 2-2-4 所示;测量全长垂直方向平直度时将钢轨平放在平台上,通过钢轨与平台的空隙查看钢轨上翘或下弯情况,变形较大的钢轨在运输车上也较为明显,如图 2-2-5 所示。

图 2-2-1　高空坠落导致的水平硬弯

图 2-2-2　端部垂直方向平直度超标

图 2-2-3　端部水平方向平直度超标

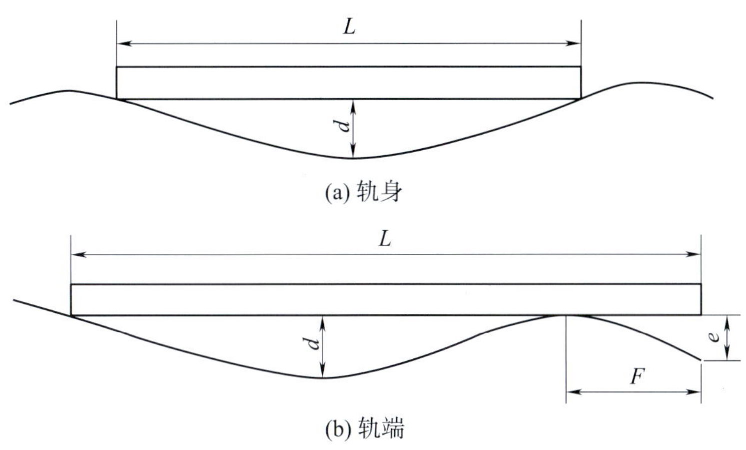


(a) 轨身

(b) 轨端

$L$—平直尺长度；$d$—平直度允许偏差；$e$—端部向下平直度允许偏差；$F$—出现低头部分的长度。

图 2-2-4　平直度测量示意

图 2-2-5　全长垂直方向平直度上翘超标

【判定依据】

平直度允许偏差依据标准《钢轨　第 1 部分：43 kg/m～75 kg/m 钢轨》(TB/T 2344.1—2020)第 6.2 条判定，具体见表 2-2-1。

**表 2-2-1　平直度允许偏差**

<table>
<tr><th rowspan="2">部　位</th><th rowspan="2" colspan="2">项　　目</th><th colspan="2">允 许 偏 差</th></tr>
<tr><th>≥200 km/h</th><th><200 km/h</th></tr>
<tr><td rowspan="3">距轨端<br>0～1.5 m</td><td rowspan="3">平直度</td><td>垂直方向(向上)</td><td>0～1 m:≤0.3 mm/1 m<br>0～1.5 m:≤0.35 mm/1.5 m</td><td>≤0.6 mm/1.5 m</td></tr>
<tr><td>垂直方向(向下)</td><td>≤0.2 mm</td><td>≤0.2 mm</td></tr>
<tr><td>水平方向</td><td>0～1 m:≤0.4 mm/1 m<br>0～1.5 m:≤0.5 mm/1.5 m</td><td>≤0.7 mm/1.5 m</td></tr>
</table>

续上表

| 部位 | 项目 | | 允许偏差 | |
|---|---|---|---|---|
| | | | ≥200 km/h | <200 km/h |
| 距轨端 1～2.5 m | 平直度 | 垂直方向 | ≤0.3 mm/1.5 m | ≤0.5 mm/1.5 m |
| | | 水平方向 | ≤0.5 mm/1.5 m | ≤0.7 mm/1.5 m |
| 轨身 | 平直度 | 垂直方向 | ≤0.3 mm/3 m 和≤0.2 mm/1 m | ≤0.4 mm/3 m 和≤0.3 mm/1 m |
| | | 水平方向 | ≤0.45 mm/1.5 m | ≤0.6 mm/1.5 m |
| 全长 | | 上弯曲和下弯曲 | ≤10 mm | ≤10 mm |

【产生原因】

轧制、预弯和矫直工序均会影响钢轨平直度：

1. 轧制工序。由于轧制操作不当或轧件温度不均，使轧件各部分延伸不一，产生弯曲；轧辊辊径相差大、成品孔出口导卫板安装不合适、轧制线与工作辊道高度相差大，产生弯曲。

2. 预弯工序。轧后热态钢轨在冷床上冷却时，会通过预弯工艺施加一个弯向轨底的弯曲量，使钢轨冷却至室温后基本保持平直状态，如果预弯量设置不合理，钢轨冷却后仍保持较大弯曲，导致矫直工序无法矫正，钢轨平直度超标。

3. 矫直工序。矫直机操作调整不当，各矫直辊的压力分配不合理；矫直时钢轨的温度过高，矫直后应力释放导致平直度反弹；矫直辊辊径相差太大等都会导致平直度超标。

4. 成品钢轨吊装过程中各起重机不同步或钢轨掉落会产生硬弯；存放不规范，如出现压脚、垛位存放过高等情况也会影响平直度。

【处理方法】

局部平直度超标可以通过四面压力补充矫直进行调整，无法矫正的钢轨应切除。

【预防措施】

1. 确保轧辊、导卫板等设备装配规范，确保横移设备移动同步，保证轧件温度均匀，提高轧制后平直度。

2. 根据环境温度、钢轨断面规格和钢种设置合理的预弯曲线。

3. 确保矫直辊装配规范，保持合适的矫直温度及矫直工艺，减少矫直导致的平直度超标。

4. 规范钢轨存放。

## 二、高低点 ★

**Irregularity in short distance**

【特征】

钢轨踏面出现明显的高低不平顺。

【检验方法】

使用手电筒沿钢轨长度方向照射踏面，通过查看高低点产生的阴影找到高低点位置，如图 2-2-6 所示；再使用电子平直尺测量高低点附近约 300 mm 范围的踏面曲线不平顺突变，如图 2-2-7 所示，也可以使用游标卡尺测量突变范围内的轨高波动。

图 2-2-6　钢轨高低点

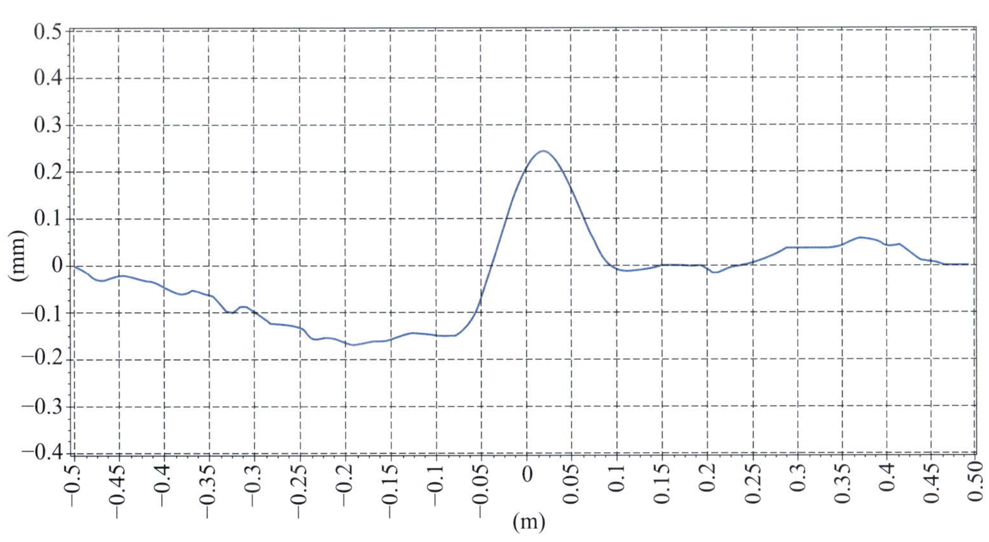


图 2-2-7　电子尺测量的高低点形貌

【判定依据】

钢轨的平直度应符合标准要求，使用电子尺测量时，高速钢轨在约300 mm范围内高点最大值和低点最大值的差值不大于0.3 mm，其他速度等级钢轨可参照执行。

【产生原因】

高低点是钢轨在连轧过程中因张力失稳导致轧件金属不均匀流动而产生的轨高波动现象。

轧件在连轧机组中稳定轧制时，轧件处于平直状态，但这种平直状态是通过机架间的轧制力和连轧张力控制的。当轧件尾部脱离上一机架孔型时，轧件的张力瞬间释放，使轧件尾部在自然状态下产生"甩尾"和"顿挫"现象。

轧件"甩尾"将在水平方向上产生一个"摆动"力，从而使处于下一孔型(轧边孔或UF孔)中的金属产生沿水平方向移动的力，轧边孔中轨头方向的金属处于自由展宽状态，突然增大的力将使金属向一侧的辊缝流动。因此在水平方向上的辊缝处金属量加大，使"甩尾"瞬间的轨高大于正常轧制状态下的轨高，即形成了"高点"。

轧件的"顿挫"是钢轨在UF机架产生断面尺寸的波动。当UF是半万能轧制时，在轨腰、轨底方向由于受到轧辊的限制，受波动的影响相对在轨头方向上要小很多。轨头踏面由于处于自由展宽状态，张力的突然变化使得大量金属流入处于辊缝附近的轨头致使轨高增加，而由于体积不变，相邻位置的轨头缺少足够的金属使得轨高相对减少，导致轨高波动。

【处理方法】

通过修磨高点减少高低点带来的影响，修磨后平直度及廓形应满足标准要求，无法修磨的应判废。

【预防措施】

1. 优化连轧机组各轧机速度的匹配度，保持合理秒流量关系。

2. 优化微张力和电机速降补偿功能，提高电气系统响应速度，降低高点。

3. 使用UF全万能孔型轧制工艺，通过在成品机架传动侧增加轨头立辊，使轨头踏面处于孔型加工状态，能够减轻轨高高点的产生。

4. 改善连轧状态，可以增加一架单独轧制的精轧机，与现有连轧机组不产生连轧关系，避免咬钢和甩尾时的张力对轨高影响。

## 三、扭曲超标　★★★

**Twist exceeds the standard requirements**

【特征】

各部分截面绕其纵轴角度不同而产生扭曲，端部截面和距端部 1 m 截面的扭曲称为端部扭曲，钢轨全长两个截面的扭曲称为全长扭曲。

【检验方法】

端部扭曲一般使用专用扭曲测量仪测量，如图 2-2-8 和图 2-2-9 所示。全长扭曲通过将钢轨放在水平平台上用塞尺进行确认。将钢轨放置在水平平台上，通过观察钢轨轨底边缘下表面与平台间是否有空隙来判断，用塞尺测量得到的最大空隙即为全长扭曲值，如图 2-2-10 所示。

图 2 2-8　端部扭曲超标

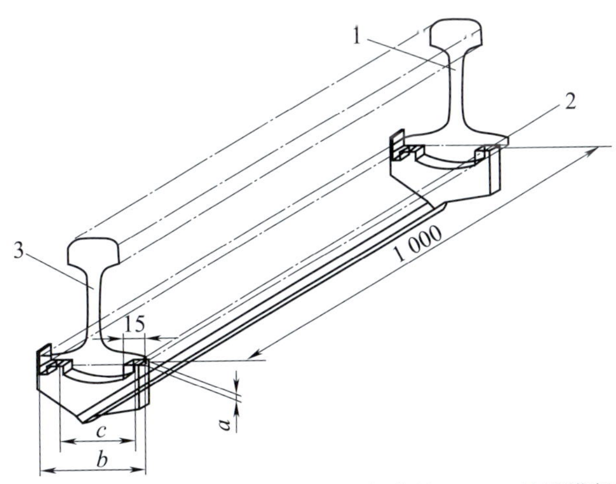


1—距离钢轨端面1 m的横断面；2—量规（扭曲尺）；3—轨端横断面。
注：当$b$≥150 mm时，$c$=130 mm；当130 mm≤$b$<150 mm时，$c$=110 mm。

图 2-2-9　端部扭曲测量示意(单位:mm)

图 2-2-10　全长扭曲超标

【判定依据】

扭曲允许偏差依据标准《钢轨　第 1 部分：43 kg/m～75 kg/m 钢轨》（TB/T 2344.1—2020）第 6.2 条判定，具体见表 2-2-2。

**表 2-2-2　扭曲允许偏差**

| 项　目 | 允许偏差 | |
|---|---|---|
| | ≥200 km/h | <200 km/h |
| 轨端扭曲 | ≤0.45 mm/1 m | ≤0.6 mm/1 m |
| 全长扭曲 | ≤2.5 mm | ≤2.5 mm |

【产生原因】

轧制和矫直工序均可以影响钢轨扭曲，影响因素如下：

1. 轧辊安装、调整不当，轧辊中心线不在同一垂直面或水平面上；轧辊轴向窜动、轧槽错位，导卫板安装不正或磨损严重；轧件温度不均匀或压下量不均，造成钢轨各部位延伸不一致等。

2. 矫直机的矫直辊安装不当、磨损，矫直工艺参数调整不当等导致扭曲。

【处理方法】

钢轨端部扭曲不符合标准要求时，可将局部扭曲不合格部位切除，全长扭曲不合格时应判废。

【预防措施】

1. 检查轧辊、导卫板的安装，确保不影响钢轨扭曲，出现磨损时要及时修磨或更换，此外，轧制时要避免轧件温度过度不均匀，避免轧制参数控制不良导致钢轨延伸不一致产生的变形。

2. 矫直时，加强对矫辊状态的检查，避免矫直工艺产生较大的扭曲。

## 四、长度超标　★
### Length of rail exceeds the standard requirements

【特征】

钢轨长度超过标准允许偏差。

【检验方法】

用钢卷尺或激光测距仪测量。图 2-2-11 所示为钢轨长度过短，超负偏差，不合格；图 2-2-12 所示为钢轨长度过长，超正偏差，不合格。

图 2-2-11　长度过短

图 2-2-12　长度过长

【判定依据】

长度允许偏差依据标准《钢轨　第 1 部分：43 kg/m～75 kg/m 钢轨》（TB/T 2344.1—2020）第 6.1.2 条判定，具体见表 2-2-3。

**表 2-2-3　长度允许偏差**

| 项　　目 | | | 极限偏差(mm) |
|---|---|---|---|
| 长度(环境温度 20 ℃时) | 无孔钢轨 | ≤25 m 钢轨 | +10 |
| | | >25 m 钢轨 | ±30 |
| | 有孔钢轨 | ≤25 m 钢轨 | ±6 |

【产生原因】

1. 钢轨切头余量不足或切头量过多造成长度过短，切头量过少造成长度过长。
2. 钢轨加工前测量不准，造成定尺锯切后长度超过允许偏差。

【处理方法】

钢轨长度超过标准正偏差的可返切处理，超过标准负偏差的应改切短尺或判废。

【预防措施】

1. 及时校准量尺精度，避免测量偏差。
2. 检查定尺挡板，防止挡板松动导致定位不准确。

## 第三节　表面质量缺陷与伤损

### 一、过烧　★
**Over burn**

【特征】

由于钢坯加热温度过高，钢轨表面出现的粗糙裂口称为“过烧”，利用金相显微镜观察，发现裂口处金属晶粒粗大，晶间存在烧融的情况。

【检验方法】

目测。当有争议时，可采用金相检验及其他方法进行鉴定。图 2-3-1 所示为钢坯局部过烧，图 2-3-2 所示为过烧钢坯轧制成的钢轨。

图 2-3-1　钢坯过烧

图 2-3-2　过烧钢坯轧制的钢轨

【判定依据】

不允许出现过烧缺陷。

【产生原因】

当钢坯的加热温度过高(一般高于熔融点)并在此温度下停留时间过长时，钢中的晶粒会增大，晶粒之间结合力减弱，塑性变差，经不住轧制变形而被拉成裂口。

【处理方法】

有过烧的钢轨应整支判废，也可以切除局部过烧部位。

【预防措施】

1. 严格执行钢坯加热操作规程，根据钢的不同成分选择加热温度和加热时间。

2. 规范操作，注意烧嘴中空气与煤气的配比，防止出现加热温度不均匀的现象。

3. 当轧机停轧时，要适当控制炉温。

## 二、轧裂　★
## Hot-rolling crack

【特征】

钢轨表面成串出现的弧形、人字形等近似横向的裂缝或较大的裂口称为"轧裂",其裂开程度一般较大、较深、不光滑,如图 2-3-3～图 2-3-5 所示。

图 2-3-3　轨头轧裂

图 2-3-4　踏面轧裂

【检验方法】

1. 目测。

2. 使用涡流探伤设备检测。

【判定依据】

依据标准《钢轨　第 1 部分:43 kg/m～75 kg/m 钢轨》(TB/T 2344.1—2020)第 7.9.1 条判定:钢轨表面不应有裂纹。

图 2-3-5　轨底边缘轧裂

【产生原因】

钢轨轧制过程中的急冷是导致轧裂的主要原因,在轧制过程中,轧件不能顺利进入轧辊或轧件在轧辊内打滑,局部被轧机冷却水冷却时间过长;或由于气温过低,冷却水直接浇在轧件上,导致轧件温度明显降低,塑性变差,轧制时该处受拉伸变形造成轧裂。

【处理方法】

钢轨有轧裂部分为废品,应切除。

【预防措施】

防止轧制过程中轧件的急冷,具体措施包括控制轧辊冷却水量、角度或调整高压水除鳞装置,安装挡水板等。

## 三、轧疤 ★★★

**Hot marks**

【特征】

钢轨在轧制过程中，由于外物（如氧化铁皮粘结在轧辊表面形成的钢瘤）、导卫板或辊道划伤，或轧辊表面质量缺陷而造成表面伤损，具有热加工痕迹，部分具有周期性特征，形状无规律，在钢轨轧制过程中比较常见，如图 2-3-6 和图 2-3-7 所示。

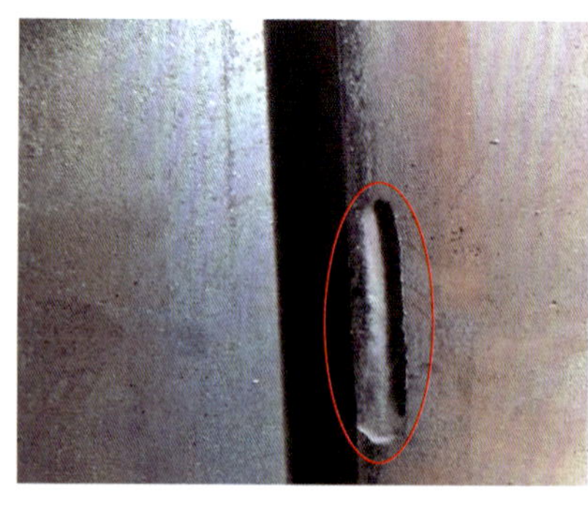
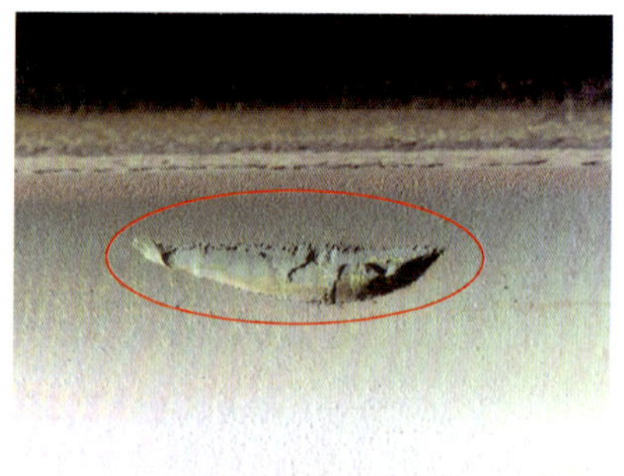
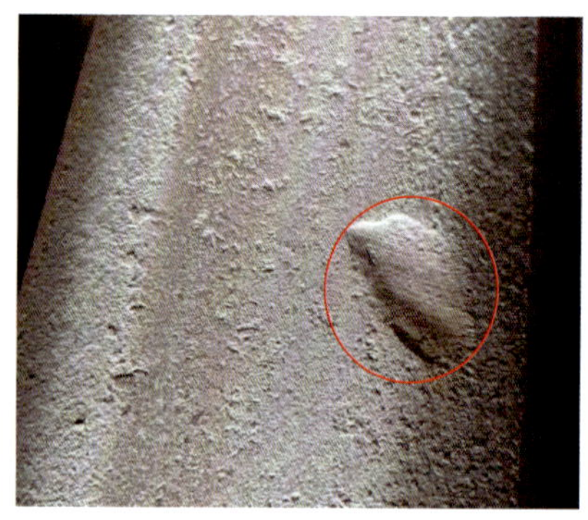
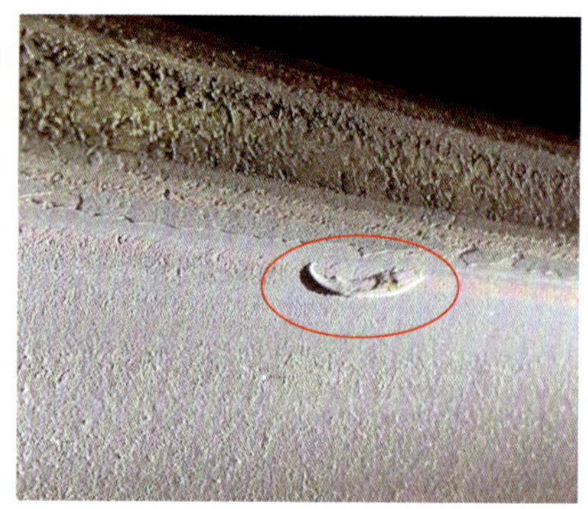

图 2-3-6　开口轧疤

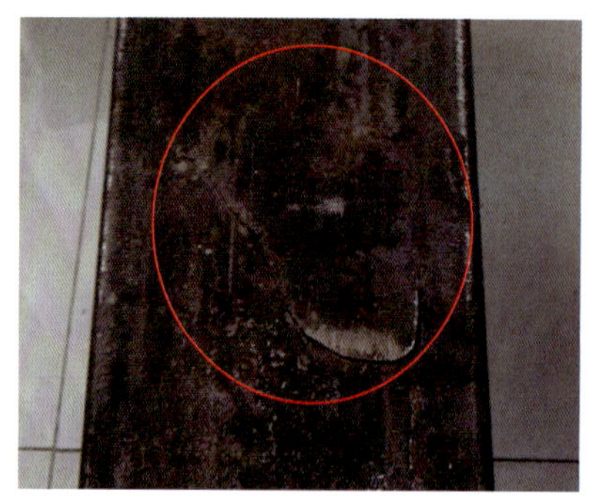
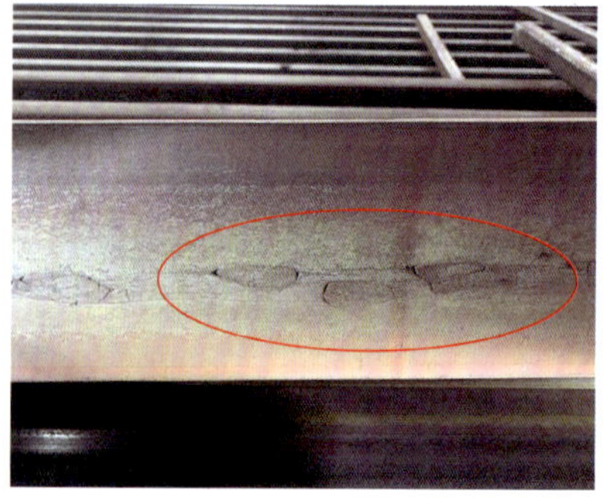

图 2-3-7　闭口轧疤

【检验方法】

1. 目测并使用深度尺测量深度。

2. 使用高清影像或涡流探伤等自动化设备检测。

【判定依据】

依据标准《钢轨　第1部分:43 kg/m～75 kg/m 钢轨》(TB/T 2344.1—2020)第7.9.3条判定。

1. 运行速度大于或等于200 km/h等级的钢轨在热状态下形成的钢轨磨痕、热刮伤、纵向线纹、折叠、氧化铁皮压入、轧痕等的最大允许深度,钢轨走行面为0.35 mm;钢轨其他部位为0.5 mm。

2. 运行速度小于200 km/h等级的钢轨在热状态下形成的钢轨磨痕、热刮伤、纵向线纹、折叠、氧化铁皮压入、轧痕等的最大允许深度,钢轨走行面为0.5 mm;钢轨其他部位为0.6 mm。

【产生原因】

主要是在轧制过程中产生:

1. 轧辊粘结铁皮、铁屑等,在随后轧制过程中使钢轨产生周期性凹坑。

2. 轧制过程中,因氧化铁皮压入轧件表面,并在后续轧制过程中掉落,使钢轨表面产生铁皮压痕。

3. 轧件被翻钢、移钢机损伤,或进入轧机过程中碰撞导卫板产生碰伤,后续轧制过程中产生轧疤。

4. 轧辊磨损严重,易造成凹坑或麻点状轧疤。

【处理方法】

未超过标准要求可不处理或按照标准要求修磨处理,超过标准要求部分应切除或判废。

【预防措施】

1. 正确维护导卫板等装置。

2. 及时处理造成轧件损伤的机械设备。

3. 按规定检查孔型,及时修磨轧槽。

## 四、氧化铁皮压入 ★★★

**Scale**

【特征】

钢轨在轧制过程中，条状或块状金属压入钢轨表面形成的缺陷，该缺陷较常见，如图 2-3-8～图 2-3-13 所示。缺陷存在与钢基体分层的现象，局部用手能揭起，如图 2-3-9 所示的缺陷，也称为“拉铁丝”；但也存在闭合情况，闭合缺陷可以在边界处发现分层，不明显时使用水等介质可以提高辨识度，或采用轻微修磨辨识。

图 2-3-8　轨头侧面氧化铁皮压入

图 2-3-9　轨头下颚氧化铁皮压入

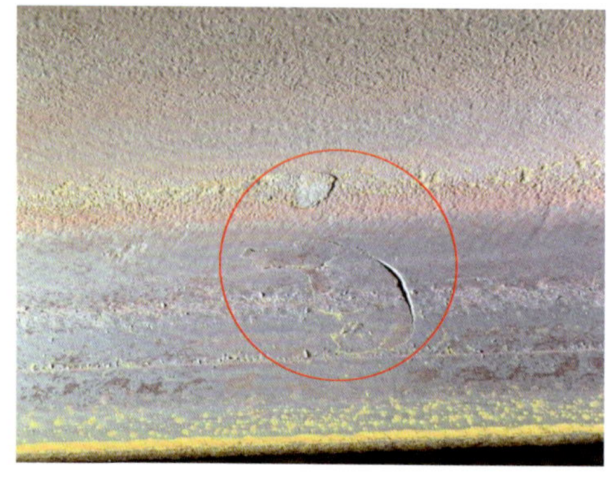

图 2-3-10　轨底上表面闭合氧化铁皮压入

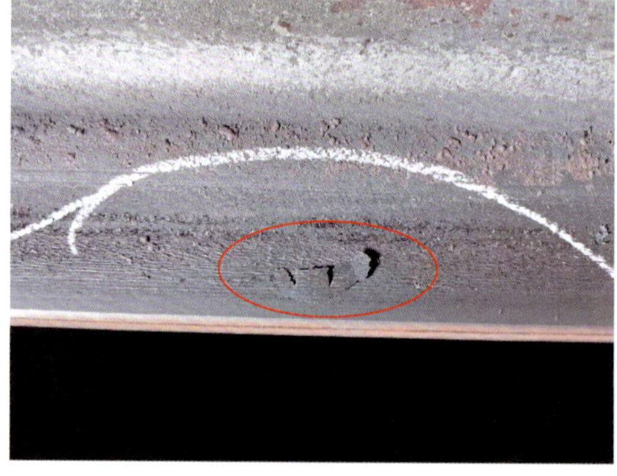

图 2-3-11　轨底上表面氧化铁皮压入

【检验方法】

1. 目测并使用深度尺测量，测量前，先采用修磨等方式打开氧化皮，测量表面到缺陷最深处。

2. 使用高清影像或涡流探伤等自动化设备检测。

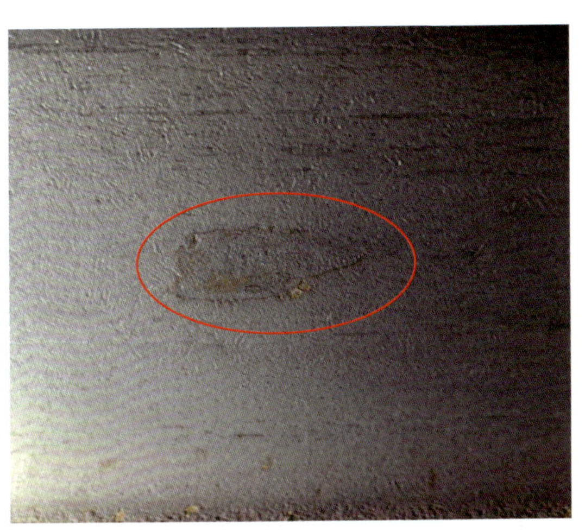

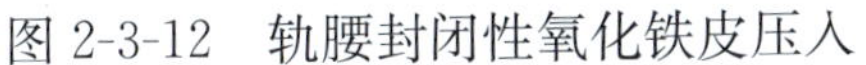

图 2-3-12　轨腰封闭性氧化铁皮压入

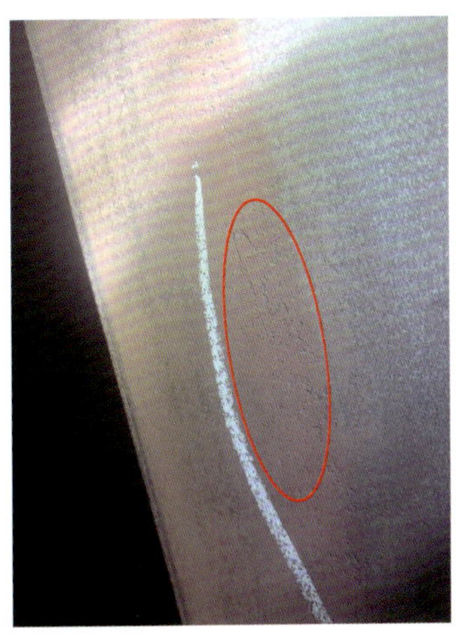

图 2-3-13　轨底氧化铁皮压入

【判定依据】

依据标准《钢轨　第 1 部分：43 kg/m～75 kg/m 钢轨》(TB/T 2344.1—2020)第 7.9.3 条判定。

1. 运行速度大于或等于 200 km/h 等级的钢轨在热状态下形成的钢轨磨痕、热刮伤、纵向线纹、折叠、氧化铁皮压入、轧痕等的最大允许深度，钢轨走行面为 0.35 mm；钢轨其他部位为 0.5 mm。

2. 运行速度小于 200 km/h 等级的钢轨在热状态下形成的钢轨磨痕、热刮伤、纵向线纹、折叠、氧化铁皮压入、轧痕等的最大允许深度，钢轨走行面为 0.5 mm；钢轨其他部位为 0.6 mm。

【产生原因】

多为轧件表面粘黏的氧化铁皮经轧制后压入轧件表面并碾平，表面的氧化铁皮主要来源有：

1. 辊道磨损后出现深槽，轧件在移动或横移过程中，被辊道上深槽槽口处切去一块，并粘黏在轧件表面。

2. 轧件被导卫板剐蹭，随后剐蹭物粘黏在轧件表面。

3. 轧件与轧辊剐蹭，随后剐蹭物粘黏在轧件表面。

【处理方法】

轻微的铁皮压入可采用打磨处理，若打磨后深度超标，则应切除或判废。

【预防措施】

定期对轧辊、导卫板及辊道状况进行检查，发现深槽或有锋利棱角处，及时修磨。

## 五、折叠 ★★
Folding

【特征】

沿钢轨长度方向出现金属的重叠碾压，折叠在钢轨表面上一般呈直线形，如图 2-3-14 所示，有的也呈锯齿形，通长或断续出现，深浅不一；因折叠产生的线纹正常情况下不易发现，修磨后可见明显的"发丝"状纹路，如图 2-3-15 所示；折叠微观形貌，如图 2-3-16 所示。

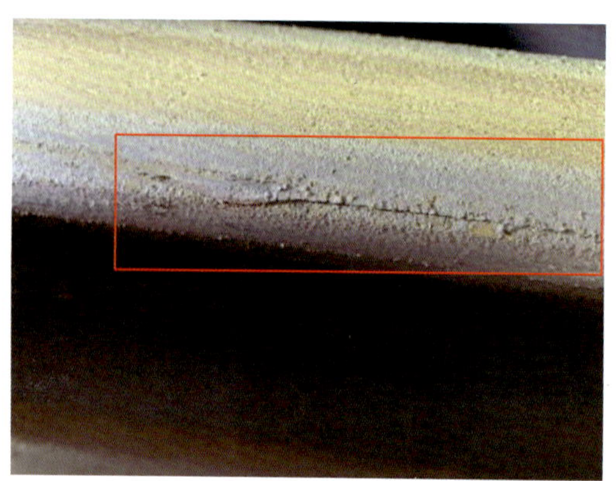
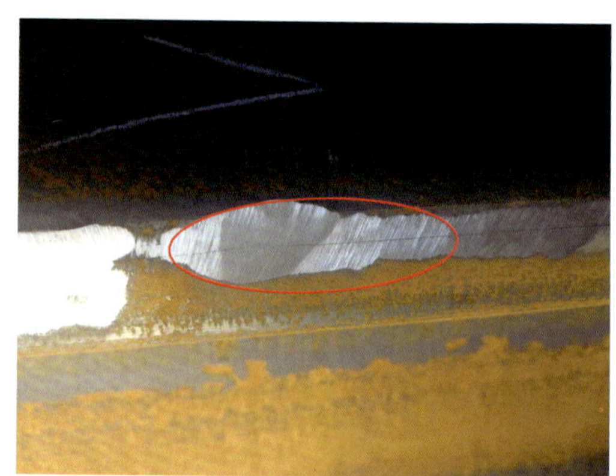

图 2-3-14　轨头侧面产生的折叠

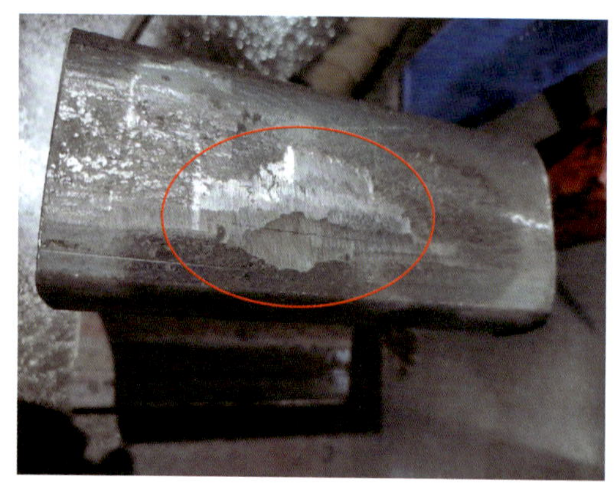

图 2-3-15　轨头侧面因折叠产生的线纹

【检验方法】

1. 目测，必要时可采用砂轮打磨查看，根据其出现部位及特征判定是否为折叠，并用量具测量深度。

2. 使用涡流探伤等自动化设备检测。

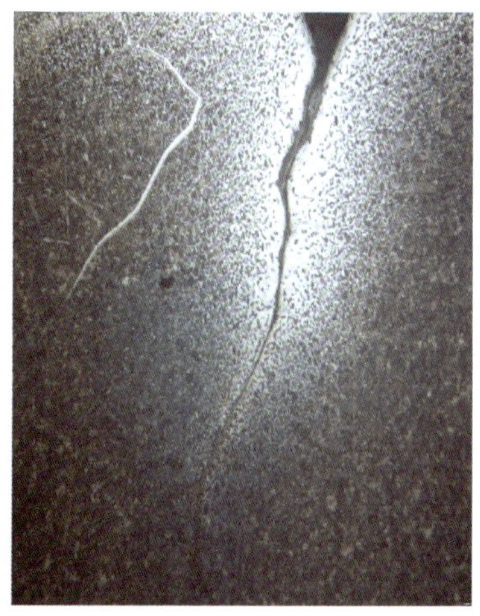
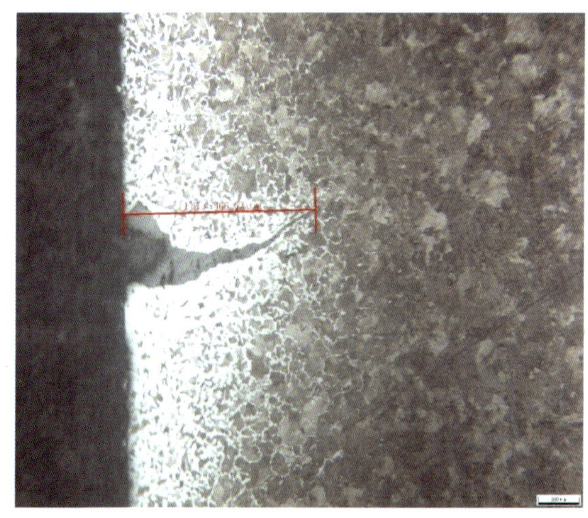

图 2-3-16　放大的折叠线纹金相

【判定依据】

依据标准《钢轨　第 1 部分：43 kg/m～75 kg/m 钢轨》（TB/T 2344.1—2020）第 7.9.3 条判定。

1. 运行速度大于或等于 200 km/h 等级的钢轨在热状态下形成的钢轨磨痕、热刮伤、纵向线纹、折叠、氧化铁皮压入、轧痕等的最大允许深度，钢轨走行面为 0.35 mm；钢轨其他部位为 0.5 mm。

2. 运行速度小于 200 km/h 等级的钢轨在热状态下形成的钢轨磨痕、热刮伤、纵向线纹、折叠、氧化铁皮压入、轧痕等的最大允许深度，钢轨走行面为 0.5 mm；钢轨其他部位为 0.6 mm。

【产生原因】

钢坯自带缺陷或在轧制过程中划伤，后续轧制不断碾压、变形、折叠形成缺陷，产生的原因有：

1. 因孔型设计有缺陷、轧机调整不当或轧辊磨损严重，轧件被划伤，在后续轧制道次中，划伤处反复轧制碾压成折叠。

2. 钢坯表面自带缺陷，经过轧制不断碾压闭合形成折叠。

【处理方法】

超过标准要求缺陷应切除或判废。

【预防措施】

1. 优化孔型设计，提高孔型加工精度。

2. 加强对轧辊、导卫板及移钢设备的检查，减少对轧件的划伤。

3. 严格落实钢坯入炉前检查，有缺陷的钢坯不装炉。

## 六、凸起 ★★★
Protrusion

【特征】

钢轨凸起缺陷通常呈现周期分布，与轧辊表面凹下缺陷相对应，如图 2-3-17 所示。

图 2-3-17　轨腰字符处产生的凸起

【检验方法】

1. 目测并使用深度尺测量其高度。

2. 使用高清影像设备检测。

【判定依据】

依据标准《钢轨　第 1 部分：43 kg/m～75 kg/m 钢轨》(TB/T 2344.1—2020)第 7.9.2 条判定：钢轨走行面(轨冠部位)、轨底下表面及距轨端 1 m 内影响接头夹板安装的所有凸起(热扎标识除外)都应修磨掉。

【产生原因】

产生的原因主要是轧辊表面产生了凹坑等，轧制过程中在钢轨表面形成凸起。

【处理方法】

钢轨走行面(轨冠部位)、轨底下表面及距轨端 1 m 内影响接头夹板安装的所有凸起应全部修磨掉，其余位置根据使用情况修磨。

【预防措施】

1. 严禁轧制黑头钢(轧件端部温度过低)、出现轧制力异常或异常响动时停轧检查轧辊表面质量。

2. 加强对孔型及成品质量的检查。

## 七、轧辊印痕　★
**Roller mark**

【特征】

钢轨表面出现连续性或周期性的凸起或凹下的轧辊印痕称为"辊印",如图 2-3-18 所示。辊印深度通常不明显且无尖锐棱角现象,该处金属颜色和钢轨表面其余部位相同。

图 2-3-18　轨腰辊印

【检验方法】

目测,并用深度尺测量缺陷高度或深度。

【判定依据】

凹下的辊印依据标准《钢轨　第 1 部分:43 kg/m～75 kg/m 钢轨》(TB/T 2344.1—2020)第 7.9.3 条判定。

1. 运行速度大于或等于 200 km/h 等级的钢轨在热状态下形成的钢轨磨痕、热刮伤、纵向线纹、折叠、氧化铁皮压入、轧痕等的最大允许深度,钢轨走行面为 0.35 mm;钢轨其他部位为 0.5 mm。

2. 运行速度小于 200 km/h 等级的钢轨在热状态下形成的钢轨磨痕、热刮伤、纵向线纹、折叠、氧化铁皮压入、轧痕等的最大允许深度,钢轨走行面为 0.5 mm;钢轨其他部位为 0.6 mm。

凸起的辊印应确认型式尺寸是否满足标准要求,依据《钢轨　第 1 部分:43 kg/m～75 kg/m 钢轨》(TB/T 2344.1—2020)第 6.1.2 条及第 7.9.2 条进行判定。

【产生原因】

1. 成品轧辊槽磨损严重。
2. 轧辊车削不良,残留刀花。

【处理方法】

未超过标准要求可不处理或修磨处理,超过标准要求应切除判废。

【预防措施】

1. 加强轧辊孔型冷却,按规定检查轧辊表面质量,及时修磨轧槽或换辊。
2. 加强轧辊上机前检查。

## 八、耳子 ★

**Auricular protuberances**

【特征】

在钢轨表面与孔型开口处对应，沿钢轨长度方向出现的条状金属凸起称为耳子，如图 2-3-19 所示。耳子通常出现在轨头踏面或轨底侧边。耳子多为通长出现，亦有局部或断续出现的。

图 2-3-19　轨头踏面耳子

【检验方法】

目测。耳子一般出现在孔型的开口位置，沿钢轨纵向有明显的条状金属凸起，容易造成钢轨轨高、轨冠饱满度超标。

【判定依据】

1. 钢轨型式尺寸允许偏差依据标准《钢轨　第 1 部分：43 kg/m～75 kg/m 钢轨》（TB/T 2344.1—2020）第 6.1.2 条判定。

2. 依据标准《钢轨　第 1 部分：43 kg/m～75 kg/m 钢轨》（TB/T 2344.1—2020）第 7.9.2 条判定：钢轨走行面（轨冠部位）、轨底下表面及距轨端 1 m 内影响接头夹板安装的所有凸出部分（热轧标识除外）都应修磨掉。

【产生原因】

轧制孔型、轧制温度或轧制工艺等控制不当，导致金属在轨头过度充满。

【处理方法】

采用修磨处理，型式尺寸偏差满足标准要求时可正常使用。

【预防措施】

1. 注意轧制操作，对磨损严重的孔型及时更换，不轧制低温钢，控制烧钢温度均匀。

2. 正确安装入口导板，引导轧件对中进入孔型。

## 九、轨底横向划痕（热态）　★★

**Transverse scratches on rail bottom** (thermal defects)

【特征】

钢轨在热态（一般是轧制过程或轧制后未完全冷却至常温）横移过程中轨底表面被划伤所形成的与钢轨纵向垂直的伤痕，如图 2-3-20 所示，长短不一，深浅不等。

图 2-3-20　轨底横向热划伤

【检验方法】

1. 目测，需使用深度尺测量划痕深度时，应测量表面到缺陷最深处。

2. 使用高清影像、涡流探伤等自动化检测设备检测。

【判定依据】

依据标准《钢轨　第 1 部分：43 kg/m～75 kg/m 钢轨》（TB/T 2344.1—2020）第 7.9.4 条判定：轨底下表面不应有横向划痕。

【产生原因】

轨底横向划痕主要是钢轨在热态横移过程中与设备发生划伤导致的：

1. 钢轨在移钢、输送过程中与表面粗糙或有尖棱的移钢设备等接触划伤。

2. 横移链条高度或转速不一致将轧件表面刮伤。

【处理方法】

修磨处理，依据标准《钢轨　第 1 部分：43 kg/m～75 kg/m 钢轨》（TB/T 2344.1—2020）第 7.9.6 条要求。

1. 运行速度大于或等于 200 km/h 等级的钢轨：最大允许修磨深度为 0.5 mm。

2. 运行速度小于 200 km/h 等级的钢轨：最大允许修磨深度为 0.6 mm。

3. 超过修磨深度允许偏差的应判废。

【预防措施】

1. 检查钢轨横移设备表面无棱角，移动功能正常。

2. 按规定检查清理横移链块等设备表面的铁屑。

3. 保证链条高度和运行速度一致，控制钢轨预弯和移钢时的平直度，保证钢轨在链条上平直、平稳运行。

## 十、轨底横向划痕(冷态) ★★★

**Transverse scratches on rail bottom** (cold defects)

【特征】

钢轨在冷态(常温)下输送、吊运时轨底表面被划伤所形成的与钢轨纵向垂直的伤痕,长短不一,深浅不等,可见明显的金属光泽,如图 2-3-21 所示。

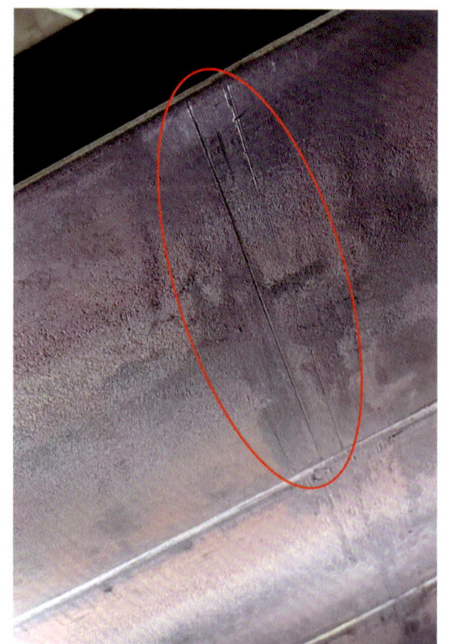

图 2-3-21　轨底横向冷划伤

【检验方法】

1. 目测,需使用深度尺测量划痕深度时,应测量表面到缺陷最深处。

2. 使用高清影像、涡流探伤等自动化设备检测。

【判定依据】

依据标准《钢轨　第1部分:43 kg/m～75 kg/m钢轨》(TB/T 2344.1—2020)第7.9.4条判定:轨底下表面不应有横向划痕。应区分轨底亮印,亮印没有深度,可以用深度尺测量判定,一般以深度不超过0.03 mm判定为亮印,超过则判定为划痕。

【产生原因】

轨底横向划痕主要是钢轨在常温横移过程中与设备发生划伤导致:

1. 钢轨在移钢、输送过程中与表面粗糙或有尖棱的移钢设备等接触划伤。

2. 横移链条高度或转速不一致将轧件表面刮伤。

3. 锯钻机床区域存在较多铁屑,加工时将轨底下表面刮伤。

4. 装车时轨底下表面与车体限位装置接触划伤。

5. 运输车转向架尼龙块损坏,导致运输过程中钢轨轨底下表面与转向架金属部分接触划伤。

【处理方法】

修磨处理,依据标准《钢轨　第1部分:43 kg/m～75 kg/m钢轨》(TB/T 2344.1—2020)第7.9.6条要求。

1. 运行速度大于或等于200 km/h等级的钢轨:最大允许修磨深度为0.5 mm。

2. 运行速度小于200 km/h等级的钢轨:最大允许修磨深度为0.6 mm。

3. 超过修磨深度允许偏差的应判废。

4. 确定为亮印的可不修磨。

【预防措施】

1. 检查钢轨横移设备表面无棱角,移动功能正常。

2. 按规定检查清理横移链块等设备表面的铁屑。

3. 保证链条高度和运行速度一致,控制钢轨预弯和拉钢时的平直度,保证钢轨在链条上平直、平稳运行。

4. 保证运输车转向架、冷床防止划伤的尼龙块无破损,吊运过程中避免与转向架碰撞。

## 十一、端部损伤 ★★★

**Squareness of ends bruising**

【特征】

钢轨端面被碰压、撞击等形成的各种局部伤痕（主要是冷态），其大小、形状、位置无规律，在冷态产生的碰伤表面呈银亮的金属光泽，该缺陷较为常见，如图 2-3-22 ~ 图 2-3-24 所示。

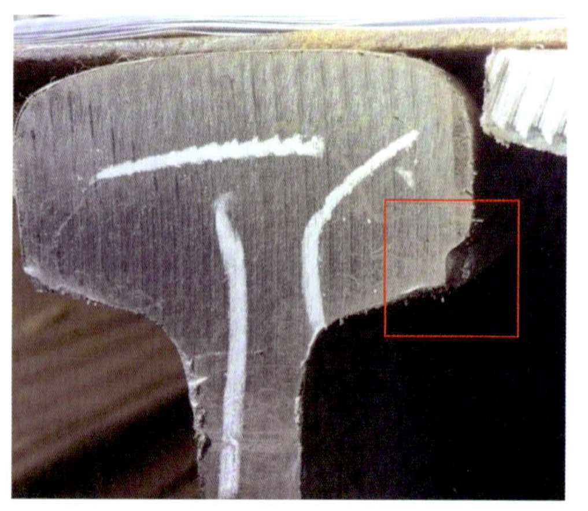

图 2-3-22　轨头撞伤

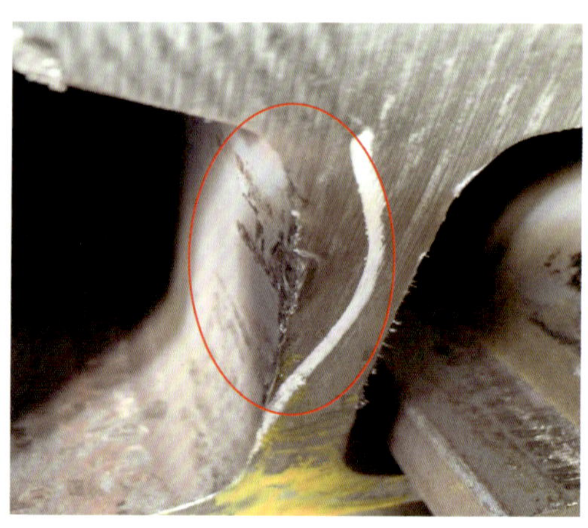

图 2-3-23　轨腰磕伤

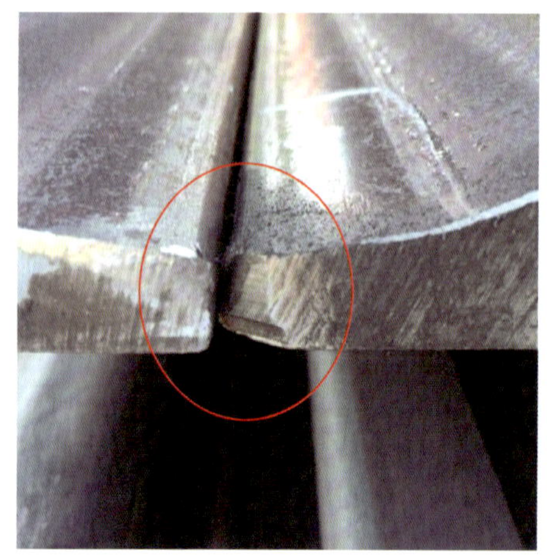

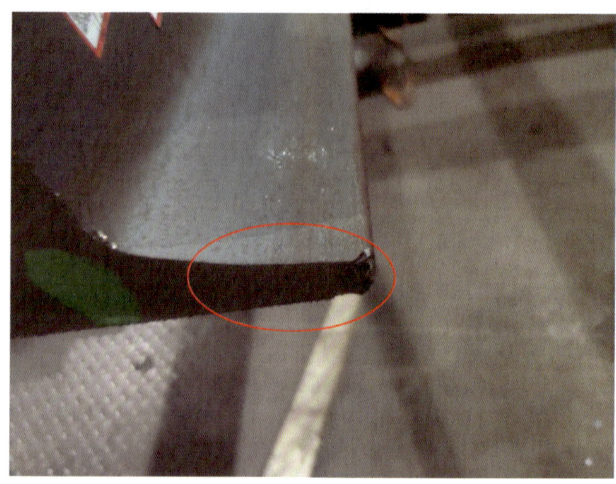

图 2-3-24　轨底撞伤

【检验方法】

目测，并使用深度尺测量深度。

【判定依据】

依据标准《钢轨　第1部分:43 kg/m～75 kg/m钢轨》(TB/T 2344.1—2020)第7.9.3条及第7.9.4条判定。

1. 热撞伤允许最大深度:

(1)大于或等于200 km/h速度等级的钢轨:钢轨走行面为0.35 mm;钢轨其他部位为0.5 mm。

(2)小于200 km/h速度等级的钢轨:钢轨走行面为0.5 mm;钢轨其他部位为0.6 mm。

2. 冷撞伤允许最大深度:

(1)大于或等于200 km/h速度等级的钢轨:钢轨走行面和轨底下表面为0.3 mm;钢轨其他部位为0.5 mm。

(2)小于200 km/h速度等级的钢轨:钢轨走行面和轨底下表面为0.4 mm;钢轨其他部位为0.5 mm。

【产生原因】

端部损伤主要是钢轨在运输过程中表面碰撞或存放不当被挤压造成的,有以下情况:

1. 钢轨在输送过程中,碰撞地板、挡板等机械设备产生碰伤。

2. 钢轨吊运或堆放不当,局部碰压而造成压痕。

3. 翻钢机夹头磨耗,夹持钢轨端面造成损伤。

【处理方法】

修磨处理,依据标准《钢轨　第1部分:43 kg/m～75 kg/m钢轨》(TB/T 2344.1—2020)第7.9.6条要求。

1. 运行速度大于或等于200 km/h等级的钢轨:钢轨走行面最大允许修磨深度为0.35 mm;钢轨其他部位最大允许修磨深度为0.5 mm。

2. 运行速度小于200 km/h等级的钢轨:钢轨走行面最大允许修磨深度为0.5 mm;钢轨其他部位最大允许修磨深度为0.6 mm。

3. 端面修磨后应满足端面斜度标准要求。修磨导致钢轨表面质量或型式尺寸超过标准条款要求的应判废。

【预防措施】

1. 合理设置辊道运行速度,使钢轨平稳运行,保持钢轨输送挡板功能完善。

2. 严格执行钢轨输送、吊装、堆垛的管理规定。

## 十二、打磨灼伤 ★
### Grinding burn

【特征】

打磨灼伤是指在钢轨打磨过程中，由于打磨区域快速升温，造成钢轨表层金相组织发生变化（伴随表面出现氧化变色），如图 2-3-25 和图 2-3-26 所示，引起表层金属强度和硬度发生变化，甚至出现微裂纹。

图 2-3-25　轨头磨伤

图 2-3-26　轨底上表面磨伤

【检验方法】

打磨灼伤通常可以从钢轨表面颜色变化来判断。一般情况下，钢轨表面

有颜色变化的地方(如发蓝等)可能出现打磨灼伤,严重的打磨灼伤也伴随着微裂纹等缺陷。打磨灼伤一般可以采取以下方法检查:

1. 目视法,也称观色法。当钢轨表面存在打磨灼伤时会形成氧化膜,且氧化膜的颜色和厚度与烧伤的程度相关。打磨发热会引起钢轨表面温度升高,氧化膜颜色会发生变化,根据氧化膜颜色变化就能对灼伤的程度做出大致的判断。

2. 酸洗法,也称酸蚀法。在打磨表面涂上酸液或将其浸入盛有按规定配制的酸液槽中,根据打磨表面呈现的颜色变化进行判定。

3. 金相测试法。通过对钢轨金相组织的检测可以判断灼伤程度。

4. 硬度测试法。一般情况下,当发生打磨灼伤时,表面硬度会发生变化,因此可通过硬度测试来验证。低温条件下打磨灼伤也会导致微裂纹的产生。

5. 磁弹法。在正常情况下,铁磁材料的磁序呈有规则的排列,但打磨灼伤后产生的金相组织变化及残余应力将引起磁畴结构内的磁序变化,因此可以利用磁弹法探测打磨灼伤。

【判定依据】

依据标准《钢轨　第 1 部分:43 kg/m～75 kg/m 钢轨》(TB/T 2344.1—2020)第 7.9.6 条判定:对钢轨有害的缺陷应修磨处理,且应保证修磨后的钢轨显微组织不受影响。

【产生原因】

打磨钢轨时因用力过大或打磨时间过长等原因,表面热量积聚,未及时散失,局部产生高温使钢轨组织变化所致。

【处理方法】

应控制钢轨打磨灼伤的出现,若出现应尽量切除打磨灼伤段钢轨,采用修磨方式处理时应保证修磨的最小深度,确保灼伤部分完全修磨处理掉。

【预防措施】

1. 尽量减少磨削时产生的热量。作业时应控制打磨的吃刀量,不可形成冲击,常温下钢轨打磨应尽量控制不出现“烤蓝”。打磨过程中打磨一处时间不能持续过长。砂轮材质选择应合适。手砂轮的电机功率不能选择过大,且应控制砂轮线速度。

2. 应尽量加速热量的散发。

## 十三、矫痕 ★★★

## Straightening indentation

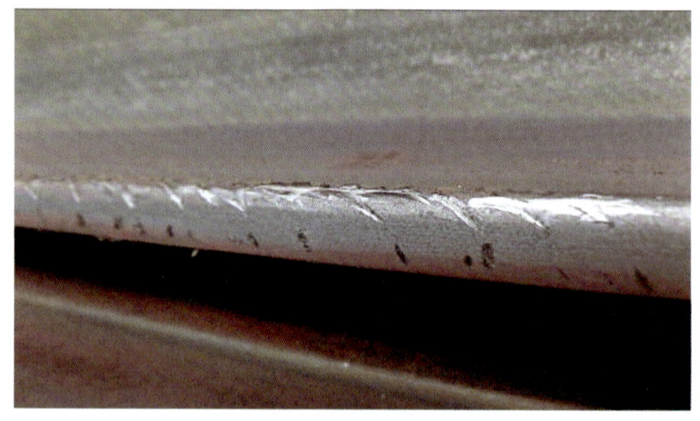

图 2-3-27 轨底边缘矫痕

【特征】

钢轨在冷矫过程中造成的表面伤痕，呈块状、长条状或鱼鳞状凹陷，如图 2-3-27 所示，常具有银亮的金属光泽，周期性分布。

【检验方法】

目测，并用深度尺测量深度。

【判定依据】

依据标准《钢轨　第 1 部分：43 kg/m～75 kg/m 钢轨》(TB/T 2344.1—2020)第 7.9.4 条判定。

1. 钢轨走行面和轨底下表面(轨底下表面不应有横向划痕)：运行速度大于或等于 200 km/h 等级的钢轨最大允许深度不超过 0.3 mm；运行速度小于 200 km/h 等级的钢轨最大允许深度不超过 0.4 mm。

2. 钢轨其他部位最大允许深度不超过 0.5 mm。

【产生原因】

1. 矫直辊局部损伤或粘有金属块(如毛刺、结疤等)，辊面局部凸起，产生周期性或单个分布的矫坑。

2. 矫直辊磨损严重，或辊面粘结有金属(也称挂瘤子)，易产生鱼鳞状矫痕。

3. 矫直前钢轨弯曲严重，矫直时喂钢不正，易产生局部矫痕。

【处理方法】

未超过标准要求可不处理或按照标准要求修磨处理，超过标准要求部分应切除判废。

【预防措施】

1. 经常检查矫直辊，发现粘结金属时应及时打磨。

2. 加强矫直机的调整，及时更换磨损严重的矫直辊。

3. 控制好矫前钢轨弯曲，矫直前钢轨不应弯曲较大。

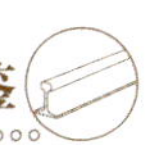

## 十四、矫裂　★
## Straightening fracture

【特征】

钢轨在平立复合矫直或者压力补矫过程中产生的裂缝称为矫裂，其裂口棱角尖锐，呈银亮色，严重时钢轨劈裂或碎断，断口有裂纹源、扩展区、瞬断区的明显特征，如图 2-3-28 所示。

图 2-3-28　矫裂断口

【检验方法】

目测，断口形貌用金相显微镜进行观测。

【判定依据】

依据标准《钢轨　第 1 部分：43 kg/m～75 kg/m 钢轨》（TB/T 2344.1—2020）第 7.9.1 条判定：钢轨表面不应有裂纹。

【产生原因】

1. 平立复合矫直机或四面压力矫直机调整操作不当，造成钢轨矫（压）裂。

2. 矫直前钢轨弯曲或扭曲严重，在矫直过程中被矫（压）裂。

3. 钢轨内部存在较大的非金属夹杂物、表面存在裂纹缺陷导致矫直过程中被矫（压）裂；也可能由于钢轨在矫直或输送过程中与转动工件，如输送辊、导向辊等发生相对滑动，表面擦伤产生马氏体等，降低钢轨韧性，致使钢轨矫直（压）过程产生断裂。

【处理方法】

矫（压）裂钢轨应判废。

【预防措施】

1. 规范矫直参数的设置，避免矫直压力过大等。

2. 保证较好的矫前钢轨平顺性。

3. 加强矫前钢轨表面质量的检查。

4. 保证转动工件的设备状态，避免与钢轨产生相对滑动造成钢轨表面擦伤。

5. 提高钢轨内部纯净度，减少非金属夹杂物等内部缺陷的影响。

## 十五、锯切缺陷 ★

## Saw cutting defects

【特征】

钢轨有明显的锯切切口，切口宽度与锯片宽度基本一致。钢轨锯切切口如图 2-3-29 和图 2-3-30 所示。锯切缺陷一般容易检查发现，在后续焊轨基地、道岔厂、线路使用等过程中都可能产生，应注意区分。

图 2-3-29　在轨头位置的锯切伤损

图 2-3-30　在轨底位置的锯切伤损

【检验方法】

目测，并用深度尺测量深度。

【判定依据】

钢轨表面不得有锯切缺陷。

【产生原因】

1. 锯切时操作不规范，锯切位置定位不准确，发现锯切错误后退刀，在钢轨上留下锯切切口。

2. 线路锯切操作不当也会产生该缺陷。

【处理方法】

相应部分应锯切判废。

【预防措施】

规范锯切操作。

## 十六、轨端热处理过烧　★
## Heat treatment over burn

【特征】

轨端热处理后表面有明显的过烧缺陷。轨端轨头过烧缺陷如图 2-3-31 所示。

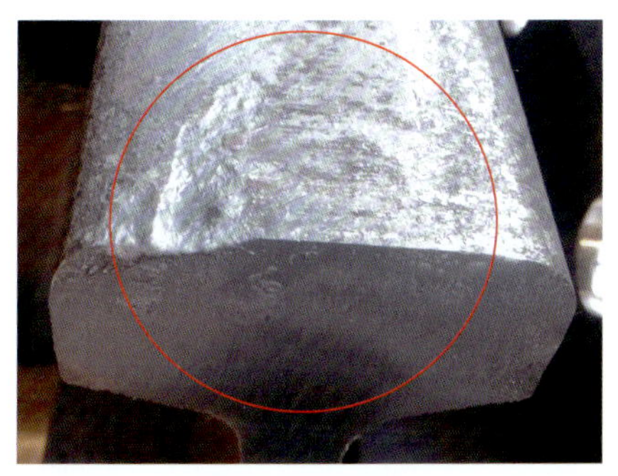
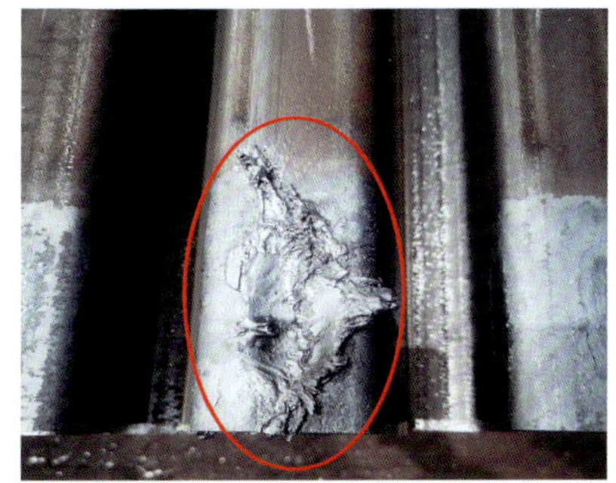
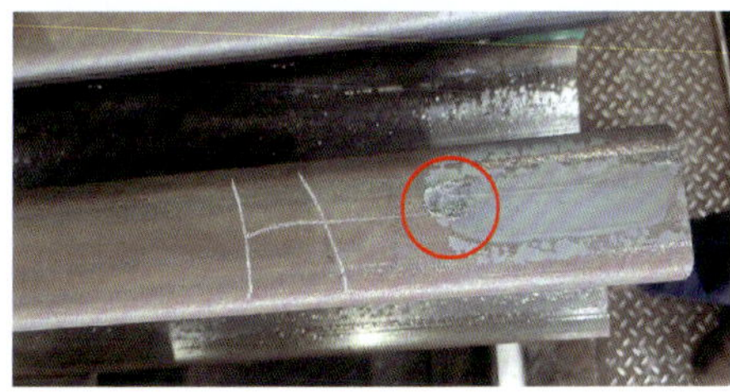
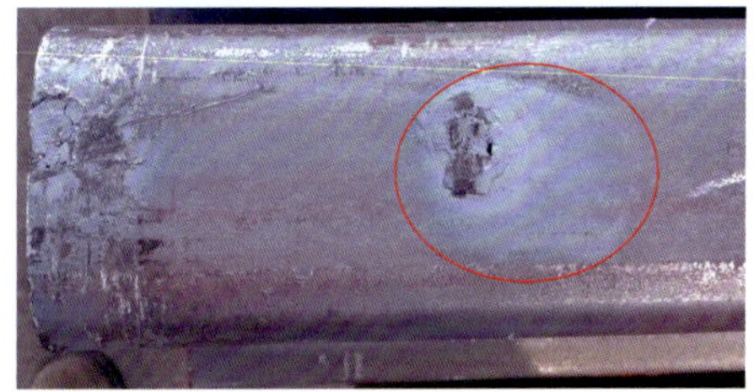

图 2-3-31　轨端热处理过烧

【检验方法】

目测，必要时使用显微镜观察金相组织。

【判定依据】

依据标准《钢轨　第 1 部分：43 kg/m～75 kg/m 钢轨》附录 E 第 E.4 条判定：钢轨不应有淬火裂纹、过烧等。

【产生原因】

轨端热处理温度过高。

【处理方法】

过烧部分应判废。

【预防措施】

严格控制轨端热处理温度；放正加热感应线圈，避免温度不均。

## 十七、端部倒棱不合格 ★★★

## Chamfering of ends exceeds the standard requirements

【特征】

钢轨端部有明显的毛刺或倒棱深度过大等，带有螺栓孔的钢轨轨头端部未倒棱或倒棱区域不满足要求。端部毛刺未打磨如图 2-3-32 所示，带螺栓孔钢轨轨头未倒棱如图 2-3-33 所示。

图 2-3-32　端部毛刺未打磨

图 2-3-33　孔轨端部轨头未倒棱

【检验方法】

目测。

【判定依据】

依据标准《钢轨　第 1 部分：43 kg/m～75 kg/m 钢轨》(TB/T 2344.1—2020)第 7.9.7 条判定：钢轨端面和螺栓孔表面边缘上的毛刺应予清除。带螺栓孔的钢轨依据《钢轨　第 1 部分：43 kg/m～75 kg/m 钢轨》(TB/T 2344.1—2020)第 6.4 条判定：有孔钢轨轨端轨头至下圆角应按照 TB/T 2344.1—2020 的要求进行倒棱。

【产生原因】

未打磨毛刺，未倒棱，或打磨、倒棱操作不规范。

【处理方法】

倒棱过大的应切除，未倒棱、未去除毛刺的钢轨可重新处理。

【预防措施】

规范现场作业。

## 十八、标志不合格 ★★★
### Unqualified marks

【特征】

钢轨一侧轨腰有轧制的商标、钢牌号、高速钢轨标识、轨型、生产年份（后两位）、生产月（罗马数字）等信息，该标志是在 UF 轧辊上刻出有相应信息的凹槽，通过轧制形成；另一侧压印了 13 位信息（包括生产厂拼音首字母，炼钢年份后 2 位，6 位炼钢炉次序号，3 位流坯序号以及由英文大写字母 A、B、C、D 组成的百米钢轨的四段顺序号），该标志是通过热压印机在钢轨热状态下压印形成。热轧标志出现的缺陷有信息缺失、错误、字符高度不足或过高、字符凸起高度不足（图 2-3-34）等。热压印信息缺陷主要有压印错误、未压印、压印深度超标、压印字符不清晰（图 2-3-35）、补印缺失（图 2-3-36）、补印错误（图 2-3-37）等。此外出厂钢轨在一端端头有纸质标签（包含标准号、轨型、钢牌号、速度等级、炉号、长度等，条形码应包含钢轨热压印标志的所有信息），常见的错误有纸质标签信息不全、标签信息与轨身信息不符合等。

图 2-3-34　热轧标志凸起高度不足

图 2-3-35　热压印字符不清晰

【检验方法】

核对信息的准确性，字符高度使用直尺或卷尺测量，热压印深度或热轧标志凸起高度使用深度尺测量。

【判定依据】

依据标准《钢轨　第 1 部分：43 kg/m～75 kg/m 钢轨》（TB/T 2344.1—2020）第 10 章要求判定。

图 2-3-36　补印缺失

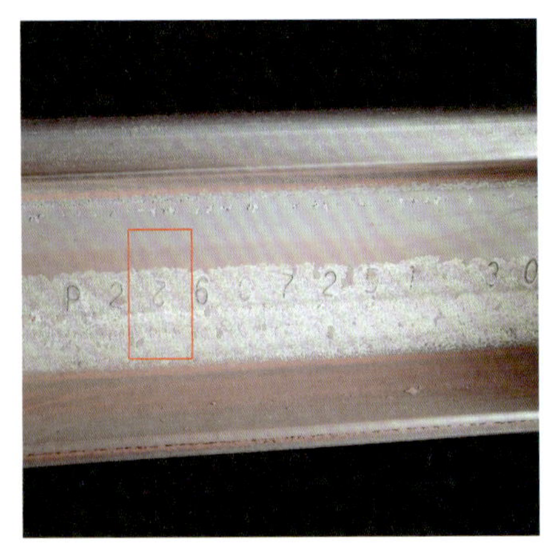

图 2-3-37　补印错误(部分字符打反)

【产生原因】

1. 热轧标志错误主要是 UF 轧辊上标志刻制错误导致，凸起深度不足主要是凹槽深度过浅导致。

2. 热压印信息错误与热压印机字符自动更换故障或生产信息传递错误有关。

3. 热压印标志补印错误主要是人员操作失误造成，补印信息脱落主要是钢轨表面氧化铁皮脱落导致。

4. 纸质标签信息与钢轨标志不一致主要是生产信息传递错误导致。

【处理方法】

热压印信息漏打或有变动，应在轨腰喷标，小于或等于 25 m 钢轨至少 2 处，100 m 钢轨每 25 m 至少 1 处；纸质标签错误可以重新打印。无标志或标志不清钢轨不允许出厂。

【预防措施】

1. 钢轨轧制前应检查 UF 轧辊凹槽标志信息刻制是否正确。

2. 定期检查热压印机工作状态，出现波动要及时调整。

3. 定期抽检钢轨轧制后热压印标志是否合格。

4. 对成品钢轨热轧、热压印及端部标签进行逐支核对检查。

## 第四节　理化性能不合格

### 一、脱碳层深度超标　★★★

**Excessive decarburization depth**

【特征】

脱碳层是用 3% ~ 5%的硝酸酒精腐蚀后，可见的较为明显的白色铁素体区域，反映在化学成分上其含碳量较正常组织低，强度和硬度降低。脱碳层深度超标是从表面至连续、封闭铁素体网处的距离超过标准要求，不同深度脱碳层如图 2-4-1 ~ 图 2-4-4 所示。

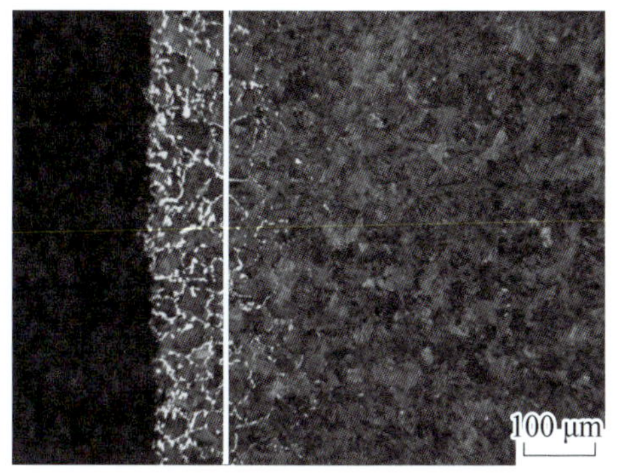


图 2-4-1　脱碳层深度 0.11 mm，未超标

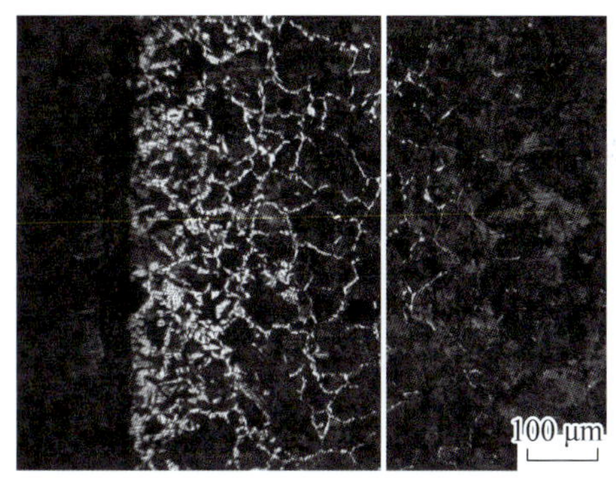


图 2-4-2　脱碳层深度 0.35 mm，未超标

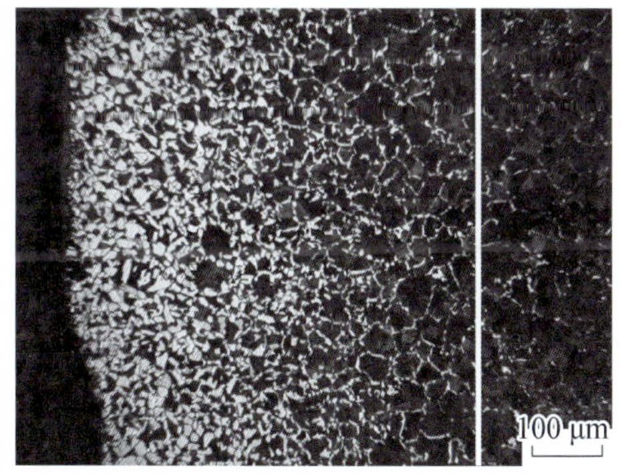


图 2-4-3　脱碳层深度 0.58 mm，超标

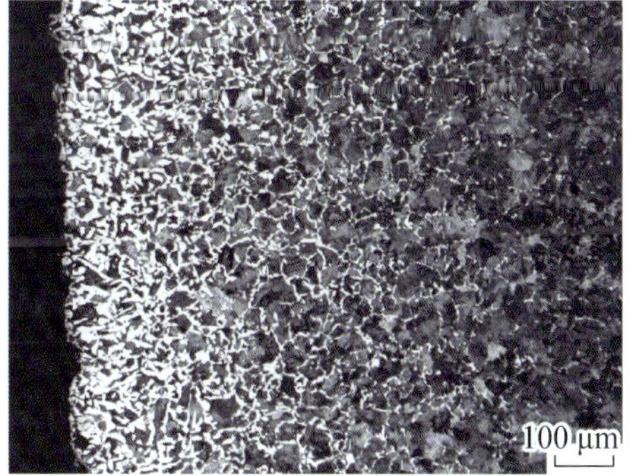


图 2-4-4　脱碳层深度 0.7 mm，超标

【检验方法】

通常采用金相法进行检验。利用金相图像分析系统观察，并定量测量从表面至连续、封闭铁素体网处的距离。放大倍数的选择取决于脱碳层深度，如果需方没有特殊规定，由检测者选择。建议使用能观测到整个脱碳层的最大

倍数，一般采用 100 倍。当过渡层和基体较难分辨时，可用更高放大倍数进行观察，确定界限。

【判定依据】

轨头表面脱碳层深度检验范围如图 2-4-5 所示（钢轨顶面至下颚处高度 $L$ 的 2/3 位置范围）。从表面至连续、封闭铁素体网处的深度不应超过0.5 mm，如图 2-4-6 所示。

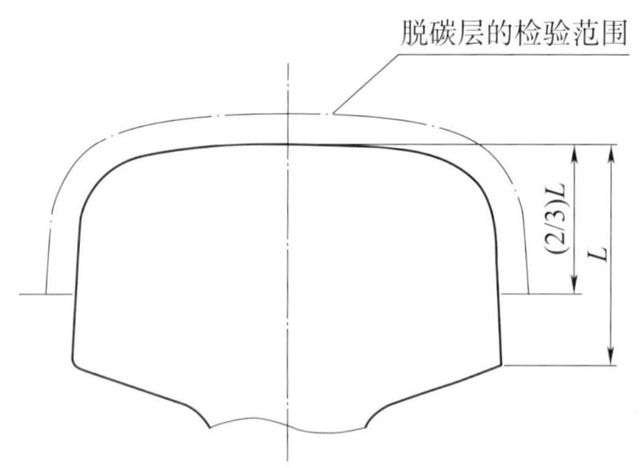


图 2-4-5　轨头表面脱碳层检验范围示意

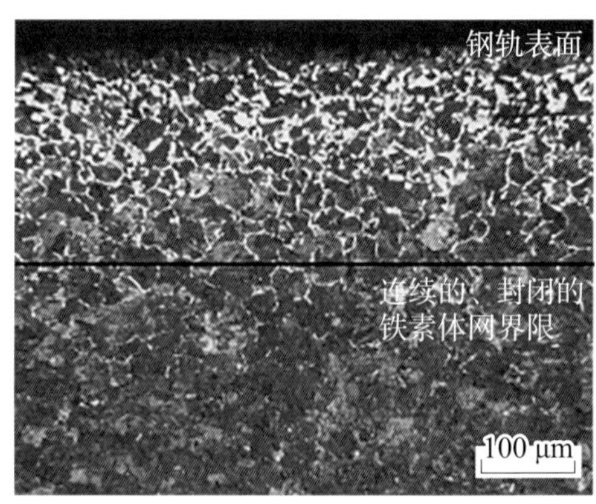


图 2-4-6　轨头表面允许的脱碳层深度金相图

【产生原因】

钢坯在加热时，表面的碳原子在炉内氧化性气氛的作用下，发生反应而缺失，具体原因为：

1. 钢坯原始脱碳严重。
2. 钢坯在加热、均热段停留时间过长。
3. 加热炉内温度过高，未能有效执行待轧温度制度。
4. 炉内气氛控制不合理。

【处理方法】

取样检验脱碳层超标的钢轨应判废，并在同一加热炉内相邻的两支钢轨上取样复验，直至合格为止。

【预防措施】

1. 避免钢坯在加热炉中的均热段停留时间过长。
2. 避免钢坯在加热炉中的加热段、均热段炉内温度过高。
3. 合理控制钢坯加热炉炉内气氛。
4. 钢坯表面合理喷涂防脱碳涂层。

## 二、非金属夹杂物超标 ★★

**Non-metallic inclusions scale exceeds the standard requirements**

【特征】

钢中非金属夹杂物（与基体有明显的不同）按照标准图谱分为 A、B、C、D 和 DS 五大类。这五大类夹杂物代表最常观察到的夹杂物的类型和形态。

1. A 类（硫化物类）：具有高的延展性，有较宽范围形态比（形态比用长度/宽度表征）的单个灰色夹杂物，一般端部呈圆角，如图 2-4-7 和图 2-4-8 所示。

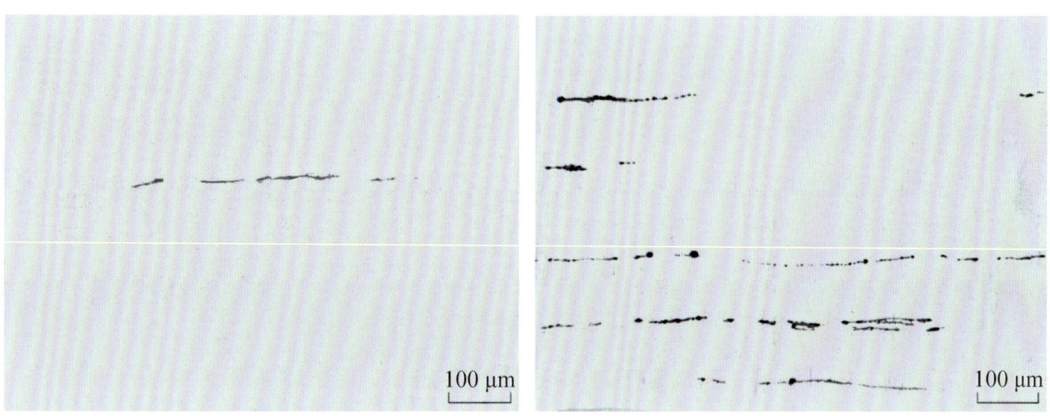


图 2-4-7　A 类非金属夹杂物 2 级，未超标　　图 2-4-8　A 类非金属夹杂物 3.5 级，超标

2. B 类（氧化铝类）：大多数没有变形，带角的，形态比小（一般小于 3），黑色或带蓝色的颗粒，沿轧制方向排成一行（至少有 3 个颗粒），如图 2-4-9 和图 2-4-10 所示。

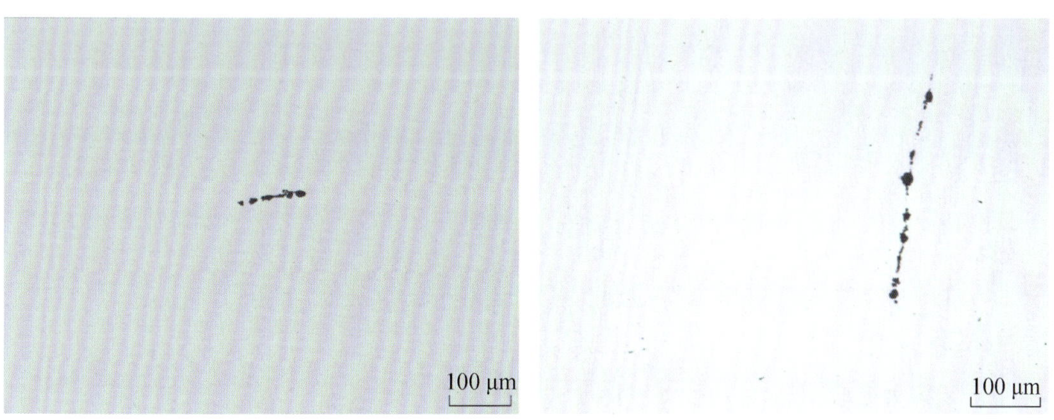


图 2-4-9　B 类非金属夹杂物 1 级，未超标　　图 2-4-10　B 类非金属夹杂物 2 级，超标

3. C 类(硅酸盐类):不具有延展性,有较宽范围形态比(一般大于等于 3)的单个呈黑色或深灰色夹杂物,一般端部呈锐角,如图 2-4-11 和图 2-4-12 所示。

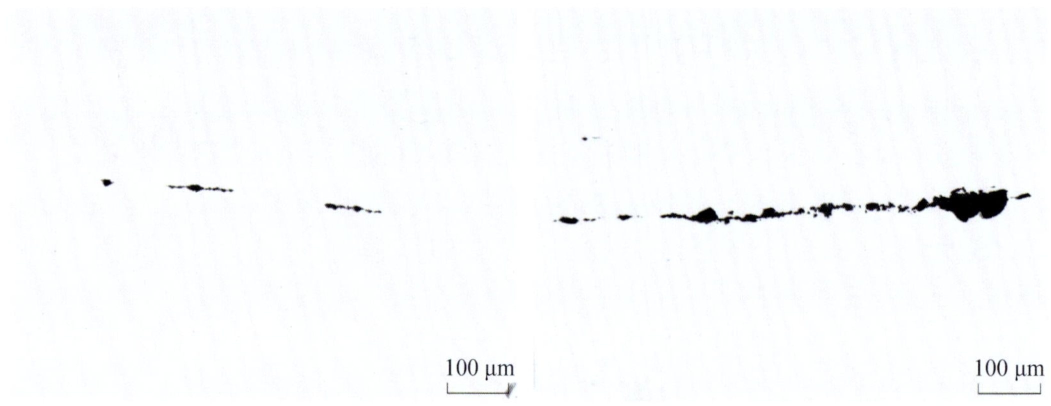


图 2-4-11　C 类非金属夹杂物 1 级,未超标　　图 2-4-12　C 类非金属夹杂物 2.5 级,超标

4. D 类(球状氧化物类):不变形,带角或圆形的,形态比小(一般小于 3),黑色或带蓝色的,无规则分布的颗粒,如图 2-4-13 和图 2-4-14 所示。

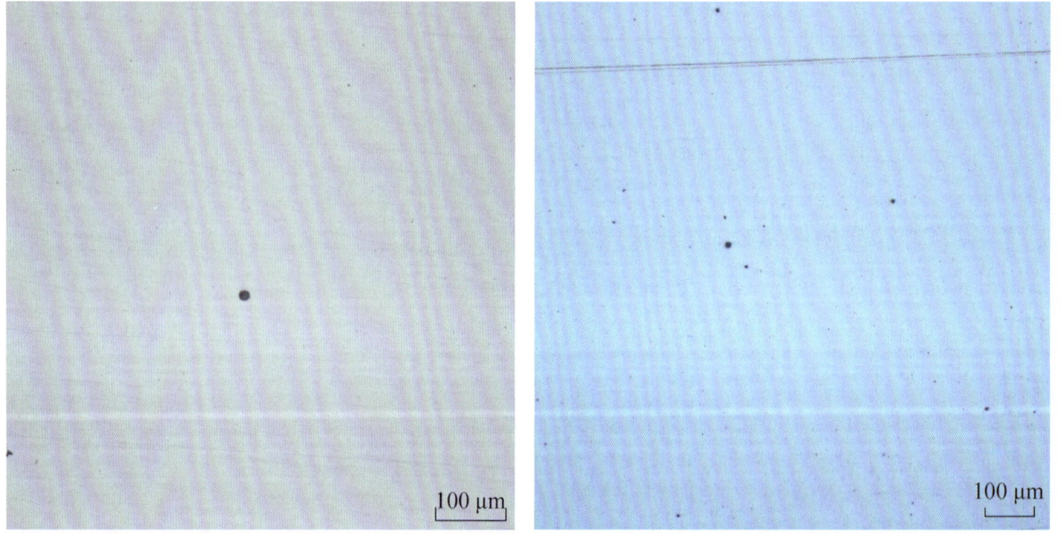


图 2-4-13　D 类非金属夹杂物 1 级,未超标　　图 2-4-14　D 类非金属夹杂物 1.5 级,超标

5. DS 类(单颗粒球状类):圆形或近似圆形,直径大于等于 13 μm 的单颗粒夹杂物,如图 2-4-15 和图 2-4-16 所示。

【检验方法】

根据《钢中非金属夹杂物含量的测定　标准评级图显微检验法》(GB/T 10561—2005)标准中的 A 法,在钢轨头部距轨顶面 10 mm 部位纵向切取,检查面应平行于轨顶面且居中，面积不小于 200 $mm^2$。在光学显微镜下观察检验视场中夹杂物的颜色、形态、大小和分布，按细系和粗系记下与所检验面上最恶劣视场相符合的标准图片的级别数。

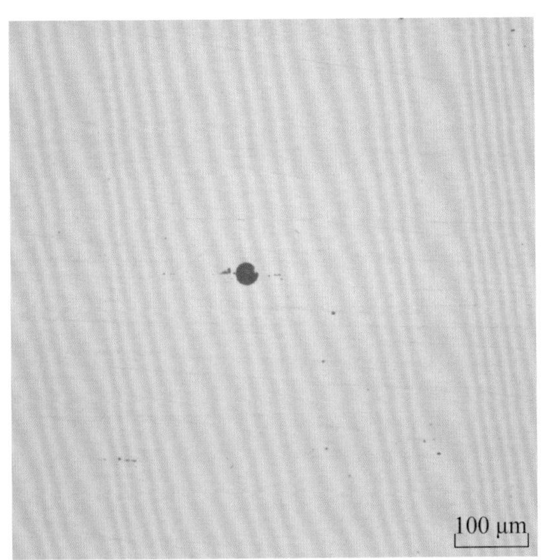


图 2-4-15　DS 类非金属夹杂物 1 级，未超标

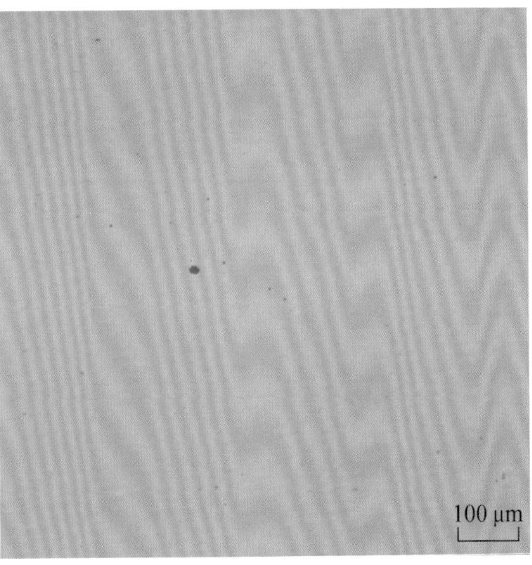


图 2-4-16　DS 类非金属夹杂物 0.5 级，未超标

【判定依据】

依据标准《钢轨　第 1 部分：43 kg/m～75 kg/m 钢轨》（TB/T 2344.1—2020）第 7.7 条判定，见表 2-4-1。

**表 2-4-1　非金属夹杂物级别**

| 夹杂物类型 | 非金属夹杂物级别（级） | | | |
|---|---|---|---|---|
| | ≥200 km/h | | <200 km/h | |
| | 粗　系 | 细　系 | 粗　系 | 细　系 |
| A 类（硫化物类） | ≤2 | ≤2 | ≤2.5 | ≤2.5 |
| B 类（氧化铝类） | ≤1 | ≤1 | ≤1.5 | ≤1.5 |
| C 类（硅酸盐类） | ≤1 | ≤1 | ≤1.5 | ≤1.5 |
| D 类（球状氧化物类） | ≤1 | ≤1 | ≤1.5 | ≤1.5 |
| DS 类（单颗粒球状类） | ≤1 | | ≤1.5 | |

【产生原因】

非金属夹杂物根据其来源分为外来和内生，外来非金属夹杂物一般较大，内生非金属夹杂物产生的原因有：

1. 原料本身含有夹杂物。

2. 熔炼过程中未及时去除脱氧产物和脱硫产物。

3. 连铸大包下渣、中间包和结晶器卷渣、炉渣卷入钢液形成的卷渣、钢液或炉渣与炉衬耐火材料接触时的侵蚀产物、铁合金及其他炉料带入的夹杂等,在浇铸过程中未及时上浮而残留在钢中,它们偶尔出现,外形不规则,尺寸大。

4. 浇铸过程中产生二次氧化产物,并在随后的热冷加工过程中发生形态的变化。

5. 在液态或固态钢中,因脱氧和凝固时进行的各类物理化学反应而形成。

6. 成分偏析。

7. 渣系不合理等。

【处理方法】

取样检验非金属夹杂物超标的钢轨应判废,并在同一批另两支钢轨上取样复验,其中一块取自不合格试样同一流道,另一块取自不同流道,同一流道两块试样不合格时,该批次该流道钢轨不接收。当有不合格时持续取样,直到两块试样合格时接收。

【预防措施】

非金属夹杂物主要通过炼钢工艺预防和消除:

1. 降低转炉炼钢结束时的氧含量。

2. 采用无铝脱氧工艺,选择合适的脱氧剂、合理的冶炼制度,最大限度地脱去钢液中的自由氧;去除氧化物夹杂,防止钢液二次氧化。

3. 控制精炼过程,采用吹氩、搅拌。

4. 防止钢液与空气接触。

5. 减少连铸大包下渣。

6. 采用优质耐火材料、中间包覆盖剂及结晶器保护渣。

7. 采用合适的电磁搅拌强度。

8. 加大中间包熔池深度、优化中包结构。

9. 实施软吹工艺、缩短连铸时间、抬包操作、中间包流场优化等措施控制外来夹杂物。

10. 稳定拉速生产。

## 三、氢致裂纹/白点　★
### Flakes

【特征】

氢致裂纹形成的断口有银白色的斑点，在电镜中可以根据白点观察到“发纹”，图 2-4-17 和图 2-4-18 分别为氢致裂纹的宏观和微观形貌。氢致裂纹的金相图如图 2-4-19 所示，其异常区域如图 2-4-20 所示，产生的断轨如图 2-4-21 所示。

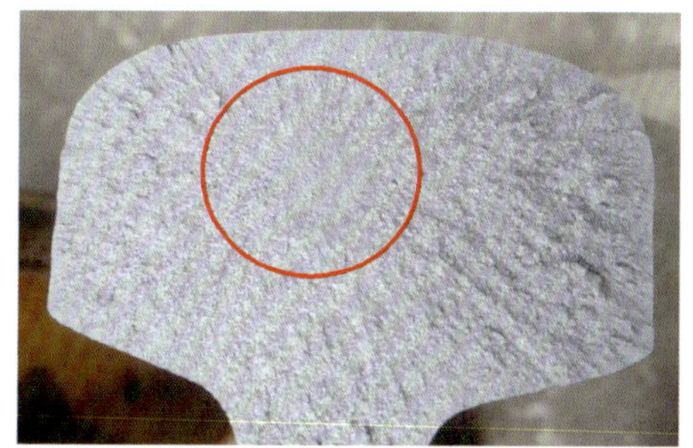

图 2-4-17　氢致裂纹宏观形貌

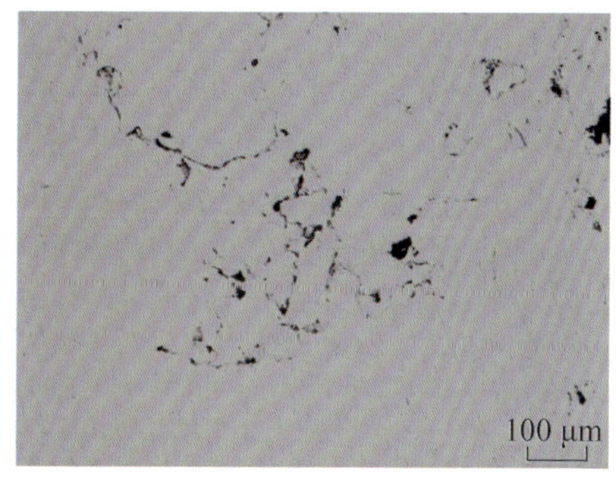

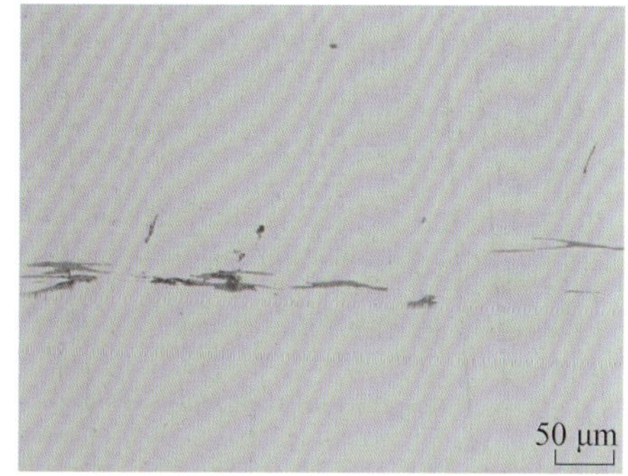


图 2-4-18　氢致裂纹微观形貌

图 2-4-19　氢致裂纹金相图

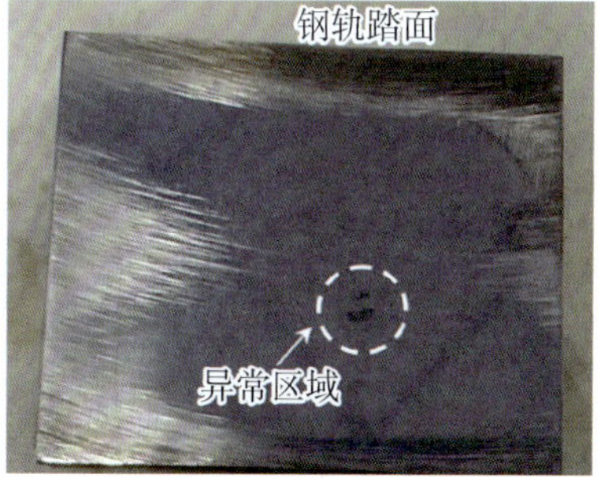


图 2-4-20　氢致裂纹异常区域

(a)

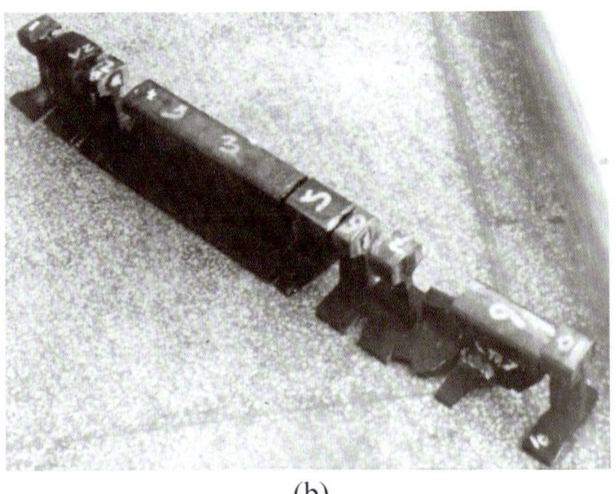

(b)

图 2-4-21　氢致裂纹导致的断轨

【检验方法】

通过超声波探伤发现，呈多处点状伤，采用静弯机等设备压断，目测断口或使用金相显微镜观察，可以使用电子显微镜放大观察。

【判定依据】

依据标准《钢轨　第 1 部分：43 kg/m～75 kg/m 钢轨》(TB/T 2344.1—2020)第 7.8 条判定：钢轨中不允许有白点。

【产生原因】

氢致裂纹主要是钢水中氢含量较高，凝固过程中由于氢原子在钢中的溶解度降低而析出形成氢分子，若未及时缓冷处理，氢分子因聚集而急速膨胀导致钢轨内部金属局部撕裂。氢含量较高是由于炼钢工艺不规范造成的，具体原因有：

1. 用于炼钢的大包、中间包炉衬及涂覆料等烘烤不足。

2. 炼钢过程中使用的覆盖剂、保护渣等原辅料潮湿。

3. 炼钢过程中氢含量过高，连铸坯未缓冷，一般情况下，标准要求钢水中氢含量不得超过 $2.5\times10^{-6}$(质量浓度，余同)，超过时要通过缓冷以去除多余的氢。

【处理方法】

氢含量超标钢轨应判废。

【预防措施】

1. 减少炼钢过程中水汽的引入，应对炼钢用的炉衬、涂覆料、覆盖剂等原辅材料进行充分烘烤以去除水汽。

2. 连铸过程中要测量钢水中的氢含量，超过 $2.5\times10^{-6}$时应进行缓冷，若氢含量较高时应进行加热缓冷。

## 四、低倍组织不合格　★
**Unqualified macrostructure**

【特征】

在低倍状态下观察到的中心条纹、一般疏松、正偏析等缺陷，以及各种能在低倍状态下暴露的气泡、裂纹等宏观缺陷，如图 2-4-22～图 2-4-27 所示。

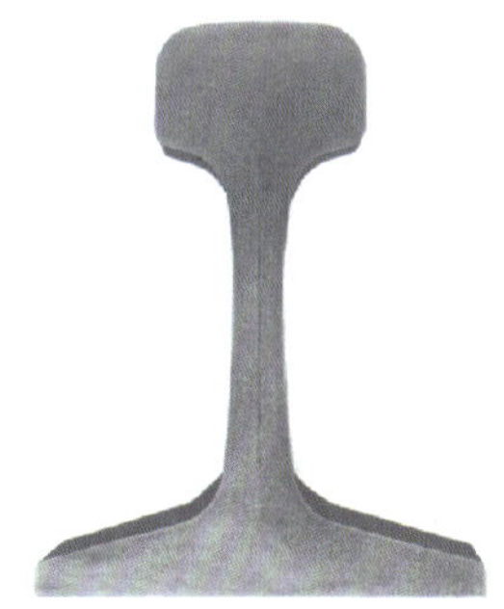

图 2-4-22　钢轨中心条纹

图 2-4-23　正偏析

图 2-4-24　宽度大于 6 mm 并延伸至轨头或轨底 13 mm 以上的正偏析或负偏析

图 2-4-25　延伸至轨底的中心轨腰条纹

图 2-4-26　延伸至轨头的中心轨腰条纹

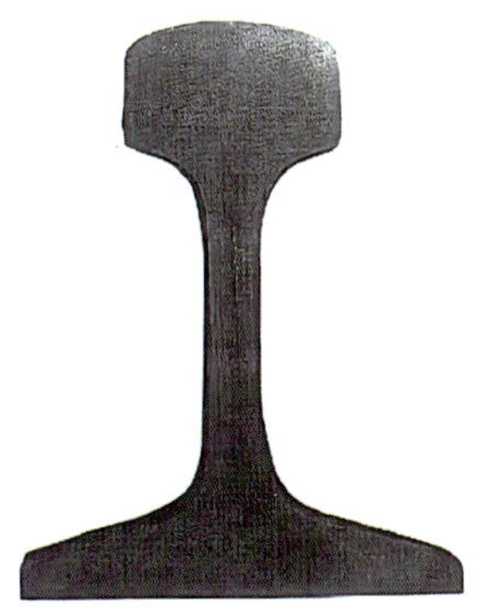

图 2-4-27　任何尺寸的缩孔

【检验方法】

一般采用目测。低倍分析主要是热酸浸试验，还包括硫印试验、冷酸浸试验以及断口检验等。

【判定依据】

依据标准《钢轨　第 1 部分：43 kg/m～75 kg/m 钢轨》(TB/T 2344.1—2020)第 7.8 条判定，存在下述情况之一者，视为低倍组织不合格。

1. 任何尺寸的缩孔。
2. 延伸至轨头的中心轨腰条纹。
3. 延伸至轨底的中心轨腰条纹。
4. 长度超过 64 mm 的条纹。
5. 从轨腰延伸到轨头和轨底的分散分布的中心轨腰条纹。
6. 延伸至轨头或轨底超过 25 mm 的分散分布的偏析。
7. 皮下气孔。
8. 宽度大于 6 mm 并延伸到轨头或轨底内 13 mm 以上的正偏析或负偏析。
9. 由放射状条纹、裂纹、中间裂纹以及转折裂纹发展的在轨头大于 3 mm 的条纹。
10. 引起钢轨早期失效的其他缺陷(如炉渣、耐火材料)。

【产生原因】

造成钢轨低倍组织不合格的主要原因如下：

1. 连铸工艺不正常造成钢坯冷凝时缩孔过大，尾端缩孔区域未切除干净，后续轧制过程无法轧合形成缩孔缺陷。
2. 冶炼过程脱气不充分，炉料、铁合金等烘烤不良，造成皮下气泡缺陷。
3. 散热能力过强、浇铸温度过高导致溶液温度梯度太大，产生树枝状枝晶间的偏析，冶炼时加入的合金元素没有均匀化，造成偏析缺陷。

【处理方法】

取样检验低倍组织不合格的钢轨应判废，并在同一铸流取样部位前后两侧取样复验，其中一个试样应与初验试样取自同一连铸坯，两个复验试样之间的钢轨不应验收。如果两个复验试样均符合要求，则该批其余钢轨可以验收，如果有一个复验试样不合格，可继续取样复验，直至两个试样同时合格。

【预防措施】

1. 严格执行真空精炼制度相关规定要求。
2. 结合拉速制定合理的废弃头尾坯长度，合理确定轧制后的切头长度。
3. 做好炉料、铁合金等材料的烘烤。
4. 避免浇铸温度过高，采用电磁搅拌、轻压下工艺。

## 五、显微组织不合格　★
## Unqualified microstructure

【特征】

钢轨显微组织主要有以下四种。不同类型钢轨对其组织有相应要求：

1. 珠光体组织：珠光体中平行排列分布的条状铁素体和渗碳体，该组织是珠光体钢轨的主要显微组织，如图 2-4-28 和图 2-4-29 所示。

图 2-4-28　珠光体组织

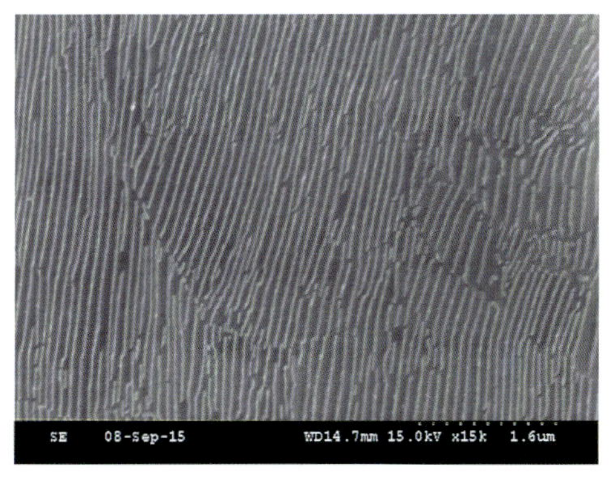


图 2-4-29　珠光体组织局部放大

2. 晶界渗碳体：网状分布在晶界，受硝酸酒精溶液的腐蚀，在显微镜下呈白亮色，如图 2-4-30 所示，珠光体组织钢轨中不允许有晶界渗碳体，如图 2-4-31 所示。

图 2-4-30　晶界渗碳体

图 2-4-31　珠光体组织＋少量铁素体

3. 贝氏体组织：可分为上贝氏体和下贝氏体，上贝氏体形状为羽毛状，如图 2-4-32 所示；下贝氏体形状为透镜片状，如图 2-4-33 所示。珠光体组织钢轨中不允许有贝氏体组织，贝氏体钢轨中可以有，且主要是下贝氏体。

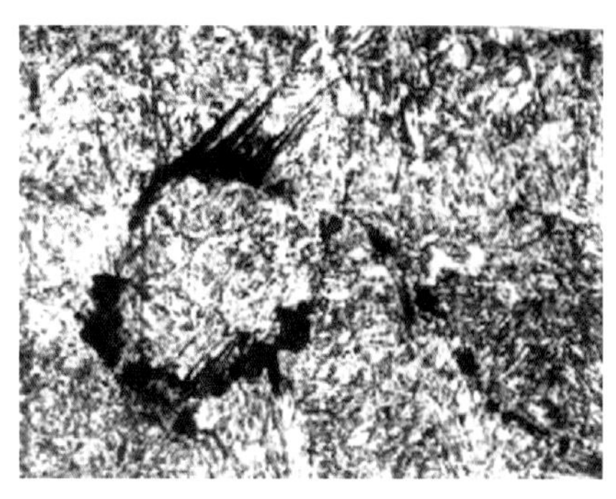

图 2-4-32　上贝氏体

图 2-4-33　下贝氏体

4. 马氏体组织：可分为板条状马氏体和针状马氏体，板条状马氏体是由许多束尺寸大致相同、近似平行排列的细板条组成，各束板条之间角度比较大，如图 2-4-34 所示；针状马氏体呈竹叶或凸透镜状，针叶之间互成 60°角或 120°角，如图 2-4-35 所示；图 2-4-36 和图 2-4-37 所示为钢轨在冷伤下产生的马氏体。珠光体钢轨组织中不允许出现，贝马复相钢轨中可以有，且主要是板条状马氏体。

图 2-4-34　板条状马氏体

图 2-4-35　针状马氏体

图 2-4-36　冷伤产生的马氏体

图 2-4-37　马氏体组织

【检验方法】

在轨头部位取样，取样位置如图 2-4-38 所示，采用金相显微镜在放大 500 倍明场条件下观察金相试样的显微组织，试样抛光后不经处理直接观察显微组织，或者利用物理或化学方法(常用方法有光学法、侵蚀法、干涉层法)对试样进行特定处理使各种组织结构呈现良好的衬度,以提升观察清晰度。

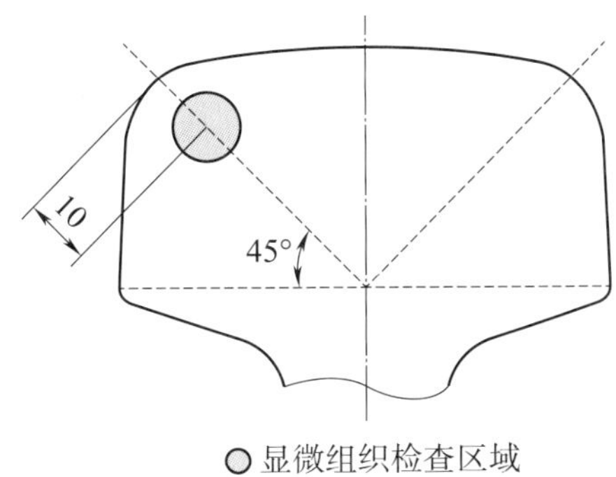


图 2-4-38　显微组织试样的取样位置示意(单位:mm)

【判定依据】

根据标准《钢轨　第 1 部分:43 kg/m～75 kg/m 钢轨》(TB/T 2344.1—2020)第 7.5 条判定:钢轨全断面的显微组织应为珠光体组织,允许有少量的铁素体,不应有马氏体、贝氏体及晶界渗碳体。

【产生原因】

造成钢轨显微组织不合格的主要原因如下:

1. 成分偏析,造成局部组织出现异常。

2. 工艺控制不当导致异常组织产生,如轧制后冷却速度过快易在珠光体组织钢轨中产生马氏体组织。

3. 钢轨在输送过程中与辊道、输送链条严重摩擦,易产生白相组织或马氏体组织。

【处理方法】

取样检验显微组织不合格的钢轨应判废,并在同一批相邻的两支钢轨上取样复验,如果两个复验样的复验结果都符合要求,则该批其余钢轨可以验收;如果复验试样不合格,可继续在相邻侧钢轨上取样再验,直至两个试样同时合格,两个复验试样之间的钢轨不应验收。

【预防措施】

1. 成分设计时考虑成分均匀及其偏析状态下马氏体组织相变临界冷速,珠光体钢轨确保正常冷却条件下不产生马氏体组织、贝氏体组织。

2. 避免铸坯在凝固过程中产生严重的成分偏析。

3. 严格执行轧制生产工艺,控制钢轨轧后冷却速度。

4. 避免钢轨在运输过程中与辊道、输送链条摩擦。

## 六、硬度不合格 ★

### Hardness incompatibility

【特征】

硬度是描述钢轨抵抗硬物体压入其表面的能力，硬度需要使用硬度仪进行检测，硬度不合格指检测硬度值不符合标准要求。

【检验方法】

采用布氏硬度计测定热轧钢轨和热处理钢轨轨头顶面中心线上的表面硬度，如图 2-4-39 所示。

采用洛氏硬度计测定钢轨横断面硬度，如图 2-4-40 所示。

图 2-4-39　钢轨踏面布氏硬度检测

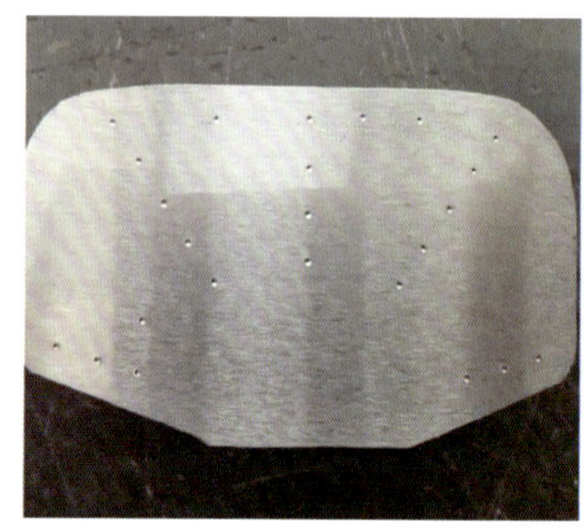

图 2-4-40　钢轨横断面洛氏硬度检测

【判定依据】

依据《钢轨　第 1 部分：43 kg/m～75 kg/m 钢轨》（TB/T 2344.1—2020）第 7.4 条判定。

1. 轨顶面硬度

钢轨轨头顶面中心线上的表面硬度值应符合表 2-4-2 的规定。同一支钢轨轨头顶面中心线上的硬度偏差范围不应大于 30 HBW。

**表 2-4-2　热轧钢轨轨头顶面硬度**

| 钢 牌 号 | 轨头顶面中心线硬度（HBW10/3 000） |
|---|---|
| U71Mn/U71MnH | 260～300/320～380 |
| U75V/U75VH | 280～320/340～400 |
| U77MnCr/U77MnCrH | 290～330/350～410 |
| U78CrV/U78CrVH | 310～360/370～420 |
| U76CrRE/U76CrREH | 310～360/370～420 |
| 出现争议时，在进行拉伸试验前，先将试样在 200 ℃下保温 6 h。 | |

2. 横断面硬度

按图 2-4-41 所示测点位置进行热处理钢轨横断面硬度检测，第 1 点距表面 5 mm，其余点间距均为 5 mm；$D$ 线、$E$ 线与下颚距离为 5 mm；$B$ 线、$C$ 线分别为 $A$ 线、$D$ 线和 $A$ 线、$E$ 线的角平分线。轨头横断面硬化层的硬度应符合标准中表 2-4-3 的规定。

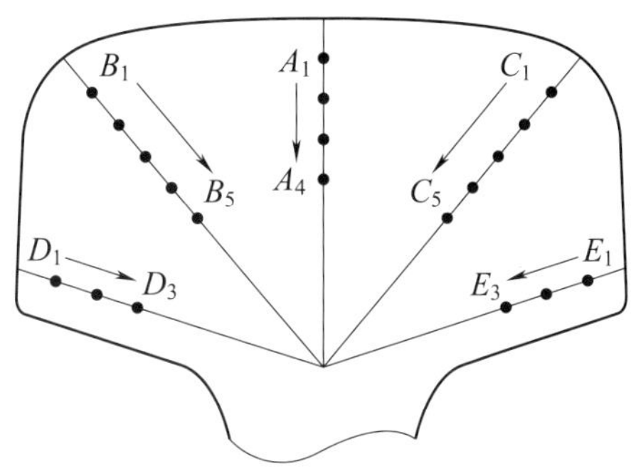

图 2-4-41 横断面硬度测点位置示意

**表 2-4-3 轨头横断面硬化层硬度**

| 代 号 | 钢 牌 号 | 轨头横断面硬化层硬度(HRC) | |
|---|---|---|---|
| | | $A_1$，$B_1$，$C_1$，$D_1$，$E_1$ | $A_4$，$B_5$，$C_5$，$D_3$，$E_3$ |
| H320 | U71MnH | 34.0～40.0 | ≥32.0 |
| H340 | U75VH | 36.0～42.0 | ≥34.0 |
| H350 | U77MnCrH | 36.0～42.0 | ≥35.0 |
| H370 | U78CrVH、U76CrREH | 37.0～44.0 | ≥36.0 |

【产生原因】

1. 钢轨成分控制不当，造成轨顶面硬度或横断面硬度不合格。

2. 脱碳层深度超标，造成踏面硬度偏低。

3. 钢轨冷却速度过快，导致硬度偏高；冷却速度不足，导致硬度偏低。

【处理方法】

取样检验不合格的钢轨应判废，并在同一炉另两支钢轨上各取一块复验试样进行复验，复验样合格后相应炉次钢轨正常接收，不合格时再次取样，若同一铸流两支钢轨检测均不合格，则该铸流钢轨不接收。

【预防措施】

1. 执行炼钢工艺和成分控制相关要求，控制成分波动。

2. 避免连铸坯在凝固过程中产生严重的成分偏析。

3. 严格执行热工制度等措施，降低脱碳层深度。

4. 严格执行钢轨热处理工艺要求，控制钢轨轧后冷速。

5. 按规范加工硬度试样，保证表面光洁度符合要求，避免检测不准确导致的误判。

## 七、轨端热处理帽形不合格 ★

### Unqualified heat treatment harden depth

【特征】

钢轨通过轨端热处理后，淬火层深度不满足标准要求，通过目测可以看见无帽形或帽形偏向一侧的情况，如图 2-4-42 所示，必要时需通过硬度测试进一步确认。

图 2-4-42　轨端热处理帽形不合格

【检验方法】

目测，通过硬度仪检测。

【判定依据】

依据标准《钢轨　第 1 部分：43 kg/m～75 kg/m 钢轨》(TB/T 2344.1—2020)附录 E 第 E.1 条判定，如图 2-4-43 所示。

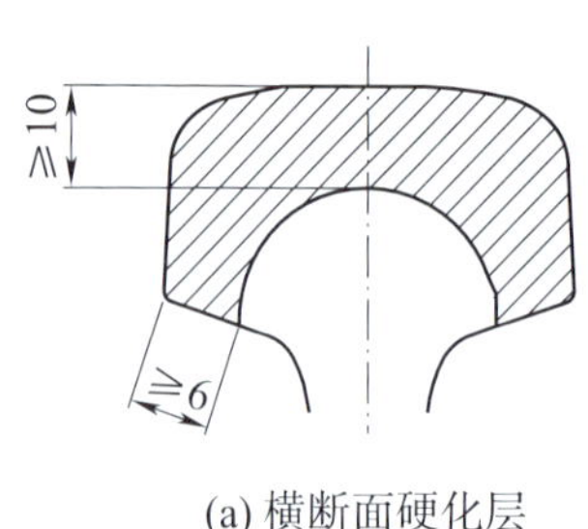


(a) 横断面硬化层

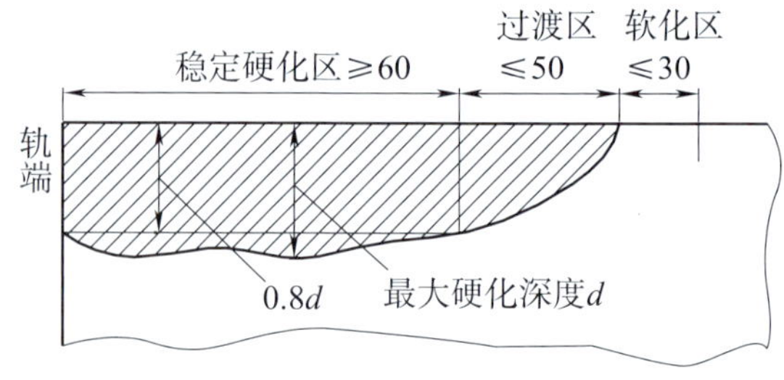


(b) 纵断面硬化层

图 2-4-43　硬化层形状及尺寸示意(单位：mm)

【产生原因】

帽形不合格主要是加热不均造成的，如感应圈两侧间隙调整不合适，一侧间隙大，一侧间隙小。

【处理方法】

1. 重新热处理。

2. 超过标准要求时应切除不合格部分。

【预防措施】

提前检查加热设备，保证加热均匀。

## 八、拉伸不合格　★

**Tensile property exceeds the standard requirements**

【特征】

钢轨拉伸性能试验用于检测钢轨的一系列强度指标和塑性指标，主要关注抗拉强度 $R_m$(MPa)、断后伸长率 $A$(%)，拉伸不合格主要是强度和断后延伸率达不到标准规定要求，试样加工不当也会导致数值异常。

【检验方法】

钢轨拉伸性能通过万能拉伸试验机进行检测，如图 2-4-44 所示，通过应力-应变曲线(图 2-4-45)进行分析，从钢轨上切取样坯经机械加工制成圆形截面试样(图 2-4-46)，取样位置如图 2-4-47 所示。在应力-应变曲线上找最大应力即为其抗拉强度，抗拉强度计算公式为

$$R_m = F_m / S_0$$

式中，$F_m$ 为拉伸过程中最大作用力；$S_0$ 为原始横截面积。

图 2-4-44　万能拉伸试验机

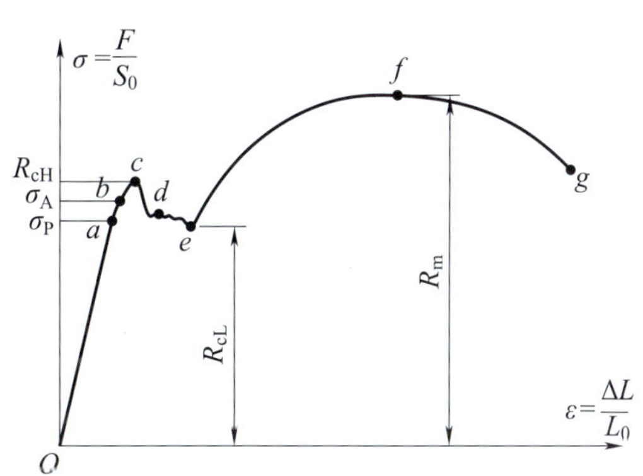


图 2-4-45　拉伸试样应力-应变曲线示意
(曲线最高点表示钢轨抗拉强度，代表该材料在静拉伸条件下的最大承载能力)

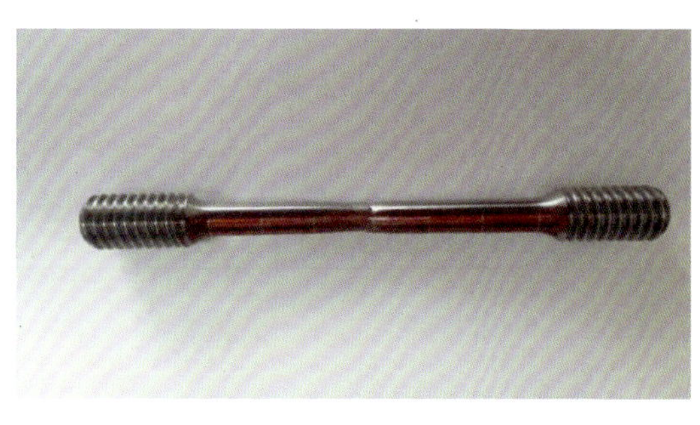

图 2-4-46　拉伸试样

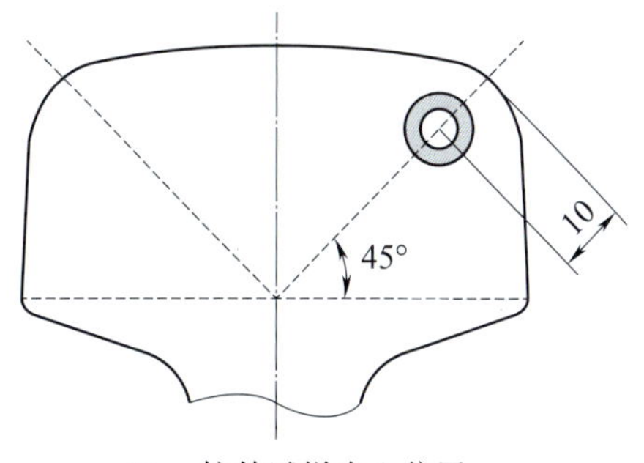


图 2-4-47　拉伸试样取样位置示意(单位：mm)

用卡尺测量标定点断口长度，计算断后伸长率，计算公式为

$$A=(L-L_0)/L_0$$

式中，$L$ 为断裂后长度；$L_0$ 为原始长度。

【判定依据】

依据标准《钢轨　第 1 部分：43 kg/m～75 kg/m 钢轨》(TB/T 2344.1—2020)第 7.3 条判定，具体见表 2-4-4 和表 2-4-5。

**表 2-4-4　热轧钢轨抗拉强度、断后伸长率**

| 钢牌号 | 抗拉强度 $R_m$(MPa) | 断后伸长率 $A$ |
|---|---|---|
| U71Mn | ≥880 | ≥10% |
| U75V | ≥980 | ≥10% |
| U77MnCr | ≥980 | ≥9% |
| U78CrV | ≥1 080 | ≥9% |
| U76CrRE | ≥1 080 | ≥9% |
| 热锯取样检验时，允许断后伸长率比规定值降低 1 个百分点。 | | |

**表 2-4-5　热处理钢轨抗拉强度、断后伸长率**

| 代号 | 钢牌号 | 抗拉强度 $R_m$(MPa) | 断后伸长率 $A$ |
|---|---|---|---|
| H320 | U71MnH | ≥1 080 | ≥10% |
| H340 | U75VH | ≥1 180 | ≥10% |
| H350 | U77MnCrH | ≥1 180 | ≥10% |
| H370 | U78CrVH、U76CrREH | ≥1 280 | ≥10% |
| 出现争议时，在进行拉伸试验前，先将试样在 200 ℃下保温 6 h。 | | | |

【产生原因】

1. 试样加工精度不足，产生应力集中导致试样脆断。
2. 化学元素控制不合理导致拉伸性能不合格。
3. 钢轨热处理工艺不稳定导致性能波动，如冷却速度过快等。

【处理方法】

非试样加工原因导致的抗拉强度超标的钢轨应判废，并在同一炉另两支钢轨上各取一块复验试样进行复验，复验样合格后相应炉次钢轨正常接收，不合格时再次取样，若同一铸流两支钢轨检测均不合格，则该铸流钢轨不接收。

【预防措施】

1. 规范拉伸试样加工，保证表面光洁度符合要求。
2. 加强钢轨成分控制。
3. 严格执行生产工艺。

# 第三章
# 钢轨焊接缺陷与伤损图鉴

本章收集了钢轨焊接过程中产生的缺陷或伤损，有些缺陷或伤损在闪光焊、气压焊和铝热焊中都会出现，有些属于某种焊接方式特有，因此编写时将可能会出现该缺陷或伤损的相关焊接工艺列在名称后面。每种缺陷或伤损除附有图片或示意图外，还描述了特征、检验方法、判定依据、产生原因、处理方法及预防措施等，每种缺陷根据经验总结按照出现的频次由高到低分为常见(★★★)、一般(★★)和少见(★)，在名称后进行标注，供读者参考。

## 第一节　外观缺陷与伤损

### 一、接头错边（闪光焊、气压焊、铝热焊）★★★
### Joint misalignment

【特征】

接头错边是两个焊接端面不能完全对正，使焊缝两侧钢轨表面之间出现平行偏差，其偏差量称为接头错边量。接头错边又分为三种基本情况：竖向错边、左右错边及扭曲错边，如图 3-1-1 ~ 图 3-1-3 所示。

图 3-1-1　竖向错边

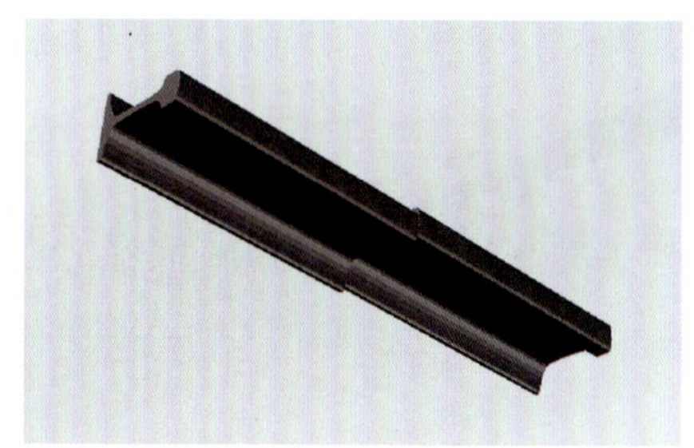

图 3-1-2　左右错边

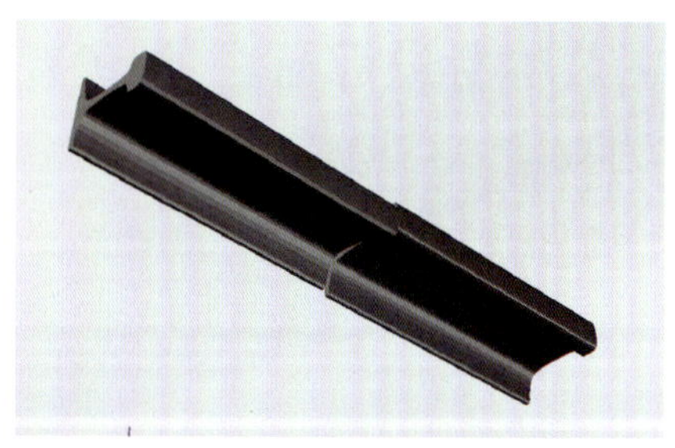

图 3-1-3　扭曲错边

【检验方法】

错边量的测量分为三个位置：钢轨顶面纵向中心线的垂直方向、钢轨工作侧面轨顶面下 16 mm 处的水平方向、轨脚边缘的水平方向。使用检测直尺（$L_0$=1 m）检测接头错边，在焊缝中心线两侧各 15～25 mm 的位置测量并计算错边量，如图 3-1-4 所示。目前一般使用波磨尺测量错边量，在上述三个指定位置移动数显测头，测量并计算焊缝中心线两侧 15～25 mm 位置钢轨表面与波磨尺 1 m 测量杆的距离差，如图 3-1-5 和图 3-1-6 所示。

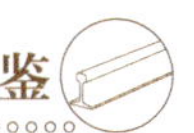

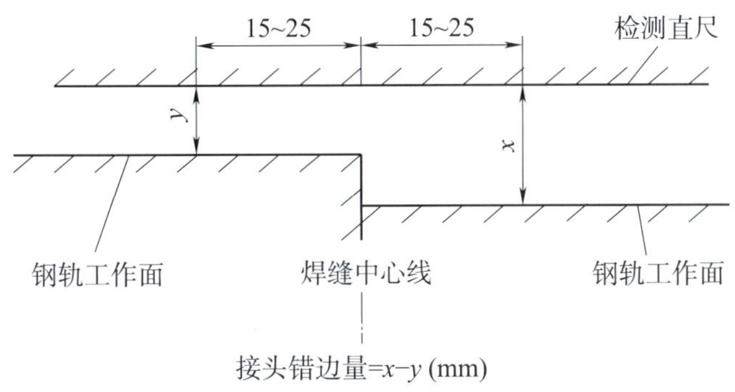


图 3-1-4　接头错边测量位置示意(单位:mm)

图 3-1-5　行车面接头错边

图 3-1-6　导向面接头错边

【判定依据】

闪光焊依据标准《钢轨焊接　第 2 部分:闪光焊接》(TB/T 1632.2—2014)中的表 1 判定,具体见表 3-1-1。

**表 3-1-1　接头错边量最大允许值**(mm)

| 接头错边的位置 | 接头错边量最大允许值 | |
|---|---|---|
| | 线路设计速度 $v\leqslant160$ km/h | 线路设计速度 $v>160$ km/h |
| 钢轨顶面纵向中心线的垂直方向 | 0.5 | 0.2 |
| 工作侧面轨顶面下 16 mm 处的水平方向 | 0.5 | 0.2 |
| 轨脚边缘的水平方向 | 2.0 | 1.5 |

气压焊依据标准《钢轨焊接　第 4 部分:气压焊接》(TB/T 1632.4—2014)中的表 1 判定,具体见表 3-1-2。

**表 3-1-2　接头错边量最大允许值**(mm)

| 接头错边的位置 | 接头错边量最大允许值 | |
|---|---|---|
| | 线路设计速度 $v\leqslant160$ km/h | 线路设计速度 $v>160$ km/h |
| 钢轨顶面纵向中心线的垂直方向 | 0.5 | 0.2 |
| 工作侧面轨顶面下 16 mm 处的水平方向 | 0.5 | 0.2 |
| 轨脚边缘的水平方向 | 2.0 | 1.5 |

铝热焊对轨时应对正。

【产生原因】

1. 钢轨型式尺寸和外形缺陷是影响钢轨焊接接头外观质量的重要因素，两支钢轨的型式尺寸、端部平直度及扭曲偏差过大都将影响焊接过程中的对轨作业，造成错边。

2. 焊前对轨操作不规范、执行工艺不严格、人员技能水平不足等会影响错边大小，现场焊接作业中，作业人员可通过 1 m 平直尺进行预对轨，待钢轨完成预对轨作业后再进行钢轨的夹持，对轨作业中，作业人员需根据设备状态、钢轨形貌调整对轨情况，其经验、手法会影响焊接接头错边量的大小。

3. 钢轨焊接设备使用状态对错边具有一定的影响，固定式闪光焊设备状态对错边的状态影响明显，以下原因均可能产生错边：

(1)对中臂轴承老化磨损，造成钢轨在顶锻瞬间产生错位，形成错边。

(2)轨腰夹持块不在同一水平位置上，会产生夹持扭转，造成钢轨焊缝扭曲，形成错边。

(3)起拱油缸存在漏油泄压，会导致钢轨对中后再次发生垂直方向的偏移，接头出现垂向错位，从而产生错边。

(4)辊道线中心线与焊机作业中心线的偏差较大，会使钢轨对中困难，进而影响接头错边量的大小。

4. 铝热焊对轨不正。

【处理方法】

对于接头错边量超过最大允许值的焊接接头，应锯切处理。不能通过打磨、矫直的方式纠正超标的错边。

【预防措施】

1. 合理选配钢轨。

2. 加强作业人员的培训，提高焊接质量意识及技能水平。

3. 基地焊接设备的维护应建立完善的制度，根据设备的使用情况和维护要求，规定维护的期限，定期对焊机对中臂轴承、液压系统以及轨腰夹持块位置等部件进行检查、维护和保养，发现问题要及时进行修复，保证焊接设备以良好的状态运行。

4. 基地应及时对辊道线标高进行测量，对辊轮水平、高低等方向进行调整，保证辊道线中心线与焊机作业中心线重合。

5. 铝热焊焊接前要将钢轨对正。

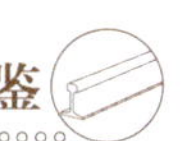

## 二、平直度超标（闪光焊、气压焊、铝热焊）★

## Flatness exceeds the standard requirements

【特征】

焊接接头平直度也可以理解为直线度，它描述的是弯曲的程度或偏离直线度，可以通过“矫直”来纠正。根据接头弯曲情况，可分为高接头、低接头、旁弯接头、正常接头，如图 3-1-7 ~ 图 3-1-10 所示。

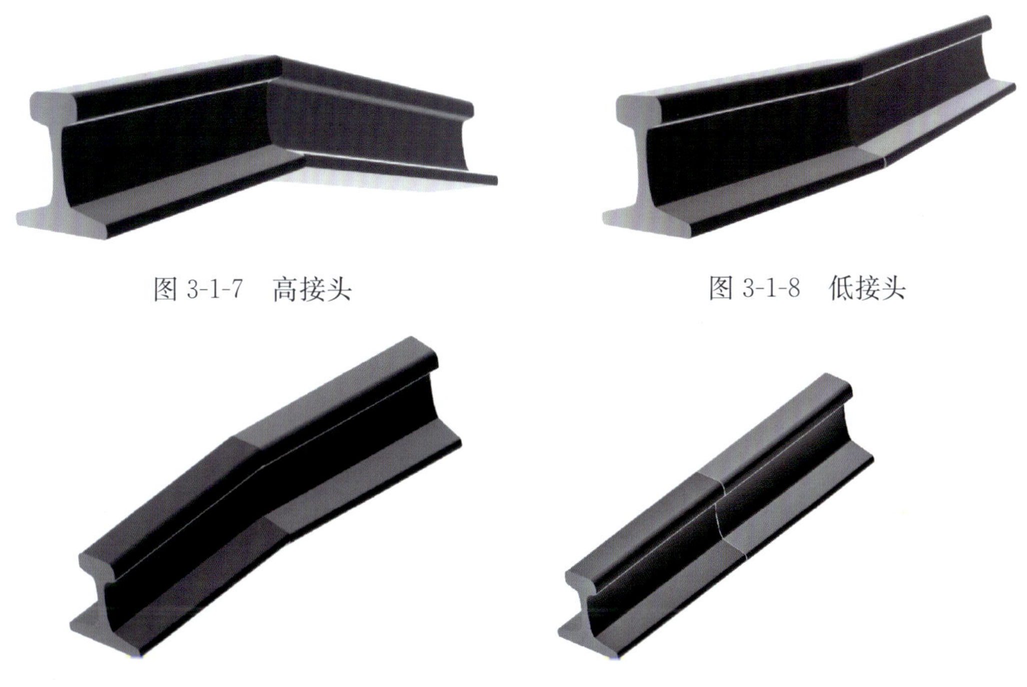

图 3-1-7　高接头　　图 3-1-8　低接头

图 3-1-9　旁弯接头　　图 3-1-10　正常接头

【检验方法】

使用非接触式传感器自动检测尺测量焊接接头平直度，其显示窗口直接显示平直度偏差，也可以使用直尺和塞尺测量确认。焊接接头平直度的测量位置分别在接头轨顶面纵向中心线、接头导向面上距轨顶面 16 mm 处的纵向线；测量应以焊缝中心线两侧各 500 mm 位置的钢轨表面作为基准点，测量长度 1 m，焊缝居中，如图 3-1-11 所示。

【判定依据】

依据标准《钢轨焊接　第 1 部分：通用技术条件》（TB/T 1632.1—2014）第 6.1 条判定：钢轨焊接接头工作面 1 m 长度平直度要求见表 3-1-3，不应出现低接头。

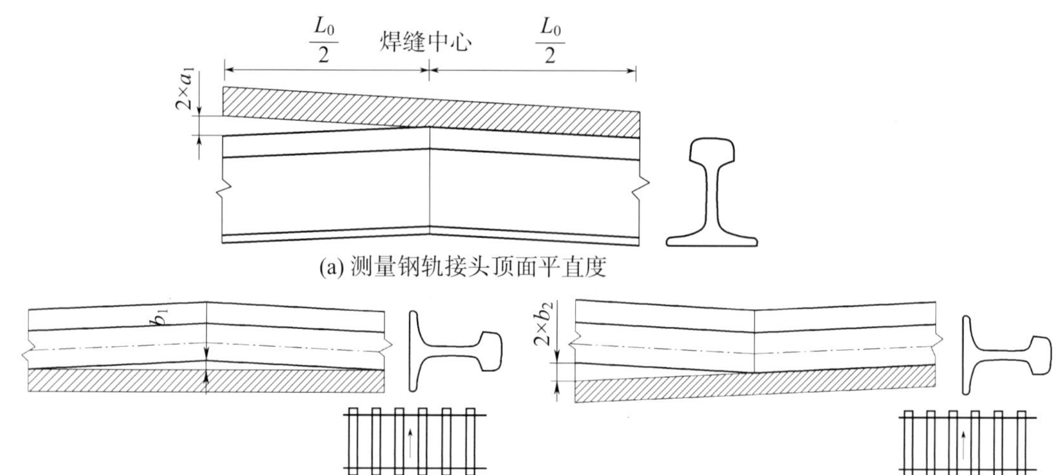


(a) 测量钢轨接头顶面平直度

(b) 测量轨头侧面工作边平直度（弯曲使轨距增大）

(c) 测量轨头侧面工作边平直度（弯曲使轨距减小）

图 3-1-11　测量平直度方法示意

**表 3-1-3　钢轨焊接接头平直度要求**(mm/m)

| 线路设计速度 | 固定式闪光焊接头（在焊轨基地验收） | 移动式闪光焊接头 | 气压焊接头 | 铝热焊接头 |
|---|---|---|---|---|
| $v\leqslant160$ km/h | $0.1\leqslant a_1\leqslant0.4$，$0\leqslant b_1\leqslant0.3$ 或 $0\leqslant b_2\leqslant0.3$ | $0\leqslant a_1\leqslant0.3$，$0\leqslant b_1\leqslant0.3$ 或 $0\leqslant b_2\leqslant0.3$ | $0\leqslant a_1\leqslant0.3$，$0\leqslant b_1\leqslant0.3$ 或 $0\leqslant b_2\leqslant0.3$ | $0.1\leqslant a_1\leqslant0.4$，$0\leqslant b_1\leqslant0.3$ 或 $0\leqslant b_2\leqslant0.3$ |
| $v>160$ km/h | $0.1\leqslant a_1\leqslant0.3$，$0\leqslant b_1\leqslant0.2$ 或 $0\leqslant b_2\leqslant0.1$ | $0\leqslant a_1\leqslant0.2$，$0\leqslant b_1\leqslant0.3$ | $0\leqslant a_1\leqslant0.2$，$0\leqslant b_1\leqslant0.3$ | $0.1\leqslant a_1\leqslant0.3$，$0\leqslant b_1\leqslant0.3$ |

注：(1) $a_1$、$b_1$、$b_2$ 如图 3-1-11 所示。
(2) $b_1$ 取正值表示使轨距加宽。

【产生原因】

1. 钢轨平直度、扭曲、型式尺寸等偏差较大导致焊后出现平直度不合格。
2. 焊接设备性能不良，导致焊后出现高、低接头或者旁弯接头。
3. 人员操作不当导致错边严重，平直度不合格。

【处理方法】

可以通过矫直来纠正超标的接头平直度偏差，对于无法纠正的超标接头，或不可修复的平直度偏差，则应锯切重焊。

【预防措施】

1. 加强焊接设备的保养与维护，良好的设备状况保证焊后接头平直度。
2. 提升操作人员的综合素养，避免由于人为因素导致接头平直度不合格。
3. 加强钢轨的平直度、扭曲、型式尺寸等检查，做好焊前配轨，也是保证平直度合格的关键因素。

## 三、不平度超标(闪光焊、气压焊、铝热焊) ★
## Irregularities

【特征】

焊接接头轨顶面出现明显的高低不平顺,使用钢轨电子平直尺测量可以看到高低波动情况,如图 3-1-12 所示。

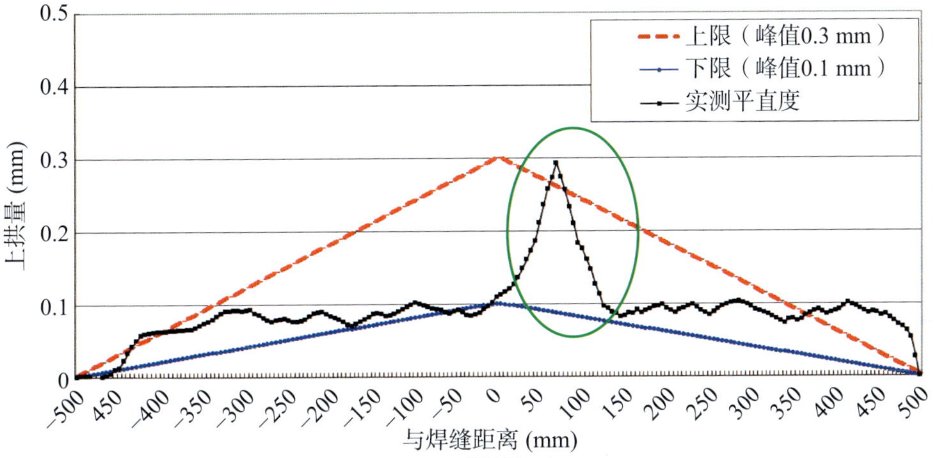

(a) 100 mm范围大于0.1 mm

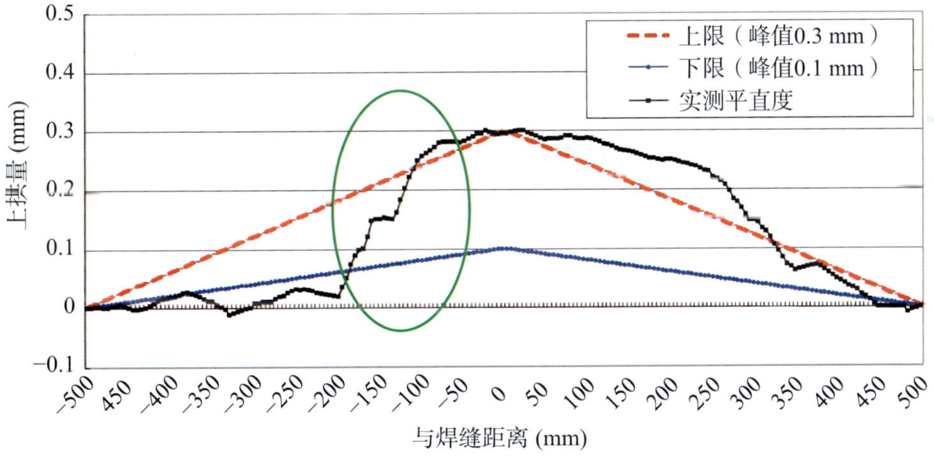

(b) 200 mm范围大于0.2 mm

图 3-1-12　不平度示意

【检验方法】

1. 平直尺检测。用经过校准的长度为 100 mm 和 200 mm 的平直尺与塞尺配合检查,在以焊缝为中心的 1 m 范围内的轨顶面纵向中心线上测量,平直尺与钢轨顶面之间的最大间隙为表面不平度。

2. 电子平直尺检测。利用电子平直尺测量轨顶面平直度图形，检测以焊缝为中心的1 m范围内，以任意200 mm和100 mm区段内图形的高低点波动差值为表面不平度，如图3-1-13所示。

图3-1-13　电子平直尺测量焊接接头不平度

【判定依据】

依据标准《钢轨焊接　第1部分：通用技术条件》(TB/T 1632.1—2014)第6.2.1条判定。焊接接头经外形精整后，以焊缝为中心的1 m范围内，轨顶面的表面不平度应满足：在任意200 mm区段内不大于0.20 mm；设计速度大于160 km/h时，在任意100 mm区段内不宜大于0.10 mm(母材表面未打磨区域的凹坑不计入表面不平度的要求)。

【产生原因】

1. 除锈机除锈深度较大，导致200 mm范围内高低点波动差值大于0.20 mm。

2. 焊接设备老化、焊接过程中钢轨出现滑动、自动对中装置不水平等，会影响后续对接头的矫直和外形精整效果，导致高低点波动值大，不平度不合格。

3. 母材平顺性不良，导致焊接接头不平度不合格。

4. 矫直和外形精整作业不良，导致不平度不合格。

5. 接头错边量较大，导致不平度不合格。

【处理方法】

不平度超标可以通过矫直或外形精整修复，如果无法调整，对不平度超标部位应锯切处理。

【预防措施】

1. 加强焊接设备的保养与维护。

2. 选择母材平顺性较好的钢轨进行焊接。

3. 严格控制除锈深度，保证除锈深度尽量较小。

4. 严格控制焊后错边量，保证错边量不用调整。

5. 严格按照工艺要求开展矫直和外形精整作业。

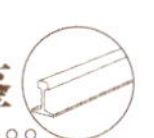

## 四、电极灼伤(闪光焊)　★

**Die burns**

【特征】

钢轨表面有局部过热、过烧甚至是熔化而产生的缺陷,如图 3-1-14 和图 3-1-15 所示,产生于钢轨与电极接触的位置及附近。

图 3-1-14　轨顶表面电极灼伤

图 3-1-15　轨底面电极灼伤

【检验方法】

电极灼伤一般通过目测即可辨认,轻微的电极灼伤呈蓝色、黑色,会在局部产生马氏体组织;严重的电极灼伤会造成钢轨表面出现不规则的金属熔坑,并在周围伴有很多微小裂纹。

【判定依据】

依据标准《钢轨焊接　第 1 部分:通用技术条件》(TB/T 1632.1—2014)第 6.2.2 条判定:焊接接头及其附近钢轨表面不应有电极灼伤。

【产生原因】

1. 与焊机电极接触的钢轨表面状态不良，如果钢轨除锈不净或钢轨除锈面被二次污染（水、油、污垢等）产生锈蚀，则会导致在焊接过程中，钢轨与电极之间的接触电阻瞬间增大，在大电流通过后，该处温度会迅速增高易造成钢轨表面电极灼伤。

2. 焊机电极上有残留焊渣或其他异物，焊机电极压紧钢轨前如果作业人员不及时清理，在焊机电极与钢轨压紧过程中，焊渣及其他异物会嵌入电极或钢轨中。在随后的焊接过程中，该处接触电阻会增大。在大电流通过后，残留的焊渣或异物发生熔化，从而在钢轨表面形成熔坑状灼伤。

3. 焊机电极平整度较差，使电极与钢轨表面不能充分接触，造成电阻局部增大，最终在钢轨表面形成灼伤。

4. 焊接设备液压系统出现故障，可能会出现焊机电极与钢轨接触压力不够的情况，钢轨与电极不能紧密接触，导致接触电阻变大，从而容易产生电极灼伤。

【处理方法】

应锯切处理。

【预防措施】

1. 加强除锈工位作业标准化，在钢轨焊接前，除锈工位作业人员应对与焊机电极接触的钢轨表面实施全面除锈，对除锈过程中产生的划痕或明显的凹面、凸点也应及时处理，保证接触面平滑。此外，除锈后放置时间较长（超过24 h）时，或者钢轨除锈面存在二次污染（水、油、污垢等）时，必须重新除锈。另外，轨端附着雨雪的钢轨，应先对钢轨实施必要的除湿操作，然后再完成除锈作业，以有效减小待焊钢轨与焊机电极之间的接触电阻，从而避免焊接过程中在钢轨表面形成电极灼伤。

2. 及时清理焊渣，在焊机电极压紧钢轨前，应使用专用清理工具及时清理焊机电极及其附近等粘附的焊渣和其他异物。对于粘附牢固的细渣可使用角磨机打磨，防止焊接过程中焊渣嵌入电极或钢轨，形成电极灼伤。

3. 定期清渣并及时更换电极，当发现焊机电极表面有焊渣嵌入或焊机电极表面凹凸不平时，应及时更换。

## 五、焊渣挤入（闪光焊、气压焊）★

## Welding squash

【特征】

电极、对中臂、推凸刀等粘附的焊渣，在焊接或推凸过程中挤入热态下的接头中，焊渣在接头冷却后掉落，使钢轨表面产生凹陷，如图 3-1-16 所示。

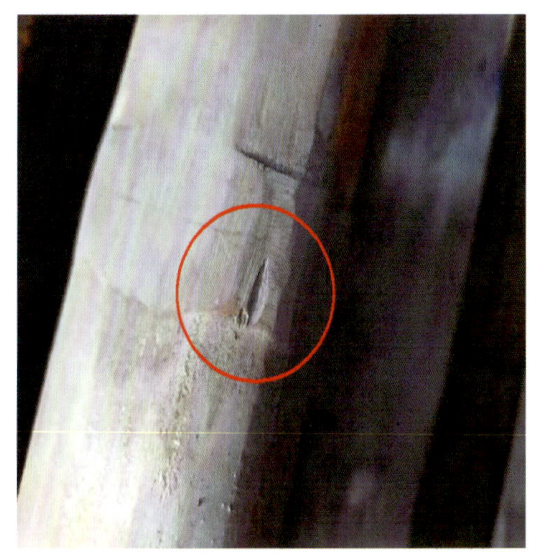

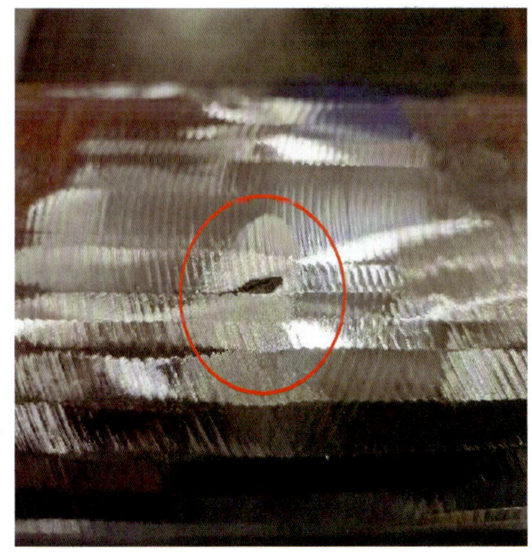

图 3-1-16　焊渣挤入

【检验方法】

明显的焊渣挤入一般通过肉眼即可检查确认，通过打磨去除焊渣可见明显渣坑，可使用深度尺对渣坑深度进行测量确认。

【判定依据】

闪光焊接依据标准《钢轨焊接　第2部分:闪光焊接》(TB/T 1632.2—2014)第3.4.4.2条判定,气压焊接依据标准《钢轨焊接　第4部分:气压焊接》(TB/T 1632.4—2014)第3.4.5条判定:推凸后表面应无肉眼可见的焊渣挤入。

【产生原因】

1. 推凸刀与钢轨焊接接头之间间隙过大或推凸刀角度调整不当,推凸作业过程中,焊渣挤入间隙,由于推凸作业时焊接接头仍处于高温状态,硬度较低,焊渣在推凸刀的带动挤压下镶嵌至焊缝高温区域。

2. 推凸刀刃口磨损严重,刃口处出现斜面,推凸时焊渣易跟随推凸刀斜面挤入焊缝区域。

3. 焊渣清理不及时,焊接过程中焊渣掉落聚集至焊接区域,增大了产生焊渣挤入缺陷的概率。

【处理方法】

1. 轻度的焊渣挤入缺陷可通过打磨的方式进行处理,但对母材的打磨深度宜小于0.5 mm,不能造成钢轨冷伤缺陷或其他焊接接头缺陷。

2. 严重的焊渣挤入缺陷应锯切重焊。

【预防措施】

1. 应在焊接前提前观测推凸刀夹紧位置、刃口状态、推凸刀角度,避免因推凸装置、推凸刀状态导致的焊渣挤入。

2. 应根据推凸后的焊筋形貌,随时对推凸间隙进行调整。

3. 及时清理焊接区域焊渣,避免焊渣在焊接过程中的聚集掉落。

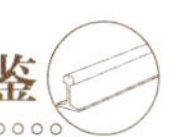

## 六、焊筋台阶/棱角(闪光焊) ★★
**Welding step**

【特征】

钢轨表面与焊筋不平齐,有肉眼可见的明显台阶,过渡有棱角,常出现在轨头侧面轨距线以下、轨腰和轨底,如图 3-1-17 和图 3-1-18 所示。

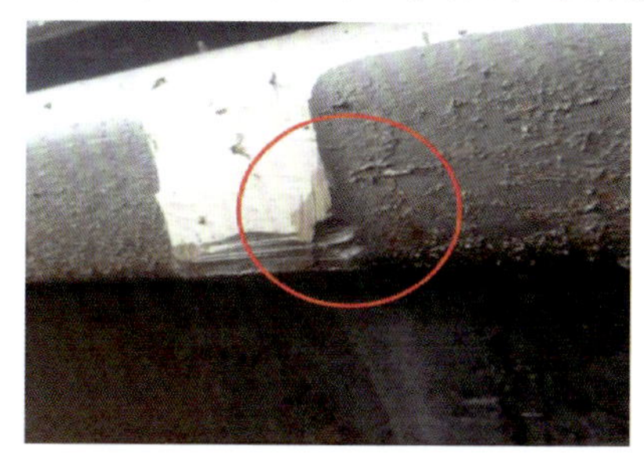

图 3-1-17 轨头焊筋台阶

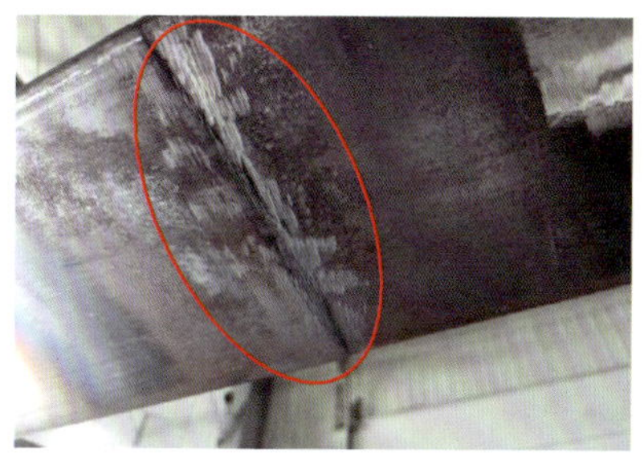

图 3-1-18 轨底焊筋台阶

【检验方法】

目测,焊筋和钢轨表面过渡存在台阶。对接头进行超声波探伤作业时,容易出现焊筋波。

【判定依据】

依据标准《钢轨焊接 第 2 部分:闪光焊接》(TB/T 1632.2—2014)第 3.4.5.4 条和第 3.4.5.5 条判定:焊接接头非工作面的垂直、水平方向错边应平顺过渡;轨底焊筋边缘棱角应平顺过渡。固定式闪光焊依据标准《固定式钢轨闪光焊接》(Q/CR 707—2019)第 7.9.3 条和第 7.12.3 条判定:焊筋整形作业应将焊筋表面加工至与钢轨表面平齐,焊筋边缘与钢轨母材过渡处应无棱角,轨头侧面在轨距角以下部位的焊筋也应加工至与母材表面平齐。

【产生原因】

1. 焊接后接头错边,焊筋整形时无法将焊筋加工至与母材齐平,从而形成台阶。

2. 焊筋整形时,粗铣设备加工参数设置不合理,作业人员技能水平不足,无法将焊筋加工至与母材齐平,从而形成台阶。

【处理方法】

通过机械加工或者人工修磨至与母材齐平。

【预防措施】

1. 控制好焊后错边量,以减小后续加工难度,减少焊筋台阶的出现。

2. 调整设备状态,合理设置粗铣设备加工参数,提高作业人员的技能水平。

## 七、推凸飞边(闪光焊、气压焊) ★
## Trimmed overlap

【特征】

推凸时,焊瘤推凸余量金属被挤压至轨腰表面,在推出端形成类似折叠裂纹的推凸飞边,容易成为一种沿钢轨横向分布的金属堆积缺陷。该缺陷易产生应力集中,在焊瘤推凸飞边根部形成条状裂纹源,容易发生断裂,如图 3-1-19 和图 3-1-20 所示。

图 3-1-19 推凸飞边

图 3-1-20 推凸飞边剖面

【检验方法】

推凸飞边通过肉眼即可检查确认。

【判定依据】

闪光焊接依据标准《钢轨焊接 第 2 部分:闪光焊接》(TB/T 1632.2—2014)第 3.4.4.2 条判定,气压焊接依据标准《钢轨焊接 第 4 部分:气压焊接》(TB/T 1632.4—2014)第 3.4.5 条判定:推凸过程不应损伤焊接接头和钢轨母材。

【产生原因】

推凸刀角度不当以及推凸刀刃口不锋利,在推凸过程中对焊筋未形成“剪切”,而是“推抹”“挤压”,最终导致焊瘤被挤压至钢轨表面,在推出端形成类似折叠裂纹的推凸飞边。

【处理方法】

可以通过修磨的方法进行消除,但修磨深度宜小于 0.5 mm,不能造成钢轨冷伤缺陷或其他焊接接头表面缺陷,无法修磨的应锯切处理。

【预防措施】

及时调整推凸刀角度或更换推凸刀。

## 八、推凸伤损(闪光焊、气压焊、铝热焊) ★★

### Trimmed defects

【特征】

钢轨焊接推凸过程中受力不均匀,应力集中到某一处,在接头表面形成的亏损缺陷称为推亏,其深度不等,可见沟底,一般有尖锐棱角,常呈直线形,也有的呈曲线形,单条或多条分布在钢轨表面上或焊筋周围,如图 3-1-21 所示。严重的推亏可能导致裂纹的产生,如图 3-1-22 和图 3-1-23 所示。

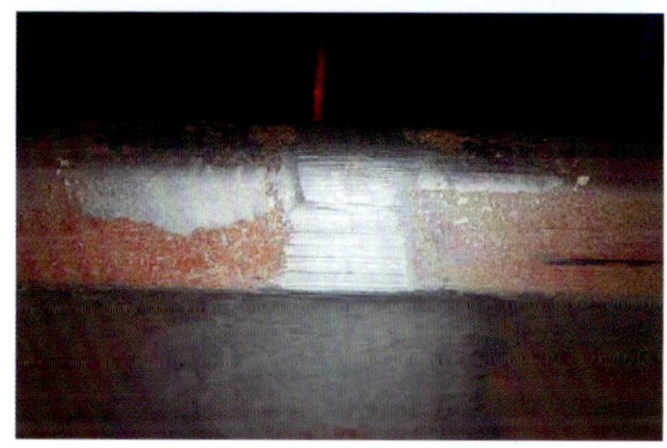

图 3-1-21　推亏

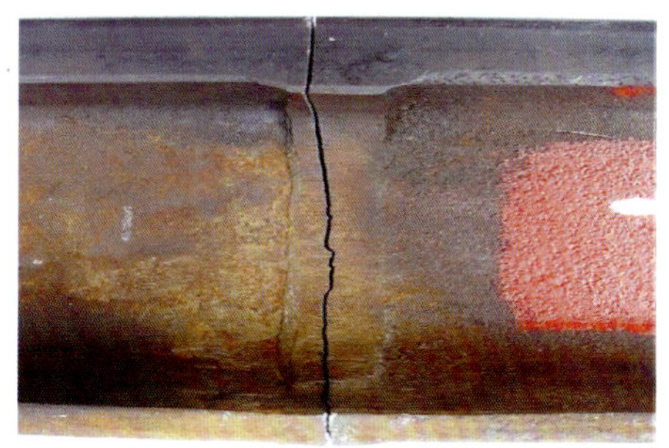

图 3-1-22　因推凸裂纹引起的横向断裂

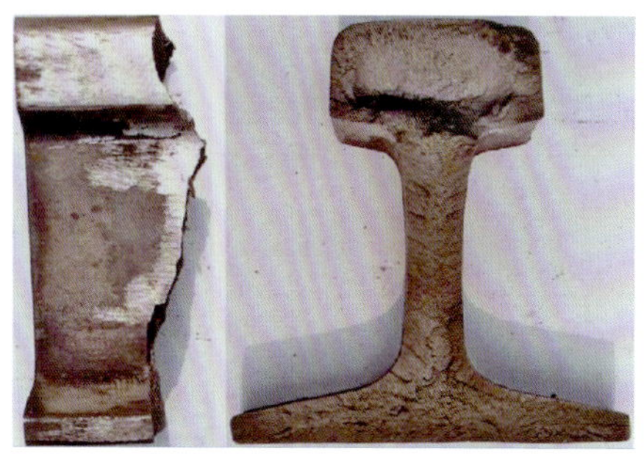

图 3-1-23　气压焊人工除瘤及打磨导致的伤损

【检验方法】

一般通过目测或利用磁粉表面探伤方法检测。对于次表面的推凸裂纹需使用超声波探伤仪对接头进行探伤，推凸裂纹缺陷正常会产生显著异常波，回波高度较大，如需确定具体是否为推凸裂纹缺陷，需要在接头上选定检验区域，然后进行切取、标记、磨平、磨光、抛光等过程，最后进行金相试样的观察、采集、分析。

【判定依据】

依据标准《钢轨焊接　第1部分：通用技术条件》（TB/T 1632.1—2014）第6.2.2条判定：焊接接头及其附近钢轨表面不应有裂纹、划伤。

【产生原因】

1. 推凸刀老化、松动、位置调整不当或者损坏，推凸过程中损伤焊筋、母材。

2. 推凸刀未清理干净，推凸过程受阻，产生伤损。

【处理方法】

1. 可以通过修磨的方法消除，但修磨深度宜小于0.5 mm，不能造成钢轨冷伤缺陷或其他焊接接头表面缺陷。无法修磨的应锯切处理。

2. 产生裂纹的接头要锯切处理。

【预防措施】

1. 根据推凸后焊筋余量的高度，及时调整推凸刀位置。

2. 焊接后及时检查推凸刀状态，出现松动、磨损及时维修或更换。

3. 推凸后及时清理推凸刀，避免推凸刀周围粘连焊渣。

4. 按要求定期更换推凸刀，保证焊机保持有良好的推凸状态。

## 九、热轧标志嵌入焊缝（闪光焊）★
## Marks embedded in weld joint

【特征】

钢轨焊接过程中将钢轨热轧标志焊入焊缝中，出现热轧标志与焊缝融合在一起的现象，存在于焊接接头轨腰部位，如图 3-1-24 所示。钢轨热轧标志嵌入焊缝，容易产生应力集中，导致接头断裂。

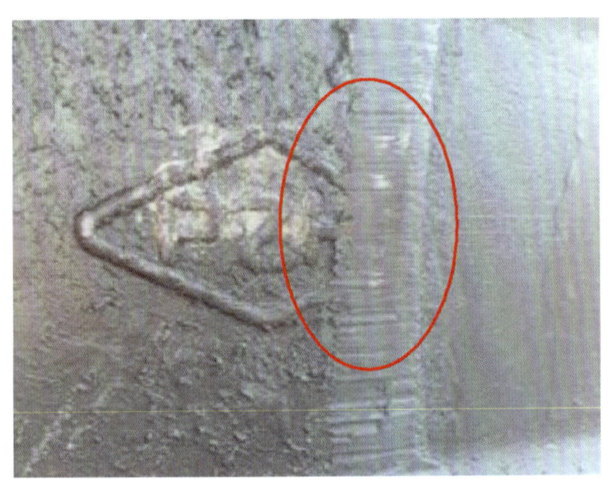
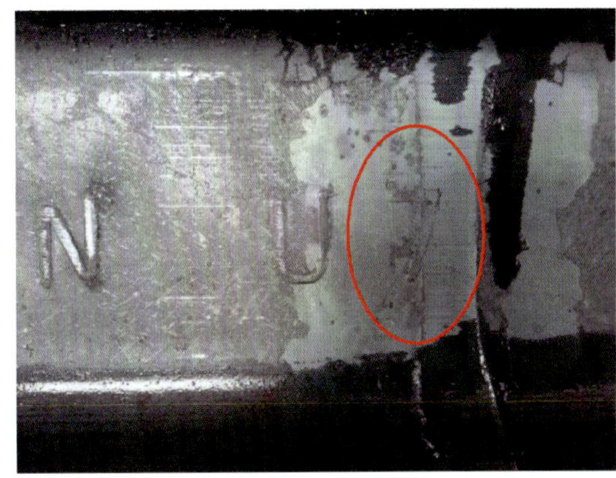

图 3-1-24　热轧标志嵌入焊缝

【检验方法】

目测轨腰焊缝处，观察钢轨热轧标志有无嵌入焊缝。

【判定依据】

依据标准《固定式钢轨闪光焊接》（Q/CR 707—2019）第 7.5.1 条判定：固定式闪光焊焊接前，应去除影响焊接夹持和推凸的轨腰部位凸起标志。

【产生原因】

焊接前未打磨掉钢轨端部轨腰热轧标志，焊接时将热轧标志焊入焊缝中。

【处理方法】

锯切处理。

【预防措施】

1. 钢轨生产厂加强工艺调整，避免端部出现热轧标志。如果出现端部热轧标志，将其加工至与钢轨表面齐平。

2. 焊接前检查距钢轨端部 50 mm 范围内有无轨腰热轧标志，如果发现端部热轧标志，应将其加工至与钢轨表面齐平。

## 十、压伤（闪光焊、气压焊、铝热焊） ★

**Indentation**

【特征】

粗磨机、矫直机、精铣机或精磨机等设备作业过程中支点与钢轨接触部位由于压力较大导致钢轨表面产生压伤，呈点状，有时也呈沟痕状，主要出现在钢轨与设备支点的接触面，如图 3-1-25 所示。

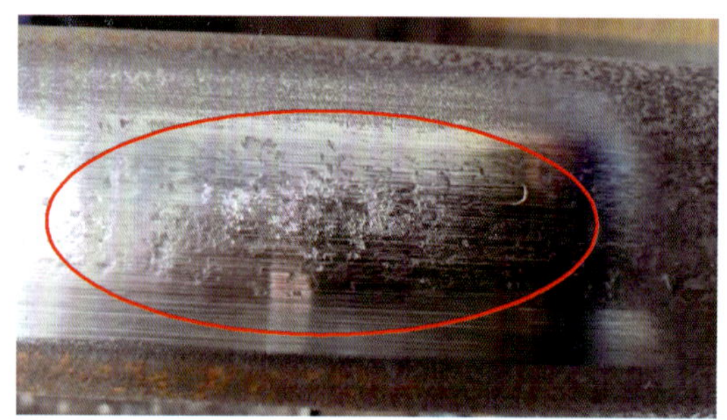

图 3-1-25　压伤

【检验方法】

目测支点接触部位，观察有无明显压伤。

【判定依据】

依据标准《钢轨焊接　第 1 部分：通用技术条件》（TB/T 1632.1—2014）第 6.2.2 条判定：焊接接头及其附近钢轨表面不应有明显压痕。

【产生原因】

1. 操作时压力过大，与钢轨接触的表面产生变形，从而导致伤损。

2. 接触支点损坏，与钢轨接触时受力不均匀，受力较大部位的钢轨表面会产生伤损。

3. 多次往复的作业使支点与钢轨接触部位多次受到压力，产生伤损。

【处理方法】

可以通过修磨的方法消除，但修磨深度宜小于 0.5 mm，不能造成钢轨冷伤缺陷或其他焊接接头表面缺陷。无法修磨的应锯切处理。

【预防措施】

1. 作业前检查设备是否正常，支点有无缺陷，保证支点与钢轨接触部位受力均匀。

2. 作业时不宜力度过大，不宜多次往复作业。

3. 加强作业后的检查。

## 十一、粗铣铣痕(闪光焊)　★★
## Milling indentation

【特征】

铣痕是指焊筋整形过程中铣刀在铣削时损伤钢轨母材表面而产生的沟痕,一般呈直线形,有金属光泽,如图 3-1-26 和图 3-1-27 所示。

图 3-1-26　铣痕

图 3-1-27　轨腰与上表面连接处铣痕

【检验方法】

目测钢轨表面有无明显伤损。

【判定依据】

依据标准《固定式钢轨闪光焊接》(Q/CR 707—2019)第 7.9.3 条判定:焊筋整形后的钢轨表面应平滑、无棱角或台阶。

【产生原因】

1. 铣刀长期使用,磨损严重,铣削时受力不均,产生铣痕。

2. 由于接头错边存在导致不平整,在铣削过程中铣刀受阻,应力集中,从而出现铣痕。

3. 加工速度过快,铣削力增大,损伤钢轨表面产生铣痕。

【处理方法】

铣痕较浅的可以通过打磨消除,但修磨深度宜小于 0.5 mm,不能造成钢轨冷伤缺陷或其他焊接接头表面缺陷。铣痕深度较深不能修磨时,应将缺陷部位切除。

【预防措施】

1. 加强保养、维修,定期检查更换铣刀,确保铣刀性能良好。

2. 加强错边的控制,保证铣削时的均匀加工。

3. 控制加工速度,避免铣刀受力超负荷动作而损伤钢轨表面。

## 十二、铣亏/磨亏(闪光焊、气压焊、铝热焊) ★★
## Over-milling

【特征】

铣亏(磨亏)是指精/粗铣机(精/粗磨机)或手砂轮打磨焊筋时由于机器故障、加工不良、操作不当等原因造成铣磨作业加工至钢轨母材,如图 3-1-28 所示。

【检验方法】

用平直尺测量可见明显低点。铣亏(磨亏)较大时目视可以清楚地观察到凹坑。

【判定依据】

依据标准《钢轨焊接　第 2 部分:闪光焊接》(TB/T 1632.2—2014)第 3.4.5.1 条和第 3.4.8.2 条判定:焊筋整修时不应损伤钢轨母材,外形精整不应使焊接接头或钢轨产生任何机械损伤或热损伤。

图 3-1-28　铣亏

【产生原因】

1. 钢轨焊接接头起拱量过高、焊筋高度过大,使得加工难度增加,铣刀(砂轮)超负荷运转,导致铣亏(磨亏)。

2. 加工速度过快,铣刀(砂轮)旋转时受阻,磨削力急速增大导致不能正常磨削,从而出现铣亏(磨亏)。

3. 铣刀或者砂轮老化,磨削时受力不均匀,导致铣亏(磨亏)钢轨表面。

4. 手砂轮操作不当。

【处理方法】

可以通过修磨的方法消除,但修磨深度宜小于 0.5 mm,不能造成钢轨冷伤缺陷或其他焊接接头表面缺陷。无法修磨时应锯切处理。

【预防措施】

1. 控制钢轨焊接接头起拱量和推凸焊筋余量,避免由于加工难度过大而造成钢轨表面亏损。

2. 调整好铣磨速度,均匀加工,避免因受阻力过大而损伤钢轨。

3. 定期更换铣刀或者砂轮,保持设备具有良好的铣磨状态。

4. 加强精铣机、精磨机的保养。

5. 加强操作人员的培训和管理。

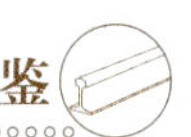

## 十三、打磨灼伤（闪光焊、气压焊、铝热焊） ★
## Grinding burn

【特征】

在打磨过程中钢轨焊接接头局部温度过高，出现过热、过烧的缺陷，一般呈蓝色、蓝黑色、黑色，如图 3-1-29 所示。

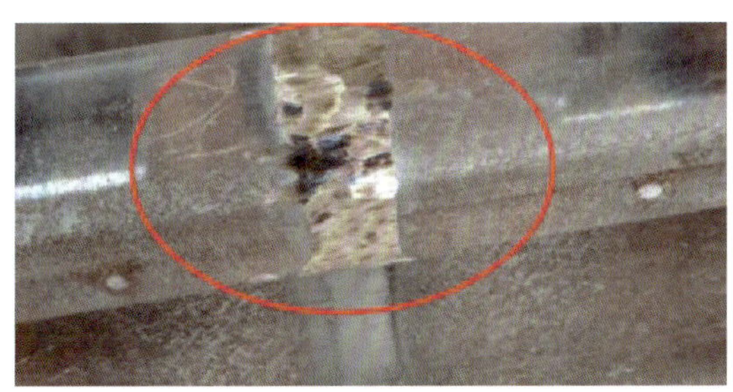

图 3-1-29　打磨灼伤

【检验方法】

与第二章钢轨制造阶段产生的打磨灼伤相同。

【判定依据】

依据标准《钢轨焊接　第 1 部分：通用技术条件》（TB/T 1632.1—2014）第 6.2.2 条判定：焊接接头及其附近钢轨表面不应有打磨灼伤。

【产生原因】

1. 在砂轮打磨过程中压力过大或同一处打磨时间过长，形成局部高温，产生灼伤。

2. 推凸余量过大，打磨时间增加，打磨部位温度上升，产生灼伤。

3. 砂轮的硬度太高，打磨位置温度急速上升，产生灼伤。

【处理方法】

钢轨表面不允许存在打磨灼伤，局部深度较浅的打磨灼伤可通过打磨消除；打磨灼伤较深时，锯切重焊。

【预防措施】

1. 钢轨焊接接头在打磨时，应注意砂轮压力不要过大、时间不能过长，另外，不要使打磨集中在局部一点，避免灼伤。

2. 控制推凸余量，避免余量过大导致打磨时间过长。

3. 选择硬度适当的砂轮片。

## 十四、焊筋溢流飞边（铝热焊） ★★★

**Welding collar overflow**

【特征】

该缺陷为铝热焊特有，浇铸时钢水从缝隙处溢流出来，在焊筋边缘的钢轨表面形成溢流飞边，飞边根部易产生疲劳裂纹源，通常是在轨头下颚、轨底角和轨底下表面。轨头下颚的裂纹源通常为多裂纹源，有多条疲劳台阶，有肉眼可见的疲劳扩展区。轨底角和轨底下表面的裂纹源通常没有肉眼可见的疲劳扩展区，如图 3-1-30 所示。

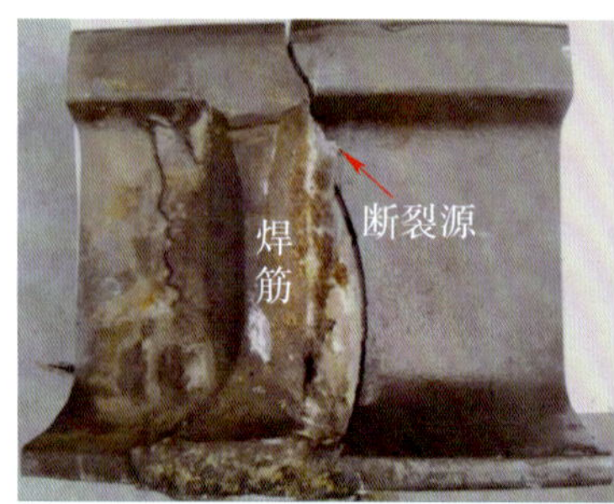


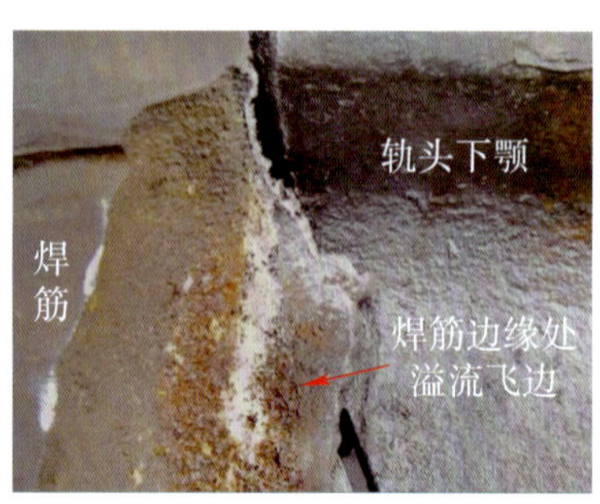


图 3-1-30　起源于轨头下颚焊筋溢流飞边的横向疲劳裂纹和横向断裂

【检验方法】

目测。

【判定依据】

依据《钢轨焊接　第 3 部分：铝热焊接》（TB/T 1632.3—2019）第 4.4.1.3 条判定：不应存留溢流飞边。

【产生原因】

砂模密封不严或焊缝未对正，浇铸时钢水从缝隙处溢流出来，在焊筋边缘的钢轨表面形成溢流飞边，与钢轨表面形成类似折叠裂纹的夹缝，则会造成此处产生应力集中铸造缺陷，形成疲劳裂纹，并发展成横向断裂。同时由于钢水的流失，导致钢水的凝固顺序和冷却速度不正常，有可能在出现溢流飞边的根部形成疏松和气孔等应力集中缺陷，从而加速裂纹的形成和扩展。另外，由于钢水补缩量的不足，还可能导致在接头最后的冷却凝固部位出现缩孔和疏松缺陷。

【处理方法】

打磨处理，如有伤波应锯切重焊。

【预防措施】

完善焊接设备和工艺，可以有效地减少或防止溢流飞边导致的伤损。

## 十五、矫裂(闪光焊)　★
## Straightening fracture

【特征】

矫直焊接接头造成接头出现裂缝,如图 3-1-31 所示。

图 3-1-31　矫裂

【检验方法】

矫裂时会出现异响,出现异响时要特别注意检查。明显的矫裂目测即可发现,表面裂纹必要时可借助磁粉探伤、渗透探伤检测,内部细小的裂纹使用超声波探伤,接头有裂纹探伤时会产生显著异常波,回波高度较大。

【判定依据】

依据标准《固定式钢轨闪光焊接》(Q/CR 707—2019)第 7.11.2 条判定:矫直作业不应使接头产生裂纹或者任何损伤。

【产生原因】

1. 矫直力度过大、多次往复矫直,导致焊缝因受力过大而产生裂纹。
2. 矫直机异常、锤头松动、支柱有缺陷等,导致接头受力不均,从而产生裂纹。
3. 焊接接头存在内部质量问题,矫直时在锤头作用力下焊缝内部应力急速增加,产生裂纹。

【处理方法】

应进行质量分析,明确断裂原因后,将缺陷部位切除或判废。

【预防措施】

1. 矫直前需检查机器是否正常、支柱有无缺陷,检查焊接区域是否存在缺陷。
2. 矫直力度不宜过大,不宜多次往复矫直。
3. 避免矫直支点间距过小,禁止直接矫直焊缝。
4. 优化焊接工艺参数,保证焊接接头内部质量。

## 十六、精铣啃伤（闪光焊） ★★

### Milling damage

【特征】

啃伤在钢轨表面非常明显，肉眼可见，出现明显的具有金属光泽的凹坑或者沟壑，如图 3-1-32 所示。

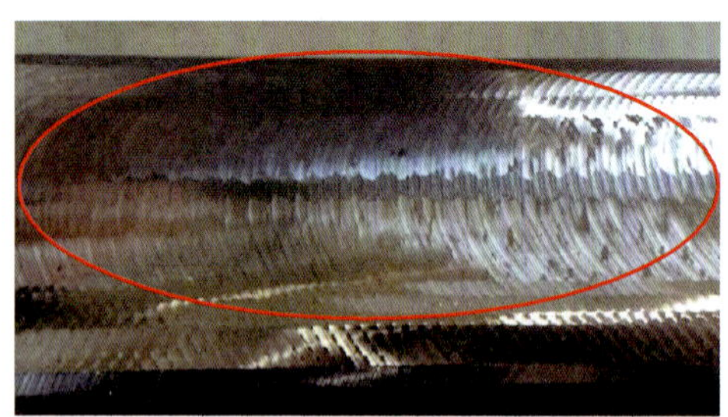

图 3-1-32 啃伤

【检验方法】

目测焊接接头整个表面，观察是否有明显啃伤。

【判定依据】

依据标准《钢轨焊接 第 2 部分：闪光焊接》（TB/T 1632.2—2014）第 3.4.8.2 条判定：外形精整不应使焊接接头或钢轨产生任何机械损伤或热损伤。

【产生原因】

1. 精铣机出现故障导致铣削时严重损伤钢轨。

2. 钢质较硬、铣削速度过快、超出铣刀切削能力，导致啃伤钢轨。

3. 铣刀磨损或老化，导致铣削时受力不均匀，在某个部位受力较大时会啃伤钢轨。

4. 钢轨焊接接头起拱量较大、错边量较大导致铣削量过大，造成铣削难度增加、铣削力超出铣刀承受的范围从而啃伤钢轨。

【处理方法】

轻微的啃伤可以通过修磨处理，但修磨深度宜小于 0.5 mm，不能造成钢轨冷伤缺陷或其他焊接接头表面缺陷。无法修磨时应锯切处理。

【预防措施】

1. 定期保养设备，定期更换铣刀刀头。

2. 合理调整铣削速度和铣削时的转动速度，对于钢质较硬的钢轨，适当增加铣削补偿量。

3. 调整好焊后起拱量，严格控制错边量，保证铣削质量。

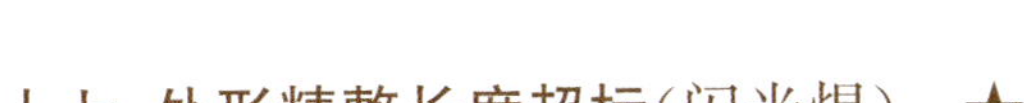

## 十七、外形精整长度超标(闪光焊)　★

## Length of derusting zone exceeds the standard requirements

【特征】

外形精整长度超过焊缝中心线两侧各 400 mm 的范围称为外形精整长度超标，分布在焊接接头的行车面和导向面，呈现为具有金属光泽的磨削面，如图 3-1-33 所示。

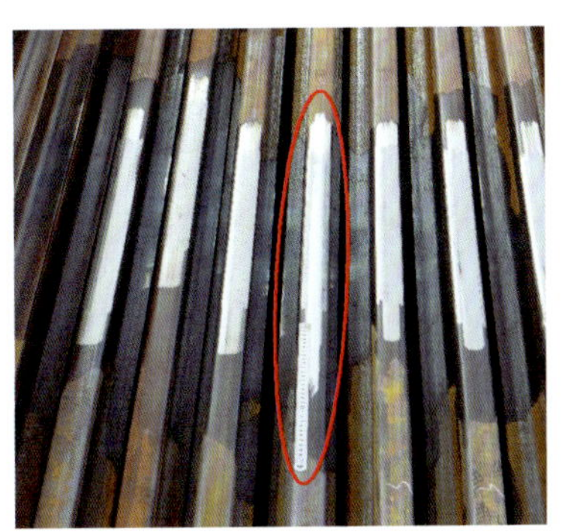

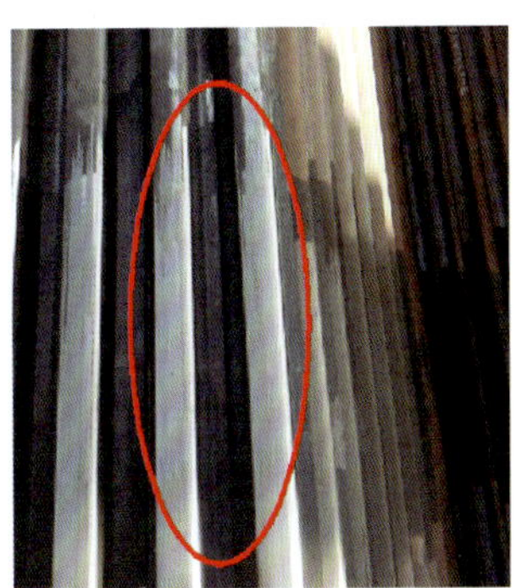

图 3-1-33　外形精整长度超标

【检验方法】

用直尺测量从焊缝中心线到金属光泽磨削面末端的距离，即为外形精整长度。

【判定依据】

依据标准《钢轨焊接　第 2 部分：闪光焊接》(TB/T 1632.2—2014)第 3.4.8.2 条判定：外形精整的长度不应超过焊缝中心线两侧各 400 mm 的范围。

【产生原因】

1. 外形精整设备设置不合理，导致外形精整长度超过 400 mm。

2. 距离焊缝中心线 400 mm 范围外平直度不合格，需要通过修磨来解决，从而导致外形精整超过 400 mm。

【处理方法】

分析修磨超标的原因并整改。

【预防措施】

1. 外形精整设备加工范围设置在距离焊缝中心线两侧各 400 mm 范围。

2. 严格按照工艺规程作业，不允许通过增加外形精整长度纠正接头平直度和错边超标缺陷。

## 十八、精整加工痕迹宽度超标(闪光焊) ★★

**Machining trace exceeds the standard requirements**

【特征】

精整加工痕迹宽度超标是指焊接接头外形精整时,磨削或铣削的刀痕宽度超标,如图 3-1-34 所示。

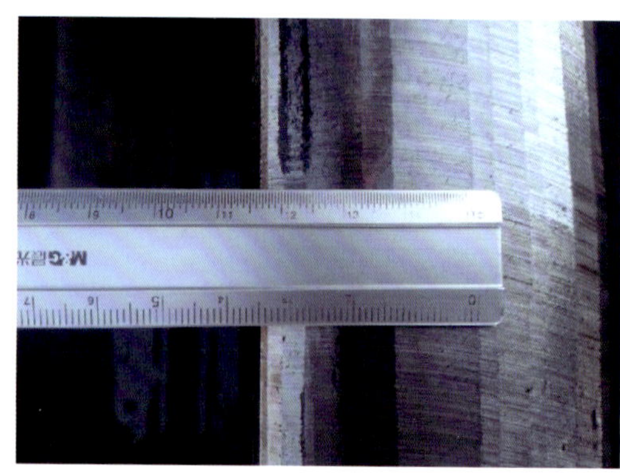

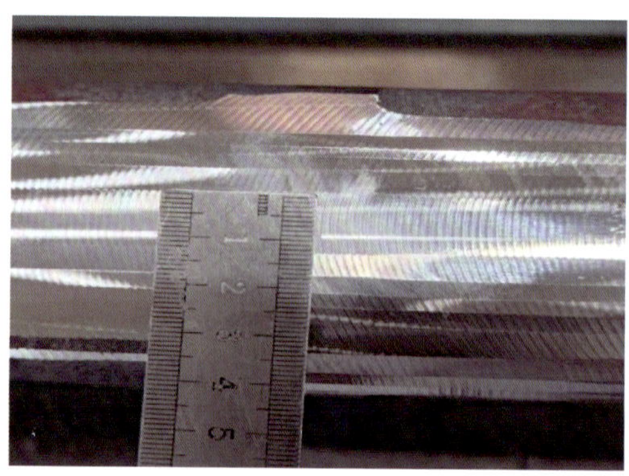

图 3-1-34　加工宽度超标

【检验方法】

采用直尺测量轨顶面和过渡圆弧处的刀痕最宽处,直尺应与刀痕相垂直。

【判定依据】

依据标准《固定式钢轨闪光焊接》(Q/CR 707—2019)第 8.1.2.2 条判定:顶面加工痕迹宽度不大于 10 mm,过渡圆弧加工痕迹宽度不大于 5 mm。

【产生原因】

1. 外形精整设备工艺参数与实际钢轨廓形不匹配。

2. 磨削或铣削参数设置不合理,磨头或铣头每次横向转角角度过大。

【处理方法】

修磨处理,但修磨深度宜小于 0.5 mm,不能造成钢轨冷伤缺陷或其他焊接接头表面缺陷。

【预防措施】

调整外形精整设备参数,使之与实际钢轨廓形相匹配。

## 十九、粗糙度(闪光焊)　★
## Roughness

【特征】

表面粗糙度是指接头外形精整后加工表面出现的具有较小间距和微小峰谷的不平度，钢轨表面有细微的凹凸不平，如图 3-1-35 所示。

【检验方法】

采用表面粗糙度仪进行测量，如图 3-1-36 所示。将测量仪器正确、平稳、可靠地放置在接头被测表面上，且传感器的滑行轨迹必须垂直于焊接接头被测表面的加工纹理方向。

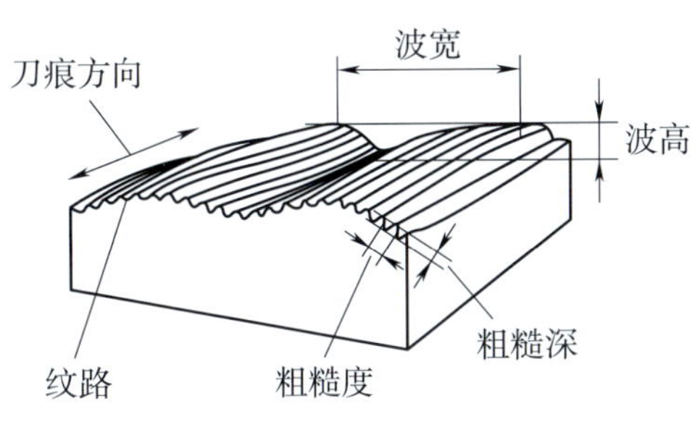


图 3-1-35　粗糙度示意

图 3-1-36　精整后接头粗糙度测量

【判定依据】

依据标准《固定式钢轨闪光焊接》(Q/CR 707—2019)第 8.1.2.3 条判定：在接头外形精整后的轨顶加工表面检测粗糙度，不应大于 10 μm。

【产生原因】

1. 在磨削工艺中产生，因为磨头砂轮粒度较大，磨削深度较深。

2. 在铣削工艺中产生，因为铣刀损伤导致粗糙度较大。

3. 磨削/铣削过程中设备或钢轨有明显振动，导致产生正常磨削/铣削外的相对移动。

【处理方法】

修磨处理，但修磨深度宜小于 0.5 mm，不能造成钢轨冷伤缺陷或其他焊接接头表面缺陷。

【预防措施】

采用粒度较小的砂轮片进行打磨处理，打磨时注意保持设备和钢轨稳定。

## 第二节　内部缺陷

### 一、焊接裂纹（闪光焊、气压焊、铝热焊）★
### Crack

【特征】

在焊缝处存在裂纹，铝热焊裂纹通常位于焊缝尺寸较大的焊筋中部，沿横向发展，断口伴有发蓝，需要通过超声波探伤进行检测。闪光焊和铝热焊裂纹分别如图 3-2-1 和图 3-2-2 所示，裂纹微观图如图 3-2-3 所示。

图 3-2-1　闪光焊裂纹

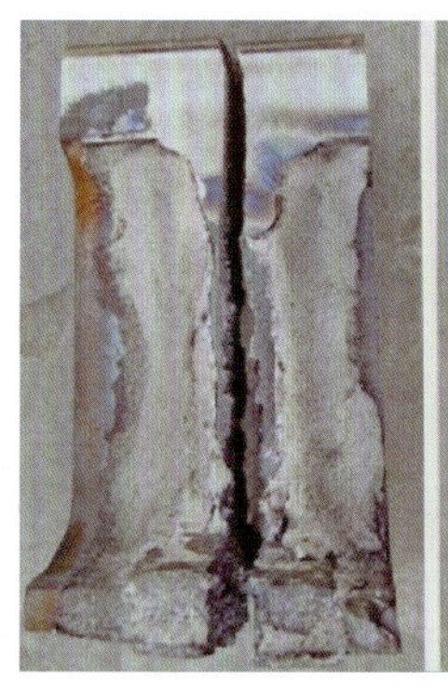
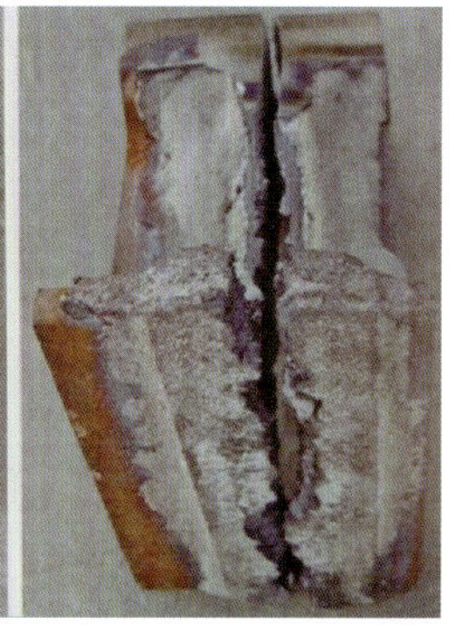

图 3-2-2　铝热焊裂纹引起的断裂

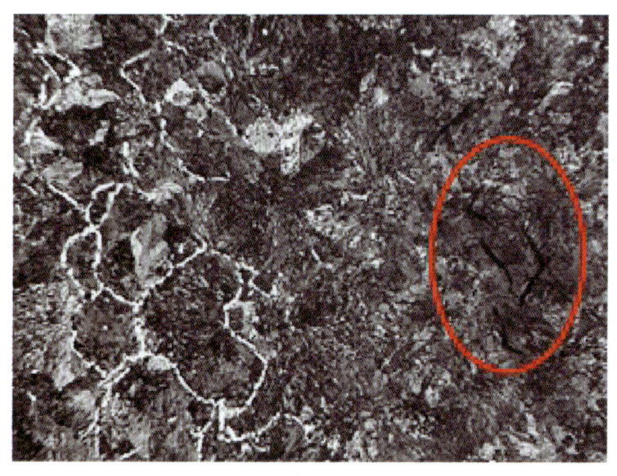

图 3-2-3　裂纹微观图

【检验方法】

内部裂纹使用钢轨探伤仪对接头进行探伤，具体检验要求见标准《钢轨焊接　第 1 部分：通用技术条件》（TB/T 1632.1—2014）第 5.2 条。接头内部存在超过一定当量的内部缺陷时超声波探伤会产生显著异常波，回波高度较大，如需确定具体是否为裂纹缺陷，需要在接头上选定检验区域，然后进行切取、标记、磨平、磨光、抛光等过程，最后进行金相试样的观察、采集、分析。

【判定依据】

依据标准《钢轨焊接　第 1 部分：通用技术条件》（TB/T 1632.1—2014）第 5.2.8 条判定，使用超声波探伤检测时，存在超过要求当量内部缺陷的焊缝应判废处理。

【产生原因】

1. 裂纹与钢轨的材质有关：

（1）钢轨母材的硫和磷含量较高，焊后硫和磷在焊缝中的残余含量也较高，焊缝或焊接热影响区的脆性增加，焊接接头在使用过程中，在外力的作用下，容易产生裂纹。

(2)当碳在焊接热影响区的含量高于共析成分,或者由于成分偏析,以碳化物的形式大量分布于晶界时,也易产生裂纹。

2. 裂纹与钢轨尺寸、状态有关:

钢轨母材端部尺寸变形过大、端部除锈状态不良等,会使局部的钢轨焊接时间过短,钢轨整体截面加热不均匀,接头容易产生内部应力,进一步产生裂纹。

3. 裂纹与钢轨焊接设备与工艺有关:

(1)基地闪光焊接时,焊接电源功率不足或低压电缆引线距离过长,与焊接变压器相关的连接处理不当,造成回路分压过大,电功率损耗过大,焊接电压不稳定,也容易使焊接接头质量下降,产生裂纹。

(2)焊接后,接头没有经过热处理,靠近焊缝的粗晶区韧性差,抵抗裂纹扩展的能力较弱。

(3)焊接后轨头在温度较高时承受了较大的拉力,拉力的来源有顶锻时拉动钢轨的阻力或顶锻后钢轨受到的回弹力。在线路上焊接钢轨,如果钢轨受到很大的约束力,也易导致裂纹。钢轨闪光焊接时,环境温度过低,加热和冷却速度过快,接头部位的应力较高,也会产生裂纹。

(4)铝热焊焊缝处钢水凝固过程中由于体积收缩,将在焊缝处产生收缩拉应力,如果焊接时环境气温开始下降,焊接长轨条会沿长度方向产生温度收缩拉应力,同时,若焊缝两端钢轨没有很好地锁紧,还会受到较大的纵向拉应力,在拉应力的作用下焊缝将沿疏松和缩孔处形成横向裂纹并扩展。

【处理方法】

判废处理。

【预防措施】

1. 钢轨化学成分应满足标准要求,必要时钢轨在焊接前应当首先进行成分检验。

2. 闪光焊应保证焊接变压器有足够的输出功率,并且供电变压器到焊机的电控柜的电缆长度不宜过长。另外,所有电缆的连接必须符合相应的电工行业标准。

3. 现场焊接应当尽量避免在低温下进行,如果无法避免在低于规定的环境温度下焊接,应当采取必要的预热措施,保证焊接前轨温大于 10 ℃,必要时还应进行焊后缓冷措施。

4. 现场焊接时应保证两端钢轨很好地锁紧,避免受到纵向拉应力而产生裂纹。

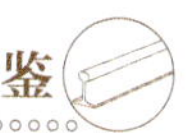

## 二、过烧(闪光焊、气压焊)　★

**Over burn**

【特征】

过烧是焊接时加热温度过高,局部金属熔化或接近熔化状态(加热到达固相线与液相线之间温度)而造成的晶界偏析和烧熔,如图3-2-4和图3-2-5所示。过烧是焊接接头最危险的缺陷之一,常出现在轨底两侧的轨脚位置。轻度过烧时出现细小炭黑斑点,严重过烧时出现黑色蜂窝状组织。

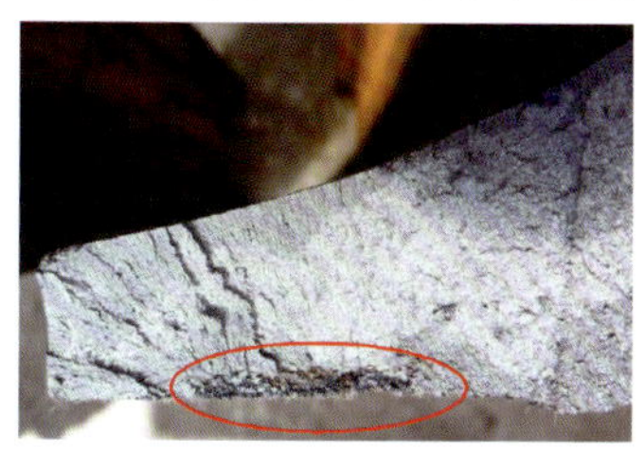

图3-2-4　过烧

图3-2-5　过烧显微组织

【检验方法】

过烧缺陷可使用超声波探伤仪对接头进行探伤,具体检验要求见标准《钢轨焊接　第1部分:通用技术条件》(TB/T 1632.1—2014)第5.2条。接头内部存在超过一定当量的内部过烧缺陷时超声波探伤会出现显著异常波,波根较宽,波峰呈树枝状,如需确定具体是否为过烧缺陷,需要在接头指定区域取样、标记、磨平、磨光、抛光等,最后进行显微组织观察、分析。

【判定依据】

依据标准《钢轨焊接　第2部分:闪光焊接》(TB/T 1632.2—2014)中表2及《钢轨焊接　第4部分:气压焊接》(TB/T 1632.4—2014)中表2判定:要求焊接接头断口无过烧缺陷。

【产生原因】

过烧主要是受温度及顶锻影响:

1. 焊接端头的加热温度过高,造成过烧。
2. 顶锻时钢轨端面过热熔渣未完全挤净形成过烧组织。

【处理方法】

使用超声波探伤检测时,存在超过要求当量内部缺陷的应判废处理。

【预防措施】

1. 合理制定焊接工艺,适当减少焊接热输入量,增加温度场梯度,可以避免过烧缺陷。
2. 适当增加顶锻量,便于挤出端面过热熔渣,可有效减少过烧缺陷。

## 三、灰斑夹杂(闪光焊) ★★

**Flat spot mixture**

【特征】

灰斑夹杂是指含有硅、锰等元素的夹杂物,位于焊缝处,沿钢轨横截面方向分布。常见的灰斑夹杂位于轨头内部融合线处,其裂纹源区具有核状斑痕形貌,如图 3-2-6 所示,裂纹沿钢轨横向疲劳扩展,疲劳断口有明显的疲劳弧线和疲劳台阶。疲劳裂纹扩展到较大尺寸或发展到轨头表面后将导致钢轨横向断裂。

图 3-2-6　灰斑夹杂引起的轨头横向疲劳断裂宏观形貌

另外值得注意的是,灰斑夹杂应与《钢轨焊接　第 1 部分:通用技术条件》(TB/T 1632.1—2014)中定义的灰斑相区别,灰斑是指“存在于闪光焊焊缝断口中的局部光滑区域,与周边金属有明显界限”;灰斑断口处会存在灰斑夹杂,如图 3-2-7 所示,会伴随其他焊接缺陷(未焊合、过烧、疏松等),但也存在灰斑断口处无任何焊接缺陷的情况。

【检验方法】

灰斑夹杂可使用超声波探伤仪对接头进行探伤,具体检验要求见标准《钢轨焊接　第 1 部分:通用技术条件》(TB/T 1632.1—2014)第 5.2 条。接头内部存在超过一定当量的内部缺陷时超声波探伤会有较高回波,如需确定具体是否为灰斑夹杂,需要在接头指定区域进行取样、标记、磨平、磨光、抛光等过

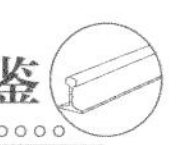

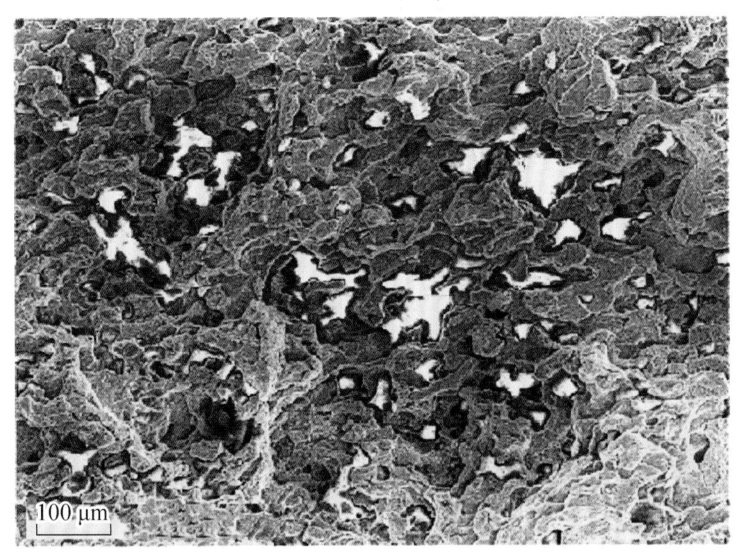


图 3-2-7　断口局部放大呈现灰白色的不规则块状夹杂物

程，最后进行显微组织观察、分析。

【判定依据】

依据标准《钢轨焊接　第 1 部分：通用技术条件》（TB/T 1632.1—2014）第 5.2.8 条判定，使用超声波探伤检测时，存在超过要求当量内部缺陷的焊缝应判废处理。

【产生原因】

钢轨闪光焊时，对接焊口金属在高温熔化时形成的氧化物或硅酸盐夹杂未能完全从焊缝中挤掉而留在焊缝区域，就会形成沿熔合线方向分布的不规则形状的块状夹杂物。

【处理方法】

判废处理。

【预防措施】

1. 加强钢轨原料化学成分的控制，避免原料中硅锰等微量元素出现偏析从而形成硅酸盐夹杂物。

2. 制定合理的焊接工艺。

## 四、硫化锰夹杂(闪光焊) ★
## Manganous sulfide mixture

【特征】

硫化锰夹杂出现在钢轨焊接接头焊缝部位或发生在靠近焊缝的过热区域,有时与焊缝面成一定角度,硫化锰夹杂会大幅降低接头的韧性和塑性,在断口形貌上一般显示条带状(木纹状),如图 3-2-8 和图 3-2-9 所示。

图 3-2-8　木纹断口微观形貌

图 3-2-9　硫化锰夹杂宏观图

【检验方法】

硫化锰夹杂缺陷可使用超声波探伤仪对接头进行探伤,具体检验要求见标准《钢轨焊接　第 1 部分:通用技术条件》(TB/T 1632.1—2014)第 5.2 条。接头内部存在超过一定当量的内部缺陷时探伤会出现较大回波,如需确定具体是否为硫化锰夹杂缺陷,需要在接头指定区域进行取样、标记、磨平、磨光、抛光等过程,最后进行显微组织观察、分析。

【判定依据】

依据标准《钢轨焊接　第 1 部分:通用技术条件》(TB/T 1632.1—2014)第 5.2.8 条判定,使用超声波探伤检测时,存在超过要求当量内部缺陷的焊缝应判废处理。

【产生原因】

1. 钢轨母材中硫的偏析或硫化物夹杂的聚集。

2. 焊接工艺不合理。

【处理方法】

判废处理。

【预防措施】

1. 加强钢轨母材中硫、锰等化学成分的控制。

2. 制定合理的焊接工艺。

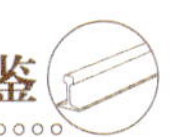

## 五、灰斑（闪光焊）★★★
**Flat spot**

【特征】

焊缝断口中的局部光滑区域，灰斑色泽与焊缝断口金属不同，与周边金属有明显界限，如图3-2-10和图3-2-11所示。

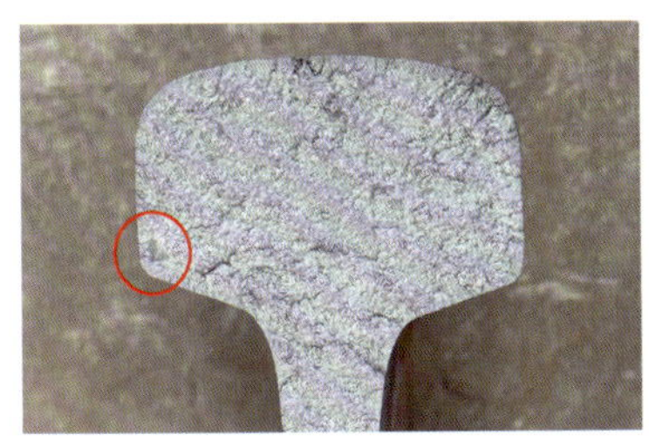

图3-2-10　轨头部分产生的灰斑

图3-2-11　轨底产生的灰斑

【检验方法】

可使用超声波探伤仪对接头进行探伤，灰斑因其区域内金属熔合的程度不同或夹杂物的严重程度不同，超声波探伤发现的波高也不同，且由于灰斑属于面积型缺陷，探测过程较为困难，“露头”灰斑可借助磁粉等探伤方法检测，如需确定具体是否为灰斑缺陷，需要对接头进行断口试验，可见断口呈暗灰色光滑片状形貌。

【判定依据】

依据标准《钢轨焊接　第2部分：闪光焊接》（TB/T 1632.2—2014）表2判定：钢轨闪光焊接接头断口允许存在少量的灰斑，但单个灰斑面积不大于10 $mm^2$，灰斑总面积不大于20 $mm^2$。

【产生原因】

灰斑缺陷形成过程有其特殊性和复杂性，国内外研究者对其外观形貌和成分研究居多，对其形成原因尚且处于理论研究阶段，目前对其形成机理尚无统一观点。通常认为在闪光焊接末期连续闪光阶段出现大的过量爆破，形成暴露于空气的空洞，使焊缝中的锰和硅在高温下与空气中的氧发生反应，在顶锻时，熔化的金属与这些夹杂物一起被挤压，沿工件径向流动，未被排挤干净而残留在焊缝中；还有可能是闪光时形成的弧坑存在有硅酸盐夹杂物，在顶锻时没有被排出。

【处理方法】

超过标准要求的判废处理。

【预防措施】

1. 控制钢轨母材中化学成份的均匀性以及硅酸盐夹杂物含量。
2. 构建焊接温度场，优化烧化位移量、电压、电流、烧化速度等工艺参数。

## 六、光斑(气压焊) ★★★
White spot

【特征】

光斑也叫光板、白斑、白板，是存在于气压焊断口中局部光滑区域，与周边金属有明显边界，是一种面积型缺陷，如图 3-2-12 所示。

【检验方法】

可使用超声波探伤仪对接头进行探伤，根据光斑区域内金属熔合的程度不同，超声波探伤发现的波高也不同，且由于光斑属于面积型缺陷，探测过程较为困难，如需确定具体是否为光斑缺陷，需要对接头进行断口试验，可见断口呈暗灰色光滑片状形貌。

图 3-2-12　气压焊导致的光斑（灰色区域）

【判定依据】

依据标准《钢轨焊接　第 4 部分：气压焊接》(TB/T 1632.4—2014)中表 2 判定：要求钢轨气压焊焊接接头断口允许存在少量的光斑，但单个光斑面积不大于 8 $mm^2$，光斑总面积不大于 50 $mm^2$。

【产生原因】

光斑是存在于气压焊焊缝断口中的局部平齐且颜色发灰的区域，与周边金属有明显界限，是一种焊接界面上没有完全结合的面积型缺陷。待焊面轻度污染或欠热导致部分焊合型光斑产生。待焊面被氧化物、油污、砂粒等污染物重度污染会导致完全未焊合型光斑产生。火焰不正常、摆动量不合要求、两轨端面缝隙大、顶锻量过小、加热时间短、预顶压力和低压压力不满足现场施工工况、待焊钢轨化学成分偏差大等都会导致光斑的产生。

【处理方法】

超过标准要求的应判废。

【预防措施】

1. 保证待焊钢轨的质量。
2. 制定合理的焊接工艺。

## 七、未焊合(闪光焊、气压焊) ★
## Lack of bond

【特征】

母材与母材之间未能完全结合的部分,即焊缝处未能完全冶金结合的部分称为未焊合区域。从接头横断面看,断口通常呈深灰色。从接头纵断面看,未焊合区域呈现透镜状,其微观特征是有很多低熔点夹杂物,并存在大量孔洞,孔洞周围具有液态金属自由结晶的表面特征。焊缝未焊合区域有硅、锰、硫、铝夹杂物。闪光焊和气压焊未焊合断口如图 3-2-13～图 3-2-15 所示。

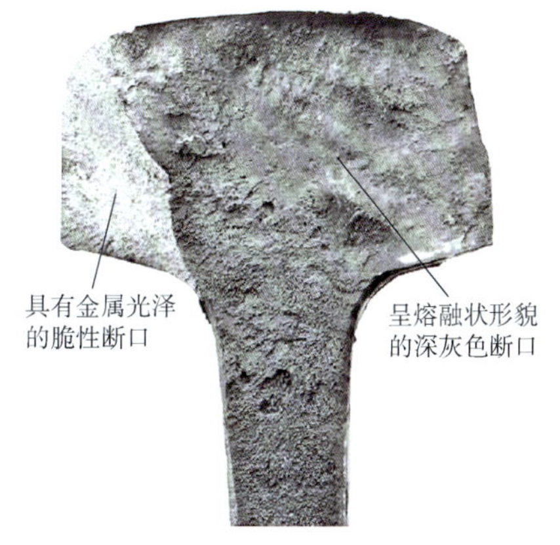


图 3-2-13　闪光焊未焊合断口宏观形貌

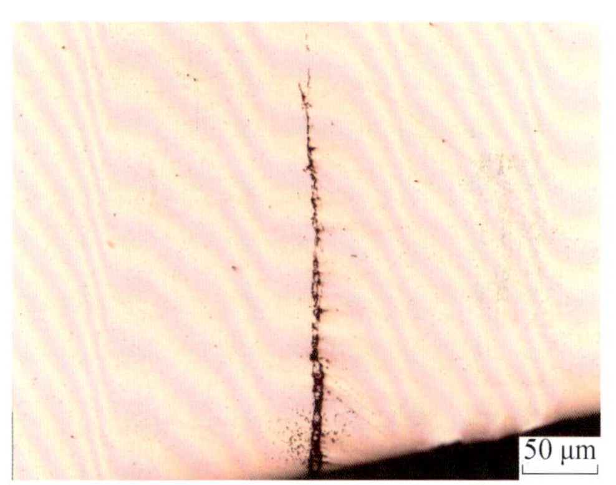


图 3-2-14　未焊合显微组织

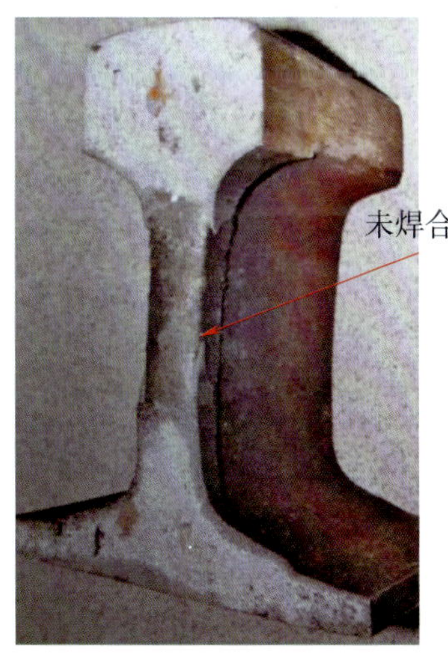


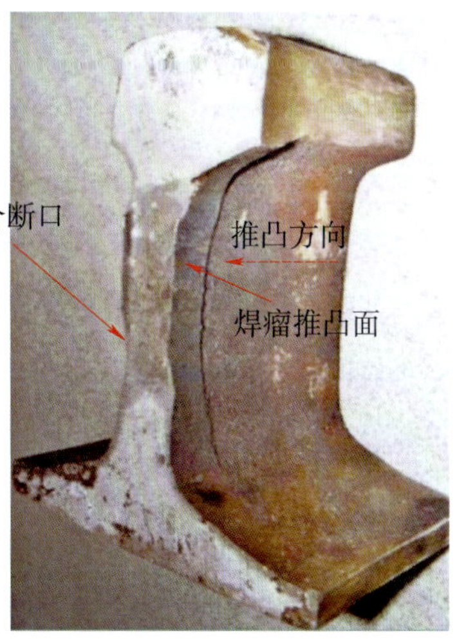


图 3-2-15　气压焊轨腰未焊合缺陷引起的焊头横向裂纹和断裂

【检验方法】

可使用钢轨超声波探伤仪对接头进行探伤，未焊合区域探伤波形一般呈现波幅不高或跳跃，有些呈多支波同时显示，不过由于未焊合缺陷属于面积型缺陷，探测过程较为困难，尤其是区域很小时容易被忽视，误认为是钢轨接头心部的粗晶反射。因热处理不会消除焊缝未焊合缺陷，却可消除粗晶组织，必要时应重新进行热处理，以确认反射波是否由热处理不当引起；还可对接头进行断口试验确认是否为未焊合。

【判定依据】

依据标准《钢轨焊接　第 2 部分：闪光焊接》（TB/T 1632.2—2014）中表 2 及《钢轨焊接　第 4 部分：气压焊接》（TB/T 1632.4—2014）中表 2 判定：要求焊接接头断口无未焊合缺陷。

【产生原因】

1. 母材影响。钢轨母材中的硫、铝、硅、锰等元素存在局部偏析，或是在焊接熔化阶段钢轨中的硫、铝、硅、锰等元素重新聚合后形成低熔点的夹杂物。这些夹杂物熔点低，顶锻后仍以液态形式存在焊缝中，并随着焊缝温度降低，在液态向固态转变时，体积缩小，其周围的高熔点金属已先期凝固，因此夹杂物与基体金属之间出现空间（微小裂纹），形成焊缝未焊合缺陷。

2. 工艺影响：

（1）焊接端面除锈不彻底，两端面接触不好，未能形成有效的能量输入。

（2）钢轨两端面间隙过大，顶锻量过小或过早，热输入不够，钢轨端面未能形成有效的能产生足够塑性变形的温度梯度。

【处理方法】

判废处理。

【预防措施】

1. 严格执行钢轨端面除锈工艺，保证钢轨除锈质量。

2. 调试、优化焊接工艺参数，例如适当提高焊接热输入量和烧化位移量，提高轨底脚加热温度，可以有效避免未焊合缺陷的产生。

3. 提高钢轨母材纯净度，控制硫、铝夹杂物，有利于降低钢轨闪光焊焊缝未焊合缺陷发生的概率。

## 八、疏松(闪光焊、气压焊、铝热焊)　★

**Loose**

【特征】

从接头横断面看,疏松缺陷呈现细小而连贯的缩孔(其中缩孔特征表现为表面晶粒粗大,呈暗灰色空穴,表面凹凸不平),比较均匀地分布在焊缝的局部范围内,如图 3-2-16～图 3-2-19 所示。

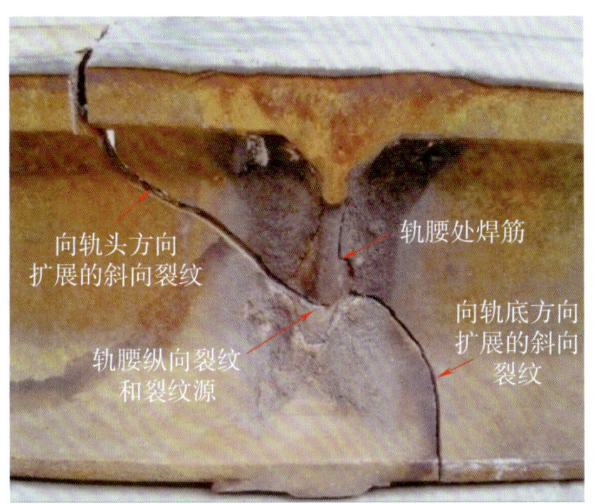

图 3-2-16　起源于铝热焊疏松的轨腰纵向裂纹和断口

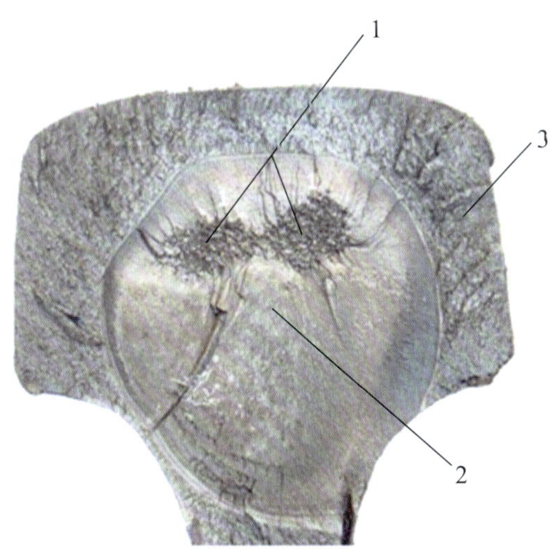


1—裂纹源区;2—疲劳扩展区;3—脆性断口。

图 3-2-17　疏松裂纹断口宏观形貌

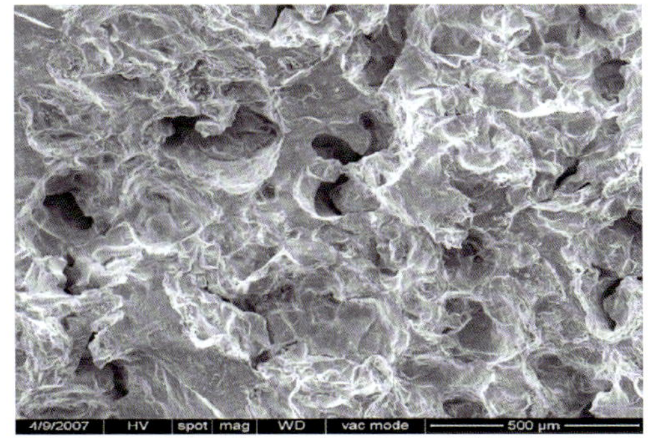


图 3-2-18　具有沿晶疏松裂纹断口的微观形貌

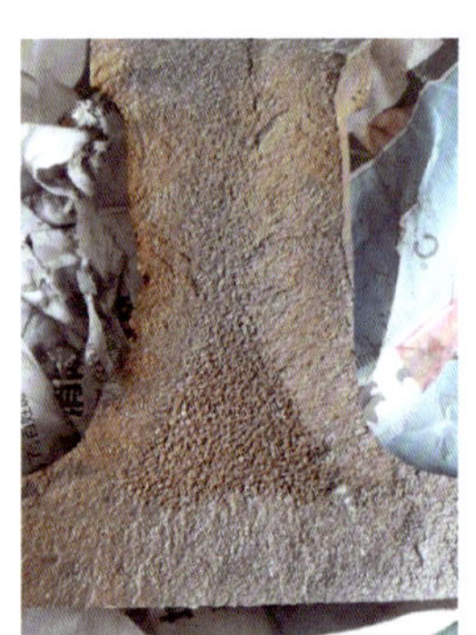

图 3-2-19　铝热焊疏松引起的横向断裂

【检验方法】

疏松缺陷使用超声波探伤仪对接头进行探伤，具体检验要求见标准《钢轨焊接　第 1 部分：通用技术条件》（TB/T 1632.1—2014）第 5.2 条。接头内部存在超过一定当量的内部缺陷时超声波探伤会出现回波，如需确定具体是否为疏松缺陷，需要在接头指定区域进行取样、标记、磨平、磨光、抛光等过程，最后进行显微组织观察、分析。

【判定依据】

依据标准《钢轨焊接　第 1 部分：通用技术条件》（TB/T 1632.1—2014）第 5.2.8 条判定，使用超声波探伤检测时，存在超过要求当量内部缺陷的焊缝应判废处理。

【产生原因】

1. 闪光焊和气压焊：钢轨对接处的局部金属在高温时熔化成液态金属，顶锻时没有被挤出焊口，冷却凝固时发生收缩，由于没有液态金属的补充就会形成收缩孔洞或形成分散分布的显微缩孔，从而形成疏松缺陷。

2. 铝热焊：形成该缺陷的主要原因是局部温度过高，冷却时间不一，具体有以下几点。

（1）预热时间过长或预热压力调节不正确。

（2）局部高温，有过热现象，特别是轨腰及轨底部分有局部过热现象。

（3）预热枪或砂模装偏，位置不居中，形成一侧有过热现象。

（4）轨缝过大。

【处理方法】

判废处理。

【预防措施】

确保焊接工艺正常合理，并严格按照工艺规程要求执行。

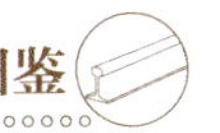

## 九、气孔(铝热焊) ★★★

**Porosity**

【特征】

气孔是铝热焊中最常见的缺陷,表面光滑,一般呈圆形,如图 3-2-20 所示。

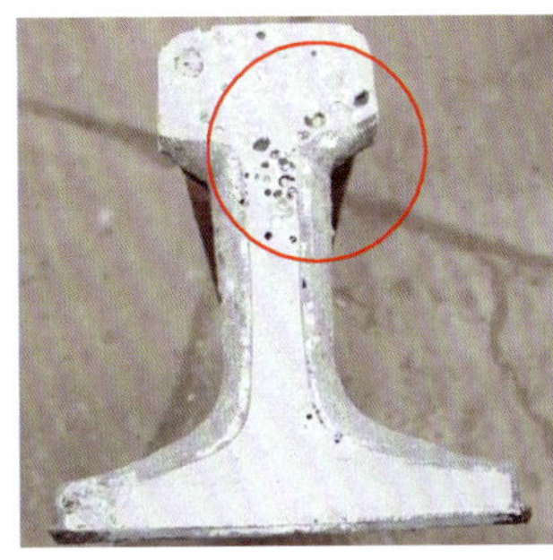

图 3-2-20 气孔引起轨头内部疲劳裂纹并横向断裂

【检验方法】

内部气孔可使用超声波检测,表面气孔可以通过目测检查。

【判定依据】

依据标准《钢轨焊接 第 3 部分:铝热焊接》(TB/T 1632.3—2019)中表 1 判定,允许存在少量气孔缺陷,其尺寸和数量为:当最大尺寸 2 mm 时,允许数量 1 个;当最大尺寸 1 mm 时,允许数量 2 个。

【产生原因】

气孔是钢水在反应过程中释放出的气体,凝固时未及时从冒口排出,留在焊缝次表面和内部形成圆形孔洞,形成的主要原因有:

1. 待焊钢轨端面清洁不彻底,有水渍或油污。
2. 焊剂、砂模受潮。
3. 封箱泥过多、过湿。
4. 预热温度过低。
5. 预热结束到浇注前的操作时间太长,使预热后温度降低较多。

【处理方法】

超过标准要求的判废处理。

【预防措施】

1. 控制钢轨表面洁净度,不得有水渍、油污等。
2. 铝热焊使用的焊剂、砂模、封箱泥等应妥善储存,保持干燥。
3. 严格控制铝热焊工艺。

## 十、夹渣(铝热焊) ★★
### Slag entrapment

【特征】

夹渣是铝热焊焊缝表面或内部存在的夹杂物缺陷,一般与母材或焊缝有明显的颜色差异,如图 3-2-21 所示。

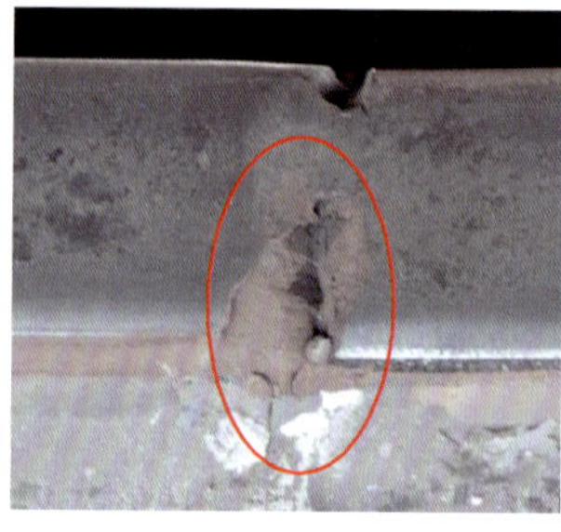

图 3-2-21 铝热焊夹渣缺陷

【检验方法】

内部质量可使用超声波探伤检测,表面夹渣通过目测检查。

【判定依据】

依据标准《钢轨焊接 第 3 部分:铝热焊接》(TB/T 1632.3—2019)中表 1 判定,允许存在少量夹渣缺陷,其尺寸和数量为:当最大尺寸 2 mm 时,允许数量 1 个;当最大尺寸 1 mm 时,允许数量 2 个。

【产生原因】

在浇注时,如钢水中部分熔渣未及时上浮流走,而夹渣于焊筋内部或贴附在焊筋表面,则会形成熔渣型的夹杂物(夹渣),产生的原因主要有:

1. 当坩埚内进行铝热反应时,熔渣从坩埚中随铁水流入型腔,粘附在钢轨表面,若钢水进入型腔这部分熔渣没有被冲走就会上浮形成夹渣。

2. 镇静时间不够,反应没有完成就进行浇注,熔渣未充分与钢液分离,使未完全上浮的熔渣、氧化皮及夹杂物进入焊缝。

3. 轨缝过大,钢水不够或轨底铸型"跑铁"等,使熔渣进入型腔。

【处理方法】

超过标准要求的判废处理。

【预防措施】

1. 控制钢轨表面洁净度,不得有水渍、油污等。

2. 铝热焊使用的焊剂、砂模、封箱泥等应妥善储存,保持干燥。

3. 严格控制铝热焊工艺。

## 十一、夹砂(铝热焊)　★★
## Sand inclusion

【特征】

夹砂是铝热焊焊缝表面或内部存在的低倍夹杂物缺陷,其形貌与钢轨母材或焊缝有明显的区别,如图 3-2-22 所示。

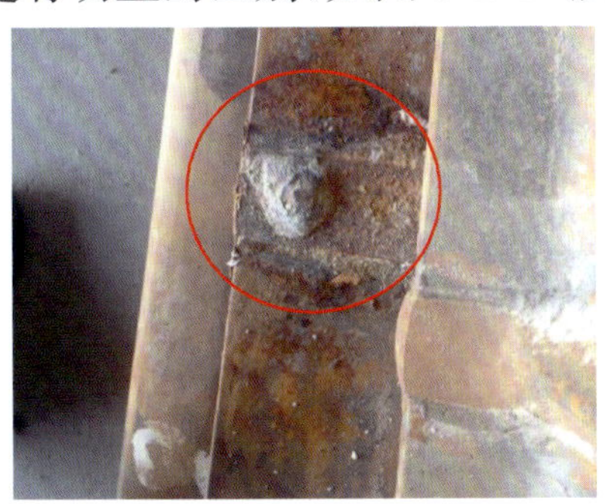

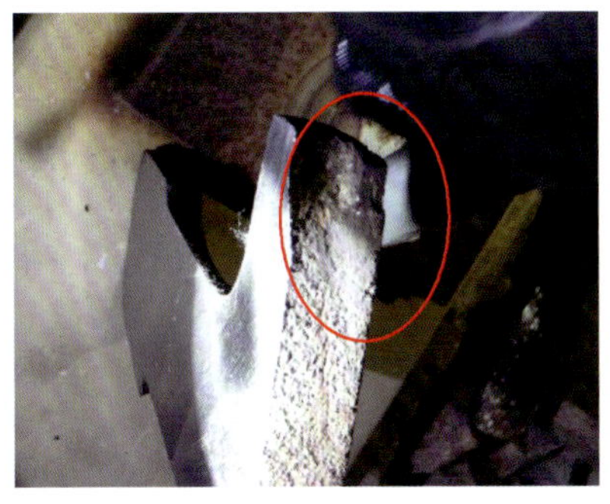

图 3-2-22　铝热焊夹砂缺陷

【检验方法】

目测或使用超声波探伤检测。

【判定依据】

依据标准《钢轨焊接　第 3 部分:铝热焊接》(TB/T 1632.3—2019)中表 1 判定,允许存在少量夹砂缺陷,其尺寸和数量为:当最大尺寸 2 mm 时,允许数量 1 个;当最大尺寸 1 mm 时,允许数量 2 个。

【产生原因】

在浇注冷凝过程中,当坩埚、砂模等耐火材料被烧损或脱落的碎块、浮砂等进入钢水被凝固后就会形成夹砂,形成的主要原因有:

1. 砂型研磨后未将产生的浮砂彻底清除。
2. 有杂质进入型腔中。
3. 砂型一次没有扣准,在移动中砂型挤坏掉入型腔内。
4. 预热过度,烧化砂型。

【处理方法】

超过标准的判废处理。

【预防措施】

1. 控制钢轨表面洁净度,不得有水渍、油污等。
2. 铝热焊使用的焊剂、砂模、封箱泥等应妥善储存,保持干燥。
3. 严格控制铝热焊工艺。

# 第三节　理化性能不合格

## 一、显微组织不合格(闪光焊、气压焊、铝热焊)　★
**Unqualified microstructure**

【特征】

焊接接头的显微组织中有异常组织，如图 3-3-1 和图3-3-2 所示。

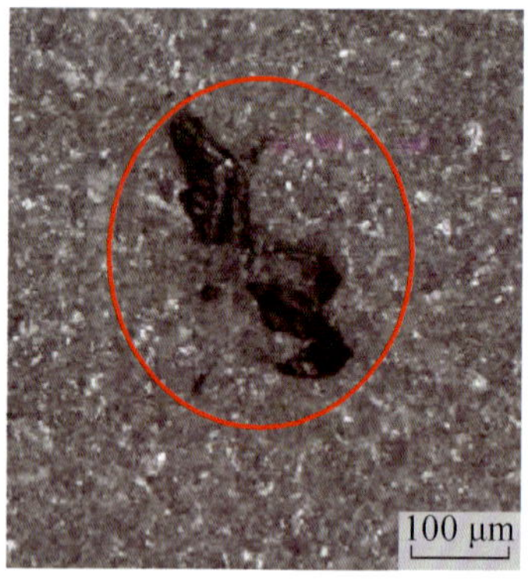


图 3-3-1　异常显微组织

【检验方法】

使用金相法，依据标准《金相显微组织检验方法》(GB/T 13298—2015)规定的方法进行检测，相关显微组织的形貌与“钢轨制造缺陷与伤损图鉴”一章中“显微组织不合格”缺陷相同。

【判定依据】

闪光焊依据标准《钢轨焊接　第 2 部分：闪光焊接》(TB/T 1632.2—2014)中表 2 判定：要求焊缝和热影响区的显微组织为珠光体，可出现少量铁素体；不应有马氏体或贝氏体等有害组织。

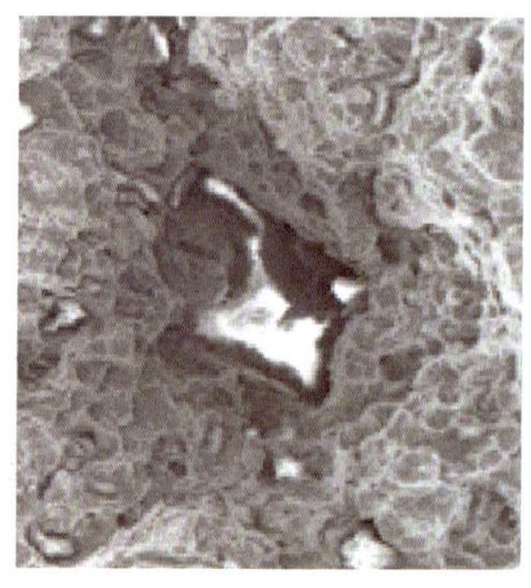

图 3-3-2　硅锰元素偏析产生的异常组织

气压焊依据标准《钢轨焊接　第 4 部分：气压焊接》(TB/T 1632.4—2014)中表 2 判定：要求焊缝和热影响区的显微组织为珠光体，可出现少量铁素体，不应有马氏体。

铝热焊依据标准《钢轨焊接　第 3 部分：铝热焊接》(TB/T 1632.3—2019)中表 1 判定：贝氏体型焊剂的焊缝显微组织应为贝氏体加少量铁素体；珠光体型焊剂的焊缝显微组织应为珠光体加少量铁素体。

【产生原因】

1. 焊接工艺异常。
2. 热处理异常，如热处理感应器设计不合理、热处理工艺不合适等。

【处理方法】

在型式检验/生产检验中发现显微组织异常时，应查找存在的问题，调整焊接和热处理工艺，按规定要求重做型式检验/生产检验。

【预防措施】

设置合理的焊接及热处理工艺。

## 二、晶粒粗大（闪光焊、气压焊）　★
## Coarse grain

【特征】

晶粒度是指晶粒大小的尺度。晶粒度粗大是指焊缝晶粒大于相关标准要求。一般情况下晶粒度越小则晶粒越粗大，强度和硬度越低，同时塑性和韧性也越差。图 3-3-3 所示为不同等级的晶粒度大小。

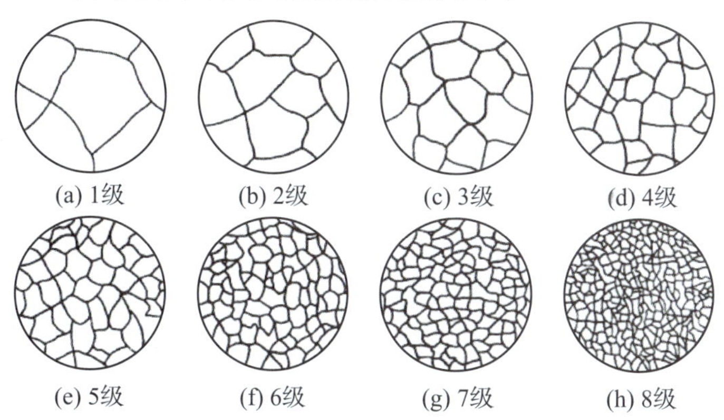


图 3-3-3　晶粒度评级（图示为金相显微镜放大 100 倍示意）

【检验方法】

依据标准《金属平均晶粒度测定方法》(GB/T 6394—2017)规定的要求进行检验。

【判定依据】

闪光焊依据标准《钢轨焊接　第 2 部分：闪光焊接》（TB/T 1632.2—2014）中表 2 判定：轨头和轨底角边缘部位晶粒度不应低于 8 级，轨底三角区不应低于 6 级。

气压焊依据标准《钢轨焊接　第 4 部分：气压焊接》（TB/T 1632.4—2014）中表 2 判定：焊缝晶粒度不应低于 6 级。

【产生原因】

1. 焊接后热处理位置未完全对正焊缝处。

2. 热处理工艺参数不合理。

【处理方法】

在型式检验/生产检验中出现晶粒度不合格时，应查找存在的问题，保证焊机处于正常状态，调整焊接和热处理工艺，按规定要求重做型式检验/生产检验。

【预防措施】

热处理时要将线圈对准焊缝，设置合理的焊接及热处理工艺。

## 三、软化区宽度超标（闪光焊、气压焊、铝热焊） ★
## Width of softening zone exceeds the standard requirements

【特征】

软化区是指受热影响而硬度值低于未受热影响的钢轨母材硬度平均值的区域。软化区宽度超标是指软化区宽度大于标准要求。

【检验方法】

软化区宽度的检测范围如图 3-3-4 和图 3-3-5 所示。

图 3-3-4　软化区宽度测量位置

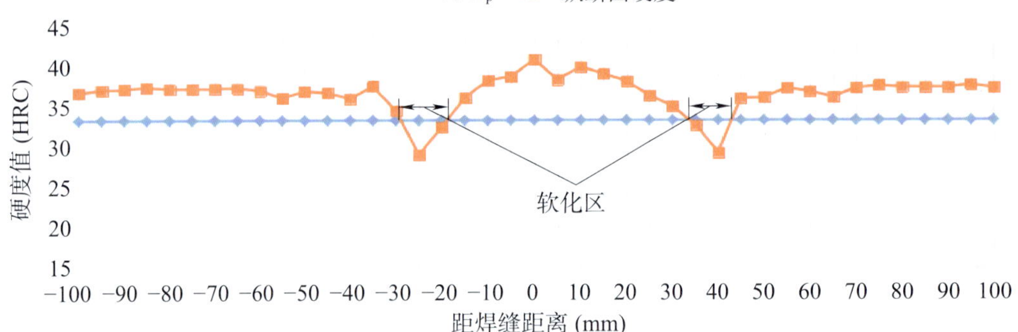


图 3-3-5　软化区计算示意

1. 闪光焊、气压焊

依据标准《钢轨焊接　第 2 部分：闪光焊接》(TB/T 1632. 2—2014)第 4. 8 条和《钢轨焊接　第 4 部分：气压焊接》(TB/T 1632. 4—2014)第 4. 8 条规定的方法执行。利用纵断面硬度试样(图 3-3-6)进行宏观检验，用 5%硝酸酒精浸蚀试样测试表面，使测试表面出现肉眼可见的焊缝及焊缝两侧的热影响区与母材交界线；再利用测试线 1 上的各测点硬度值在坐标轴图上绘制成硬度曲线，在焊缝两侧分别将硬度值低于 0. 9$H_p$($H_p$ 为母材平均硬度)作为软化宽度(记为 $w$)。

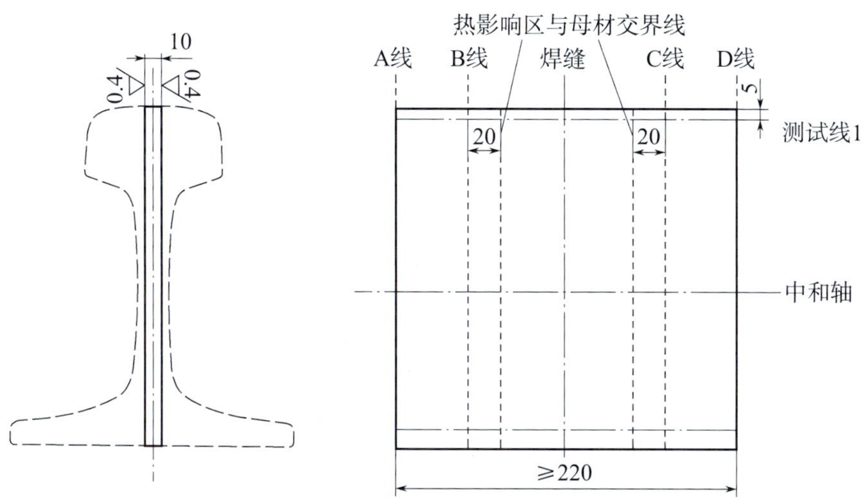


图 3-3-6　纵断面硬度试验取样示意(单位:mm)

2. 铝热焊

依据标准《钢轨焊接　第 3 部分:铝热焊接》(TB/T 1632.3—2019)中第 5.6.2 条及附录 B 的规定,取焊接接头纵向断面(图 3-3-7),在一条距轨顶面 4 mm 的纵向直线上检测维氏硬度或洛氏硬度,从两侧熔合线开始逐渐延伸至未受热影响的母材 20 mm 处,测点间距为 2 mm。将得到的硬度测量值记录在(坐标)图上(图 3-3-8),再根据钢轨母材的平均硬度值(在未受影响的钢轨母材上测量不少于 10 点硬度值,其平均值即为母材的平均硬度值,如图 3-3-8 中线 1),向下平移 $X$ 硬度值(取值见表 3-3-1),得到软化区宽度测量线(图 3-3-8 中线 2),图 3-3-8 中 $A$ 点与 $B$ 点的距离为软化区宽度(记为 $w$)。

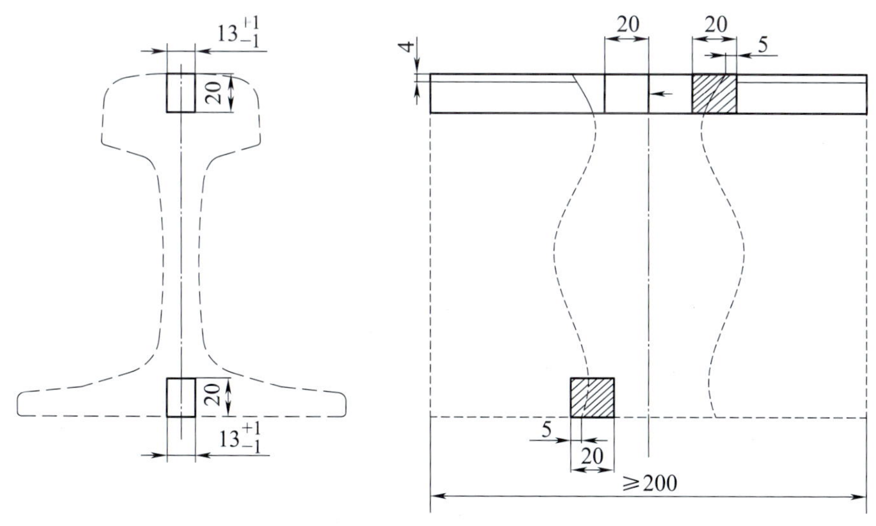


图 3-3-7　软化宽度试验取样位置示意(单位:mm)

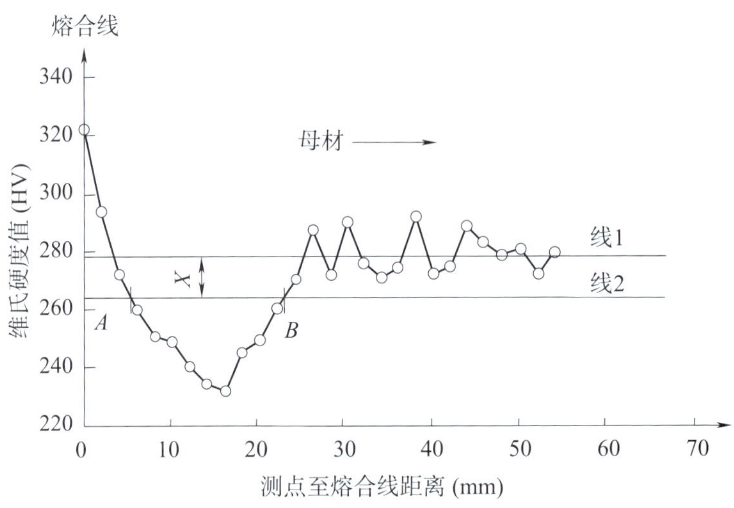


图 3-3-8　软化宽度测量方法示意

**表 3-3-1　*X* 取值**

| 物 理 量 | 热 轧 轨 | 热处理轨 |
| --- | --- | --- |
| 维氏硬度 | 10 | 25 |
| 洛氏硬度 | 1.5 | 3.0 |

【判定依据】

1. 闪光焊、气压焊

依据标准《钢轨焊接　第 2 部分：闪光焊接》(TB/T 1632.2—2014)第 3.5 条与《钢轨焊接　第 4 部分：气压焊接》(TB/T 1632.4—2014)第 3.5 条判定：焊缝两侧软化区宽度 $w \leqslant 20$ mm。

2. 铝热焊

依据标准《钢轨焊接　第 3 部分：铝热焊接》(TB/T 1632.3—2019)第 5.6.2 条判定：热轧钢轨焊缝两侧软化区宽度 $w \leqslant 20$ mm，热处理钢轨焊缝两侧软化区宽度 $w \leqslant 30$ mm。

【产生原因】

1. 焊接工艺出现波动，导致接头硬度明显降低。

2. 热处理感应器变形或损坏，热处理设备出现变化。

【处理方法】

在型式检验/生产检验中出现软化区宽度不合格时，应查找存在的问题，保证焊机处于正常状态，调整焊接和热处理工艺，按规定要求重做型式检验/生产检验。

【预防措施】

设置合理的焊接及热处理工艺，保证热处理设备状态正常。

## 四、硬度不合格（闪光焊、气压焊、铝热焊） ★
### Hardness incompatibility

【特征】

焊接接头的硬度平均值相较于母材硬度平均值过大或过小；或软点硬度平均值过低。

【检验方法】

踏面和纵断面硬度检测如图 3-3-9 和图 3-3-10 所示。

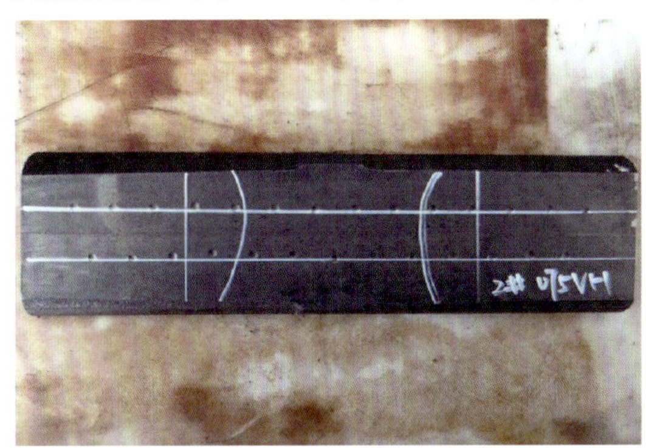

图 3-3-9 轨顶面硬度测试位置

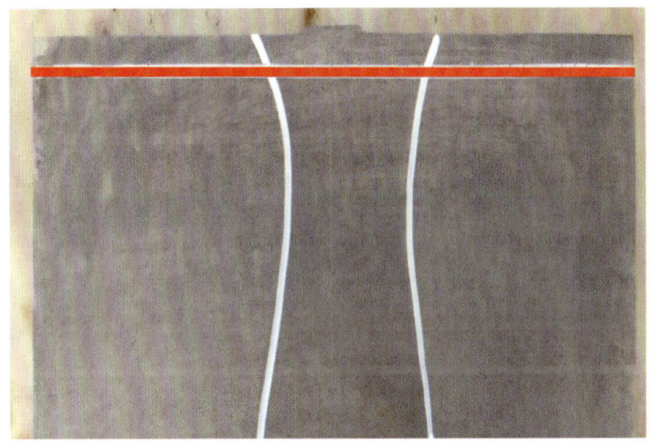

注：红色线条上方为接头纵断面硬度测试位置。

图 3-3-10 测试线 1 取点

闪光焊、气压焊依据标准《钢轨焊接 第 2 部分：闪光焊接》（TB/T 1632.2—2014）第 4.8 条与《钢轨焊接 第 4 部分：气压焊接》（TB/T 1632.4—2014）第 4.8 条的方法执行。

1. 轨顶面硬度。取样位置及测点分布如图 3-3-11 所示，焊缝位于试样长度中心。在焊接接头轨顶面上磨掉 1 mm 后，检测布氏硬度，布氏硬度试验方法按 GB/T 231.1—2018 规定进行。

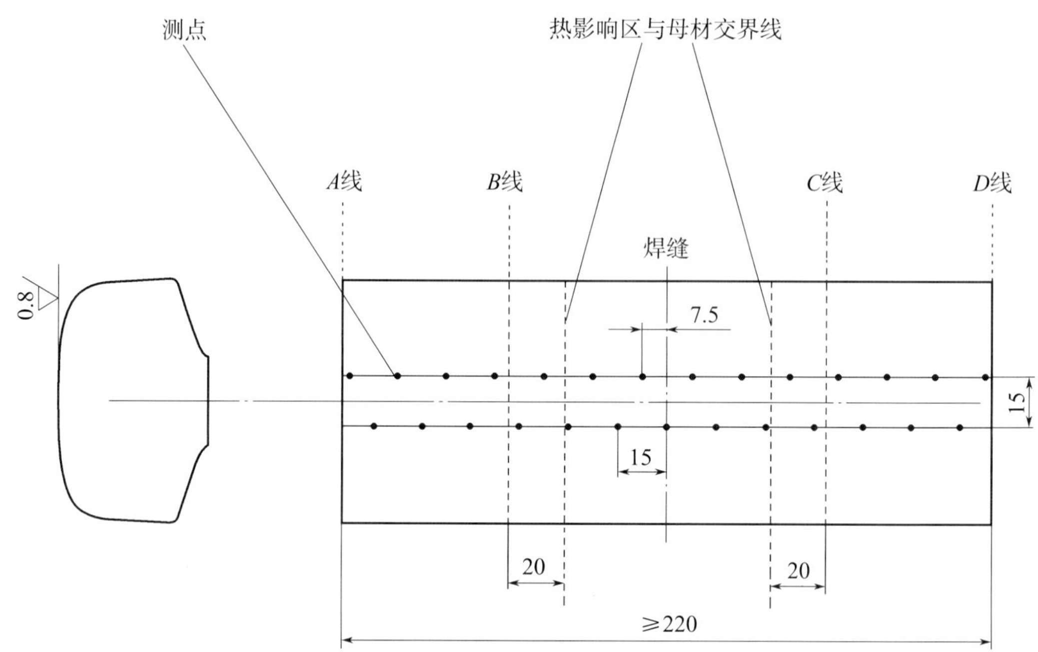


图 3-3-11 轨顶面硬度试验取样示意(单位:mm)

2. 纵断面硬度。取样位置如图 3-3-6 所示,焊缝位于试样长度中心。测试纵断面上轨头(测试线 1)的硬度值,测点以焊缝为中心向左右两侧对称排列,测点间距 5 mm。焊接接头纵断面检测可采用洛氏硬度或维氏硬度,洛氏硬度试验方法按 GB/T 230.1—2018 进行,采用 HRC 标尺;维氏硬度试验方法按 GB/T 4340.1—2009 进行。

3. 数据处理。测试后,用 5%硝酸酒精浸蚀试样测试表面,使测试表面出现肉眼可见的焊缝及焊缝两侧热影响区与母材交界线,以交界线为基准,如图 3-3-6 和图 3-3-11 所示确定 *B*、*C* 两条段。计算 *AB* 和 *CD* 间测点硬度的平均值,作为母材的硬度平均值,记为 $H_P$;计算 *BC* 间测点(含 *B*、*C* 线上的测点)硬度的平均值,作为焊接接头的硬度平均值,记为 $H_J$;将 *BC* 间小于 $0.9H_P$ 的测点硬度值取平均,作为软点的硬度平均值,记为 $H_{J1}$。

铝热焊依据标准《钢轨焊接 第 3 部分:铝热焊接》(TB/T 1632.3—2019)第 5.6.1 条的方法执行。

焊缝硬度试验在轨顶面焊缝中心横向位置(图 3-3-12)进行,检测 3 点布氏硬度,计算平均硬度值,记为焊缝硬度;在焊缝两侧母材上按图示位置分别检测 3 点,计算平均硬度值,记为母材平均硬度 $H_P$,试验方法按 GB/T 231.1—2018 的规定执行。

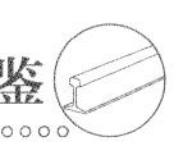

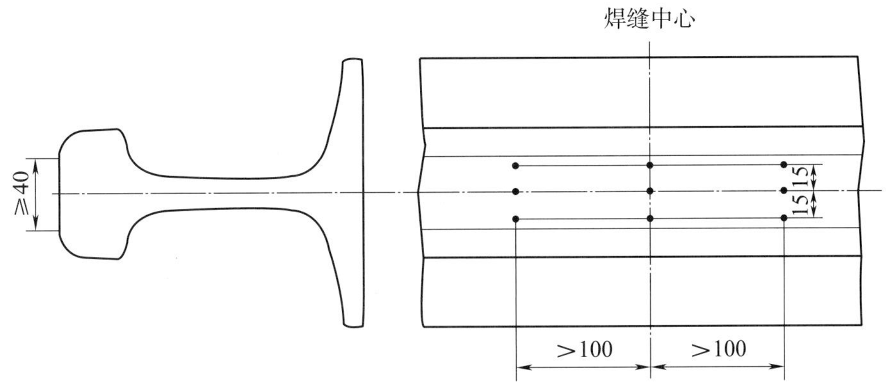


图 3-3-12　焊缝布氏硬度试验位置示意(单位:mm)

【判定依据】

1. 闪光焊、气压焊

依据标准《钢轨焊接　第 2 部分:闪光焊接》(TB/T 1632.2—2014)第 3.5 条与《钢轨焊接　第 4 部分:气压焊接》(TB/T 1632.4—2014)第 3.5 条判定。

令 $H_P$ 为母材硬度平均值,$H_J$ 为焊接接头硬度平均值,$H_{J1}$ 为焊接接头软点硬度平均值,焊缝硬度应满足以下要求。

(1)热轧钢轨:轨顶面及测试线 1 应满足 $1.10H_P \geqslant H_J \geqslant 0.95H_P$,$H_{J1} \geqslant 0.80H_P$。

(2)热处理钢轨:轨顶面及测试线 1 应满足 $H_J \geqslant 0.9H_P$,$H_{J1} \geqslant 0.80H_P$。

2. 铝热焊

依据标准《钢轨焊接　第 3 部分:铝热焊接》(TB/T 1632.3—2019)中表 1 判定,热轧钢轨为 $H_P+20$(HBW 10/3 000);热处理钢轨为 $H_P-40 \sim H_P+20$(HBW 10/3 000)。

【产生原因】

1. 热处理工艺参数不合理。

2. 热处理设备问题,如感应线圈变形、喷风系统故障等。

【处理方法】

在型式检验/生产检验中出现硬度不合格时,应排查存在的问题,保证焊机处于正常状态,调整焊接和热处理工艺参数,按规定要求重做型式检验/生产检验。

【预防措施】

设置合理的热处理工艺,保证热处理设备状态正常。

## 五、落锤不合格（闪光焊、气压焊） ★★

**Drop weight test exceeds the standard requirements**

【特征】

焊接接头在进行落锤试验（即用质量为 1 000 kg±5 kg 的锤头，自标准高度自由落下锤击焊缝中心）时，在标准规定的锤击次数内接头试样断裂。

【检验方法】

依据标准《钢轨焊接　第 1 部分：通用技术条件》（TB/T 1632.1—2014）第 9 章检验。以焊缝为中心，两端锯切加工制成 1.2～1.6 m 的试件，检查试件平直度和表面质量，并对试件进行探伤，均符合《钢轨焊接　第 1 部分：通用技术条件》（TB/T 1632.1—2014）中规定要求后，在试件温度 10～50 ℃的条件下（当试验环境温度低于 10 ℃时，试件温度应接近 50 ℃），使用落锤机进行试验（试件的轨头向上，平放在试验机的两固定支座上，支距 1 m，焊缝居中），如图 3-3-13～图 3-3-15 所示。

图 3-3-13　落锤试验机

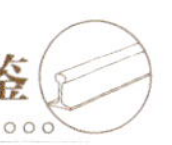

图 3-3-14　落锤试验

图 3-3-15　落锤后试样照片

【判定依据】

依据标准《钢轨焊接　第 2 部分：闪光焊接》（TB/T 1632.2—2014）第 3.5 条与《钢轨焊接　第 4 部分：气压焊接》（TB/T 1632.4—2014）第 3.5 条判定，具体见表 3-3-2。

**表 3-3-2　钢轨闪光焊、气压焊接接头落锤质量要求**

| 项目 | 要　　求 | | |
|---|---|---|---|
| 落锤 | 50 kg/m 钢轨 | 60 kg/m 钢轨 | 75 kg/m 钢轨 |
| | $h$=4.2 m，1 次不断<br>或 $h$=2.5 m，2 次不断 | $h$=5.2 m，1 次不断<br>或 $h$=3.1 m，2 次不断 | $h$=6.4 m，1 次不断<br>或 $h$=3.8 m，2 次不断 |

【产生原因】

1. 焊接工艺制定不合理，焊机状态改变，如绝缘性变差，个别控制单元损坏等，焊接工艺参数与焊机实际状态不匹配。

2. 热处理工艺参数不合理。

3. 其他加工设备状态改变，如感应器变形、损坏，喷风系统不稳定等。

4. 焊接接头内部有缺陷，如灰斑、夹杂、未焊合等。

5. 焊接接头外部有缺陷，如推凸划伤焊缝、磨亏、裂纹、焊渣挤入焊缝等。

【处理方法】

在型式检验/生产检验中出现落锤不合格时，应查找存在的问题，保证焊机处于正常状态，调整焊接和热处理工艺，按规定要求重做型式检验/生产检验。

【预防措施】

1. 加强设备检查和保养，确保设备状态正常。

2. 设置合理的焊接及热处理工艺。

## 六、静弯不合格(闪光焊、气压焊、铝热焊) ★

**Static bending test results exceeds the standard requirements**

【特征】

焊接接头在进行静弯试验时,未达到标准承载力前就已经断裂。

【检验方法】

依据标准《钢轨焊接　第 1 部分:通用技术条件》(TB/T 1632.1—2014)第 10 章检验。

以焊缝为中心,两端锯切加工制成 1.2 ~ 1.3 m 的试件,检查试件平直度和表面质量,并对试件进行探伤,均符合《钢轨焊接　第 1 部分:通用技术条件》(TB/T 1632.1—2014)中规定要求后,在试件温度 10 ~ 40 ℃的条件下(试验环境温度为室温),使用静弯试验机进行试验(将试件置于支距 1 m 的支座上,焊缝居中,焊缝中心承受集中载荷;压头移动速度应不大于 1.0 m/s 或加载速率应不大于 80 kN/s)。试验过程如图 3-3-16 所示,静弯后的试样如图 3-3-17 所示。

图 3-3-16　静弯试验

图 3-3-17　轨顶受力后的接头合格

【判定依据】

1. 闪光焊、气压焊

依据标准《钢轨焊接　第 2 部分:闪光焊接》(TB/T 1632.2—2014)第 3.5 条与《钢轨焊接　第 4 部分:气压焊接》(TB/T 1632.4—2014)第 3.5 条判定,具体见表 3-3-3。

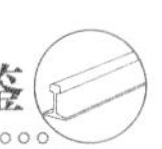

表 3-3-3　钢轨闪光焊、气压焊接接头静弯质量要求

| 项目 | | 要求 | | |
|---|---|---|---|---|
| | | 50 kg/m 钢轨 | 60 kg/m 钢轨 | 75 kg/m 钢轨 |
| 静弯 | 轨头受压 | $F \geqslant$1 200 kN,不断 | $F \geqslant$1 450 kN,不断 | $F \geqslant$1 850 kN,不断 |
| | 轨头受拉 | $F \geqslant$1 100 kN,不断 | $F \geqslant$1 300 kN,不断 | $F \geqslant$1 600 kN,不断 |

2. 铝热焊

依据标准《钢轨焊接　第 3 部分:铝热焊接》(TB/T 1632.3—2019)中表 1 判定(接头应加载直至断裂),具体见表 3-3-4。

表 3-3-4　钢轨铝热焊接接头静弯质量要求

| 项目 | | 要求 | | |
|---|---|---|---|---|
| | | 50 kg/m 钢轨 | 60 kg/m 钢轨 | 75 kg/m 钢轨 |
| 静弯 | 轨头受压 | $F \geqslant$900 kN,<br>$f_{max} \geqslant$10 mm | (1)880 MPa 级钢轨:<br>$F \geqslant$1 200 kN,$f_{max} \geqslant$10 mm;<br>(2)980 MPa 级钢轨:<br>$F \geqslant$1 300 kN,$f_{max} \geqslant$10 mm | (1)880 MPa 级钢轨:<br>$F \geqslant$1 500 kN,$f_{max} \geqslant$10 mm;<br>(2)980 MPa 级钢轨:<br>$F \geqslant$1 600 kN,$f_{max} \geqslant$10 mm |
| | 轨头受拉 | $F \geqslant$700 kN,<br>$f_{max} \geqslant$10 mm | (1)880 MPa 级钢轨:<br>$F \geqslant$1 100 kN,$f_{max} \geqslant$10 mm;<br>(2)980 MPa 级钢轨:<br>$F \geqslant$1 200 kN,$f_{max} \geqslant$10 mm | (1)880 MPa 级钢轨:<br>$F \geqslant$1 400 kN,$f_{max} \geqslant$10 mm;<br>(2)980 MPa 级钢轨:<br>$F \geqslant$1 500 kN,$f_{max} \geqslant$10 mm |

【产生原因】

1. 焊接工艺制定不合理,焊机状态改变,如绝缘性变差,个别控制单元损坏等,焊接工艺参数与焊机实际状态不匹配。

2. 热处理工艺参数不合理。

3. 设备状态改变,如感应器变形、损坏、喷风系统不稳定等。

4. 焊接接头内部有缺陷,如灰斑、夹杂、未焊合等。

5. 焊接接头外部有缺陷,如推凸划伤焊缝、磨亏、裂纹、焊渣挤入焊缝等。

【处理方法】

在型式检验/生产检验中出现静弯不合格时,应排查存在的问题,保证焊机处于正常状态,调整焊接和热处理工艺,按规定要求重做型式检验/生产检验。

【预防措施】

设置合理的焊接及热处理工艺。

## 七、拉伸不合格(闪光焊、气压焊、铝热焊) ★

**Tensile property exceeds the standard requirements**

【特征】

焊接接头在进行拉伸性能试验时,未达到标准抗拉强度前就已断裂,或断后伸长率小于标准要求。

【检验方法】

依据标准《钢轨焊接　第 1 部分:通用技术条件》(TB/T 1632.1—2014)第 12 章检验。

焊接接头拉伸试验取样位置如图 3-3-18 所示,拉伸试样取样数量为9 个。拉伸试样采用直径 $d_0=10$ mm、$l_0=10d_0$ 的比例试样。试样加工尺寸及试验方法按《焊接接头拉伸试验方法》(GB/T 2651—2008)和《金属材料　拉伸试验　第 1 部分:室温试验方法》(GB/T 228.1—2021)规定执行。分别记录抗拉强度和断后伸长率,将 9 个试样的抗拉强度平均值 $R_m$、断后伸长率平均值 $A$ 作为试验结果。

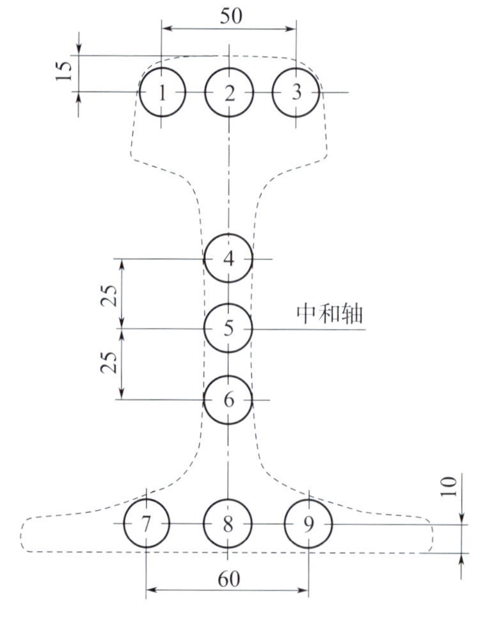


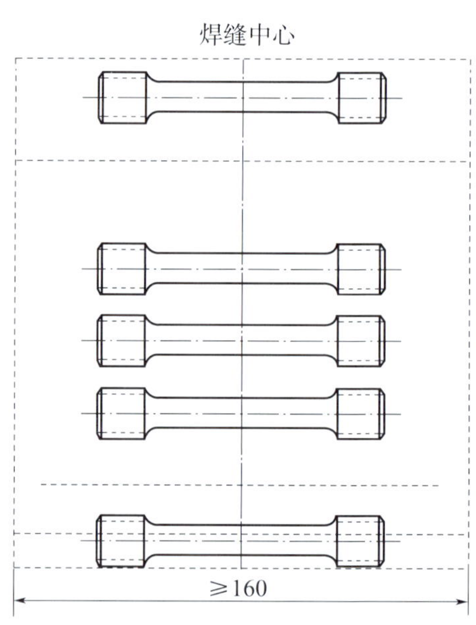


图 3-3-18　拉伸试验取样位置示意(单位:mm)

【判定依据】

1. 闪光焊、气压焊

依据标准《钢轨焊接　第 2 部分:闪光焊接》(TB/T 1632.2—2014)第 3.5

条与《钢轨焊接　第4部分：气压焊接》(TB/T 1632.4—2014)第3.5条判定，具体见表3-3-5。

**表3-3-5　钢轨闪光焊、气压焊接接头拉伸性能质量要求**

| 项目 | 要求 | | |
|---|---|---|---|
| | 50 kg/m钢轨 | 60 kg/m钢轨 | 75 kg/m钢轨 |
| 拉伸性能 | 880 MPa级，$R_m \geq 800$ MPa；980 MPa级，$R_m \geq 880$ MPa；1 080 MPa级，$R_m \geq 980$ MPa；$A \geq 6\%$ | | |

2. 铝热焊

依据标准《钢轨焊接　第3部分：铝热焊接》(TB/T 1632.3—2019)中表1判定(接头应加载直至断裂)，具体见表3-3-6。

**表3-3-6　钢轨铝热焊接接头拉伸性能质量要求**

| 项目 | 要求 | | |
|---|---|---|---|
| | 50 kg/m钢轨 | 60 kg/m钢轨 | 75 kg/m钢轨 |
| 拉伸性能 | 880 MPa级，$R_m \geq 710$ MPa；980 MPa级，$R_m \geq 780$ MPa | | |

【产生原因】

1. 焊接工艺制定不合理，焊机状态改变，如绝缘性变差、个别控制单元损坏等，焊接工艺参数与焊机实际状态不匹配。

2. 热处理工艺参数不合理，设备状态改变，如感应器变形、损坏，喷风系统不稳定等。

3. 焊接接头内部有缺陷，如灰斑、夹杂、未焊合等。

【处理方法】

在型式检验/生产检验中出现拉伸性能不合格时，应排查存在的问题，保证焊机处于正常状态，调整焊接和热处理工艺，按规定要求重做型式检验/生产检验。

【预防措施】

设置合理的焊接及热处理工艺。

## 八、热影响区宽度不合格(闪光焊、气压焊) ★

**Width of heat effected zone exceeds the standard requirements**

【特征】

热影响区宽度不合格主要是指焊接接头热处理后的热影响区未覆盖原焊接热影响区,存在热影响区的形状关于焊缝熔合线不对称,局部宽度过窄导致未覆盖,"瓶形"热影响区和不对称热影响区分别如图 3-3-19 和图 3-3-20 所示。

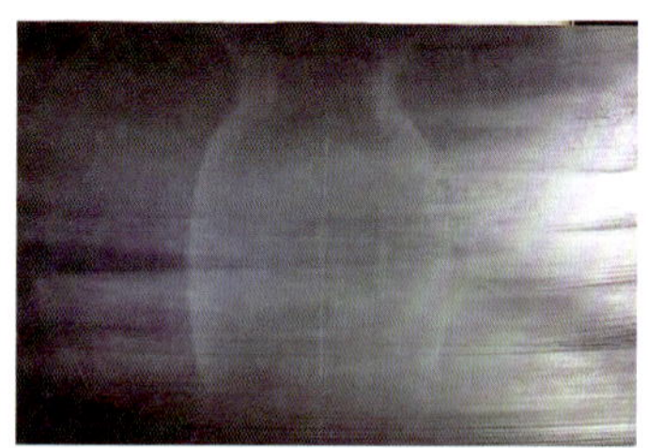

图 3-3-19 "瓶形"热影响区

图 3-3-20 不对称热影响区

【检验方法】

依据标准《钢轨焊接 第 2 部分:闪光焊接》(TB/T 1632.2—2014)第 4.9 条与《钢轨焊接 第 4 部分:气压焊接》(TB/T 1632.4—2014)第 4.9 条检验:利用纵断面硬度试样进行宏观检验,用 5%硝酸酒精浸蚀纵断面硬度试样表面,观察焊缝两侧的热影响区与母材交界线。

【判定依据】

依据标准《钢轨焊接 第 2 部分:闪光焊接》(TB/T 1632.2—2014)第 3.5 条与《钢轨焊接 第 4 部分:气压焊接》(TB/T 1632.4—2014)第 3.5 条判定,具体见表 3-3-7。

表 3-3-7 钢轨闪光焊、气压焊接接头宏观质量要求

| 项目 | 要求 | | |
|---|---|---|---|
| | 50 kg/m 钢轨 | 60 kg/m 钢轨 | 75 kg/m 钢轨 |
| 宏观 | 焊接接头热处理后的热影响区应覆盖原焊接热影响区 | | |

【产生原因】

热处理工艺参数不合理;设备状态改变,如感应器变形、损坏,喷风系统不稳定等。

【处理方法】

在型式检验/生产检验中出现热影响区不合格时,应保证设备处于正常状态,调整热处理工艺,按规定要求重做型式检验/生产检验。

【预防措施】

设置合理的热处理工艺。

## 九、冲击性能不合格（闪光焊、气压焊）★
## Unqualified impact performance

【特征】

在冲击载荷作用下，焊接接头抵抗破坏的能力不满足标准要求。

【检验方法】

依据标准《钢轨焊接　第 1 部分：通用技术条件》（TB/T 1632.1—2014）第 13 章规定的方法检验。

采用冲击试验机（图 3-3-21）进行试验，试样如图 3-3-22 所示，焊接接头冲击试验取样位置如图 3-3-23 所示，冲击试样取样数量为 14 个。冲击试样加工尺寸及试验方法按《金属材料焊缝破坏性试验　冲击试验》（GB/T 2650—2022）和《金属材料　夏比摆锤冲击试验方法》（GB/T 229—2020）规定检验。U 形缺口应在焊缝中心位置。试验在常温下进行，将 14 个试样的冲击能量平均值 $KU_2$ 作为试验结果。

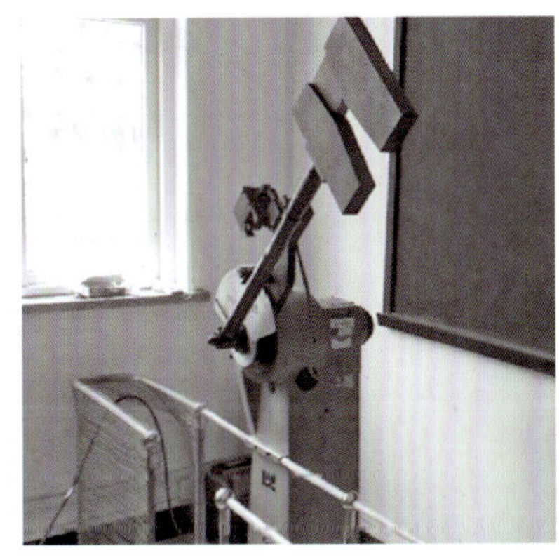

图 3-3-21　冲击试验机

图 3-3-22　冲击试样

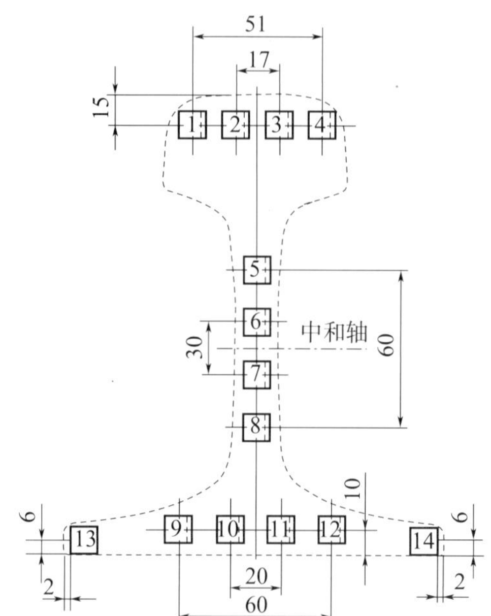


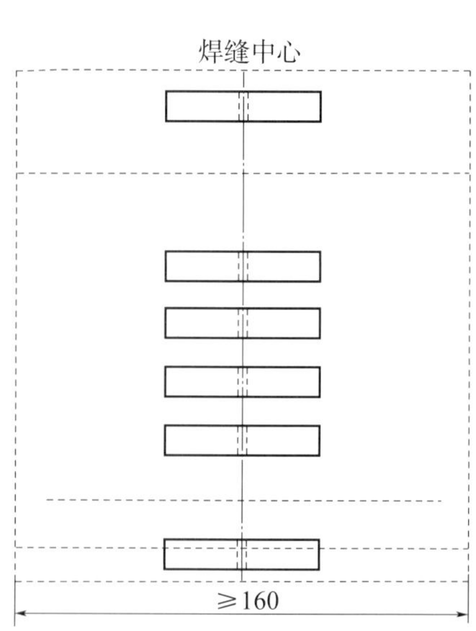


图 3-3-23　冲击试验取样位置示意(单位:mm)

【判定依据】

依据标准《钢轨焊接　第 2 部分:闪光焊接》(TB/T 1632.2—2014)第 3.5 条与《钢轨焊接　第 4 部分:气压焊接》(TB/T 1632.4—2014)第 3.5 条判定,具体见表 3-3-8。

**表 3-3-8　钢轨闪光焊、气压焊接头冲击性能质量要求**

| 项　　目 | 要　　求 | | |
|---|---|---|---|
| | 50 kg/m 钢轨 | 60 kg/m 钢轨 | 75 kg/m 钢轨 |
| 冲击性能 | $KU_2 \geqslant 6.5$ J | | |

【产生原因】

1. 焊接接头内部存在化学成分偏析。

2. 热处理工艺未消除接头热影响区粗大晶粒。

【处理方法】

在型式检验/生产检验中出现冲击性能不合格时,应保证设备处于正常状态,调整焊机和热处理工艺参数,按规定要求重做型式检验/生产检验。

【预防措施】

设置合理的焊接及热处理工艺。

# 第四章 钢轨使用伤损图鉴

钢轨在使用过程中主要有三种情况会导致伤损产生，一是钢轨母材生产或焊接过程中产生的缺陷或伤损在使用中加剧，二是在铺设过程中由于施工或作业不当等原因导致的伤损，三是钢轨在上线使用过程中出现的伤损，包括正常使用接近更换周期前出现的伤损或偶发伤损，以及因使用或维护不当出现的伤损等。本章列出的伤损除附有伤损图或示意图外，还对伤损的特征、检验方法、产生原因、发展结果、处理方法及预防措施等进行了描述。每个伤损根据经验总结按照出现的频次由高到低分为常见(★★★)、一般(★★)和少见(★)，在伤损名称后进行标注，供读者参考。

## 第一节　主要出现在轨头的伤损

### 一、磨耗　★★★
### Wear

【特征】

磨耗是指钢轨轨头金属磨损或塑性变形，如图 4-1-1 和图 4-1-2 所示，从轨头形貌来看是横截面积的减少，按照磨耗部位的不同，分为垂直磨耗和侧面磨耗。

图 4-1-1　磨耗

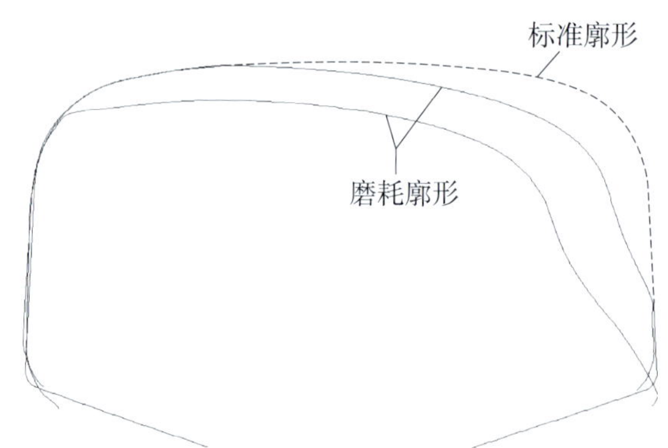


图 4-1-2　磨耗廓形与标准廓形比对示意

【检验方法】

垂直磨耗在钢轨轨顶面宽 1/3 处（按照标准断面距工作边 1/3 处）测量，侧面磨耗在钢轨踏面（按标准断面）下 16 mm 处测量，总磨耗＝垂直磨耗＋1/2×侧面磨耗，按照检测设备类别可以分为纯机械卡尺测量、传感器检测和

机器视觉检测。

1. 纯机械卡尺测量如图 4-1-3 所示，测量前先把尺子归零，测量时将卡尺正放在轨头上，将指针压下顶住钢轨表面，读出数值即可。

图 4-1-3　磨耗尺测量示意

2. 廓形仪（图 4-1-4）是最常用的接触式传感器检测方式，通过传感器输出钢轨廓形坐标间接得出钢轨廓形尺寸，再与标准钢轨断面曲线进行比对，得到实际的磨损值。

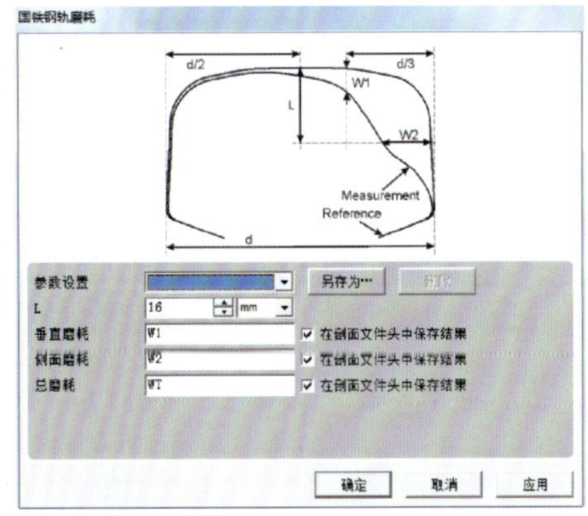


图 4-1-4　廓形仪测量示意

3. 机器视觉检测是一种非接触式测量手段，测量系统基于光学三角法，由高强度激光平面对准钢轨进行照射，在钢轨表面形成表征钢轨断面特征的图形，经 CCD 摄像机（CCD 是电荷耦合器件的简称，它能够将光线变为电荷并将电荷存储及转移，也可将存储之电荷取出使电压发生变化）采集存入计算机，通过图像处理得到廓形形状，从而计算廓形磨耗值。该测量方式效率较高，随着检测技术的发展，可以与打磨车和轨检车相结合形成动态检测，或者研发成便携式测量设备。

普速铁路钢轨头部磨耗最大允许值依据《普速铁路线路修理规则》(TG/GW 102—2019)第3.6.3条执行,见表4-1-1～表4-1-3;道岔辙叉按照《普速铁路线路修理规则》(TG/GW 102—2019)第3.9.13条执行,见表4-1-4和表4-1-5。

**表4-1-1 普速铁路钢轨头部垂直磨耗轻伤与重伤判定标准(mm)**

| 钢轨(kg/m) | 轻伤 | | | | 重伤 | | |
|---|---|---|---|---|---|---|---|
| | $v_{max}$>160 km/h正线 | 160 km/h≥$v_{max}$>120 km/h正线 | $v_{max}$≤120 km/h正线及到发线 | 其他站线 | $v_{max}$>160 km/h正线 | 160 km/h≥$v_{max}$>120 km/h正线 | $v_{max}$≤120 km/h正线及其他站线 |
| 75 | 8 | 9 | 10 | 11 | 10 | 11 | 12 |
| 75以下～60 | 8 | 9 | 9 | 10 | 10 | 11 | 11 |
| 60以下～50 | — | — | 8 | 9 | — | — | 10 |
| 50以下～43 | — | — | 7 | 8 | — | — | 9 |
| 43以下 | — | — | 7 | 7 | — | — | 8 |

**表4-1-2 普速铁路钢轨头部侧面磨耗轻伤与重伤判定标准(mm)**

| 钢轨(kg/m) | 轻伤 | | | | 重伤 | | |
|---|---|---|---|---|---|---|---|
| | $v_{max}$>160 km/h正线 | 160 km/h≥$v_{max}$>120 km/h正线 | $v_{max}$≤120 km/h正线及到发线 | 其他站线 | $v_{max}$>160 km/h正线 | 160 km/h≥$v_{max}$>120 km/h正线 | $v_{max}$≤120 km/h正线及其他站线 |
| 75 | 10 | 12 | 16 | 18 | 12 | 16 | 21 |
| 75以下～60 | 10 | 12 | 14 | 16 | 12 | 16 | 19 |
| 60以下～50 | — | — | 12 | 14 | — | — | 17 |
| 50以下～43 | — | — | 10 | 12 | — | — | 15 |
| 43以下 | — | — | 9 | 11 | — | — | 13 |

**表4-1-3 普速铁路钢轨头部总磨耗轻伤判定标准(mm)**

| 钢轨(kg/m) | 轻伤 | | | |
|---|---|---|---|---|
| | $v_{max}$>160 km/h正线 | 160 km/h≥$v_{max}$>120 km/h正线 | $v_{max}$≤120 km/h正线及到发线 | 其他站线 |
| 75 | 9 | 12 | 16 | 18 |
| 75以下～60 | 9 | 12 | 14 | 16 |
| 60以下～50 | — | — | 12 | 14 |
| 50以下～43 | — | — | 10 | 12 |
| 43以下 | — | — | 9 | 10 |

**表4-1-4 普速铁路高锰钢整铸辙叉垂直磨耗轻伤判定标准(mm)**

<table>
<tr><th rowspan="2">名称</th><th rowspan="2">轨型</th><th colspan="2">正线</th><th rowspan="2">到发线</th><th rowspan="2">其他站线</th></tr>
<tr><th>>120 km/h</th><th>其他</th></tr>
<tr><td rowspan="2">辙叉心宽40 mm断面处,辙叉心(不含翼轨加高部分)</td><td>50 kg/m及以下</td><td colspan="2">>4</td><td>>6</td><td>>8</td></tr>
<tr><td>60kg/m及以上</td><td>>4</td><td>>6</td><td>>8</td><td>>10</td></tr>
</table>

续上表

<table>
<tr><th rowspan="2">名 称</th><th rowspan="2">轨 型</th><th colspan="2">正线</th><th rowspan="2">到发线</th><th rowspan="2">其他站线</th></tr>
<tr><th>>120 km/h</th><th>其他</th></tr>
<tr><td colspan="2">可动心轨宽 40 mm 断面对应翼轨(不含翼轨加高部分)</td><td colspan="4" rowspan="2">>4</td></tr>
<tr><td colspan="2">可动心轨宽 20 mm 断面对应翼轨(不含翼轨加高部分)</td></tr>
</table>

**表 4-1-5 普速铁路高锰钢整铸辙叉垂直磨耗重伤判定标准(mm)**

<table>
<tr><th rowspan="2">名 称</th><th rowspan="2">轨 型</th><th colspan="2">正线</th><th rowspan="2">到发线</th><th rowspan="2">其他站线</th></tr>
<tr><th>>120 km/h</th><th>其他</th></tr>
<tr><td rowspan="2">辙叉心宽 40 mm 断面处，辙叉心(不含翼轨加高部分)</td><td>50 kg/m 及以下</td><td colspan="2">>6</td><td>>8</td><td>>10</td></tr>
<tr><td>60 kg/m 及以上</td><td>>6</td><td>>8</td><td>>10</td><td>>11</td></tr>
<tr><td colspan="2">可动心轨宽 40 mm 断面对应翼轨(不含翼轨加高部分)</td><td colspan="4" rowspan="2">>6</td></tr>
<tr><td colspan="2">可动心轨宽 20 mm 断面对应翼轨(不含翼轨加高部分)</td></tr>
</table>

高速铁路钢轨头部磨耗允许最大值按照表 4-1-6 执行。

**表 4-1-6 高速铁路钢轨头部磨耗轻伤和重伤判定标准**

<table>
<tr><th colspan="2" rowspan="2">名 称</th><th colspan="3">轻 伤</th><th colspan="2">重 伤</th></tr>
<tr><th>总磨耗(mm)</th><th>垂直磨耗(mm)</th><th>侧面磨耗(mm)</th><th>垂直磨耗(mm)</th><th>侧面磨耗(mm)</th></tr>
<tr><td colspan="2">钢 轨</td><td>9</td><td>8</td><td>10</td><td>10</td><td>12</td></tr>
<tr><td colspan="2">基本轨、翼轨、导轨</td><td>7</td><td>5</td><td>6</td><td>7</td><td>8</td></tr>
<tr><td rowspan="2">尖轨、心轨、叉跟尖轨</td><td>轨头宽度 10 mm 断面</td><td>—</td><td>—</td><td>2.5</td><td>—</td><td>3.5</td></tr>
<tr><td>轨头宽度 15 mm 及以上断面</td><td>6</td><td>4</td><td>6</td><td>6</td><td>8</td></tr>
</table>

注：(1)钢轨及道岔导轨、基本轨、翼轨、尖轨、心轨、叉跟尖轨全断面区段，垂直磨耗在钢轨顶面宽 1/3 处(距标准工作边)测量；尖轨、心轨、叉跟尖轨机加工区段，垂直磨耗在轨头最高点测量；翼轨，对应心轨实际尖端至翼轨光带末端范围内垂直磨耗在光带中心处测量。

(2)磨耗影响转换设备安装时，按重伤处理。

【产生原因】

轮轨磨耗一直伴随着铁路运输存在，在通过总质量较大的线路相对较为明显。磨耗的产生和发展与诸多因素有关，如轮轨间的作用力、轮轨材料理化性能等。轮轨间的作用力影响最大，轨道结构参数、轮轨型面、轨面状态、车辆构造等都会对磨耗产生影响。诸多学者对磨耗的影响因素进行了大量的相关研究，发现轨道结构不同对钢轨磨耗的影响也不相同，如曲线半径越小，钢轨磨耗增加，缓和曲线越长，可以改善线路衔接点的冲击，从而减少磨耗；设置不同的曲线超高则会对内外轨的磨耗有不同的影响；轨底坡则是通过改善轮轨关系而改善磨耗；轮轨摩擦作用也会影响磨耗，在不影响列车运行的前提下，降低钢轨摩擦系数可以降低磨耗；此外改善列车曲线通过性，优化轮轨匹配关系均可以降低磨耗。

【发展结果】

一般来说，磨耗会随着通过总质量的增加而增加，同时磨耗会与其他伤损的发展产生联系。当磨耗速率小于接触疲劳裂纹萌生速率时，钢轨表面会产生疲劳裂纹和剥离掉块(图 4-1-5)，易在轨距角轮轨接触部位产生疲劳裂纹或疲劳断裂，当磨耗速率大于接触疲劳裂纹萌生速率时，易导致磨耗超限；直线钢轨交替不均匀侧面磨耗会使轨道平顺性指标恶化，如图 4-1-6 所示。磨耗会对轮轨关系产生影响，影响线路运行的平稳性及安全性。

图 4-1-5　轨头磨耗导致的核伤

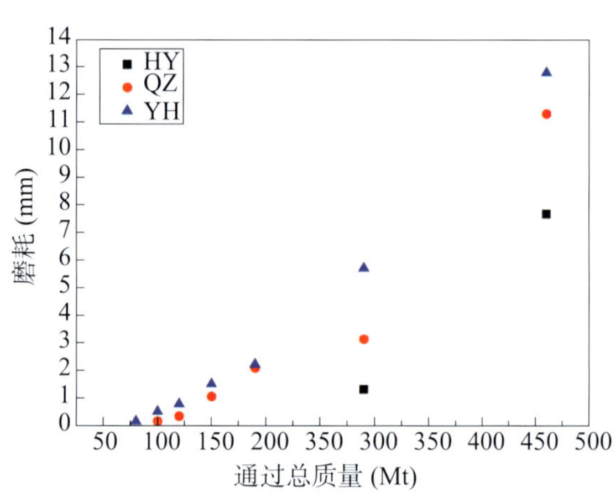


图 4-1-6　曲线上股钢轨缓圆、曲中、圆缓位置磨耗发展情况

【处理方法】

1. 对于磨耗速率较快的钢轨应进行预防性打磨，打磨前应调查待打磨地段钢轨状况，采用钢轨廓形仪或廓形模板测量，根据钢轨表面状态、钢轨伤损和轮轨接触情况，结合设计廓形制订打磨方案。大型养路机械打磨过程中，应及时对打磨后效果进行测量分析，及时调整打磨方案，确保按设计廓形打磨到位。钢轨打磨作业质量应符合钢轨打磨作业验收标准要求。

2. 超过重伤判定标准应更换钢轨。

【预防措施】

1. 调整轨道几何形位，以较好地匹配轮轨关系。

2. 通过钢轨润滑降低轮轨间的摩擦系数。

3. 通过打磨改善轮轨关系，减少磨耗。

4. 铺设高强度的合金钢轨或全长热处理钢轨。

## 二、肥边　★★★

**Rail lip**

【特征】

钢轨轨距角和侧面存在金属发生塑性流动造成横向溢出的情况，会伴有剥离掉块现象，在曲线下股较为明显，道岔尖轨也容易产生肥边，夹板连接的钢轨轨缝之间可能形成向轨缝发展的肥边。肥边如图 4-1-7 ~ 图 4-1-9 所示。

图 4-1-7　非工作边肥边

图 4-1-8　工作边肥边

图 4-1-9　向轨缝发展的肥边

【检验方法】

1. 目测并使用直尺或深度尺进行测量。

2. 使用廓形仪测量。

普速铁路钢轨肥边整治限值依据《普速铁路线路修理规则》(TG/GW 102—2019)第 3.6.12 条执行，高速铁路钢轨肥边整治限值按照相关规定执行，见表 4-1-7和表 4-1-8。

**表 4-1-7　普速铁路钢轨肥边整治限值(mm)**

| 名　称 | 限　值 | |
|---|---|---|
| | $v_{max}$>120 km/h | $v_{max}$≤120 km/h |
| 工作边或轨端肥边 | >1 | >2 |

**表 4-1-8　高速铁路钢轨肥边整治限制**

| 钢轨病害 | 病害程度 | 检查方法 |
|---|---|---|
| 钢轨肥边 | >0.3 mm | 直尺测量 |

【产生原因】

列车作用在钢轨上，由于应力超过了钢轨的屈服强度，轨头金属发生塑性变形从而形成了肥边，具体有以下原因：

1. 钢轨强度等级偏低，与列车轴重、运量不相匹配。

2. 曲线钢轨若超高设置过高，下股钢轨承受过大的载荷。

3. 普通接头、绝缘接头附近，由于接头处不平顺，加上钢轨轨端硬度偏低，导致肥边不仅向两端发展，而且向接头缝隙发展。

4. 由于尖轨尖端截面小，若尖轨与基本轨降低值不匹配，尖轨提前受力，轮轨接触压应力将超出尖轨轨面钢轨的屈服强度，导致尖轨表面金属塑性流动产生，形成尖轨肥边等。

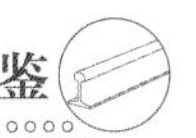

【发展结果】

1. 肥边产生后，若不及时进行修理，则会持续发展变大，影响列车运行。

2. 影响轨道状态检查，侧面（工作边）较大的肥边，会影响包括人工静态检查和轨检车动态检查对于轨距的测量。

3. 普通接头的轨端肥边会影响轨缝设置效果，造成瞎缝（接头缝隙闭合）；绝缘接头的肥边会导致绝缘轨端被挤压破裂，严重的肥边会导致绝缘接头连电，绝缘失效，产生红光带。

4. 尖轨产生肥边将导致尖轨和基本轨不密贴，扳动道岔时出现扳动不到位，道岔失效。列车通过时，挤压导致尖轨产生形变，尖轨与基本轨间存在的肥边会导致尖轨掉块等。

【处理方法】

1. 钢轨肥边可以使用打磨（或铣磨）处理，包括大机打磨和小机打磨两种。钢轨肥边大量存在时一般用大机打磨，肥边数量少或接头、尖轨处的肥边一般用小机打磨进行处理。对肥边进行打磨处理时，应进行廓形设计，优化轮轨接触关系，降低肥边再次产生的速度，接头处采用小机打磨处理时，打磨目标廓形可参考接头附近光带较为理想处的廓形，以打磨后光带宽度和位置与之相同为宜。尖轨肥边打磨时，要注意避免砂轮损伤基本轨。若伴随着其他较大钢轨病害，也可以采用钢轨铣磨的方式进行处理。钢轨打磨作业质量应符合钢轨打磨作业验收标准要求。钢轨肥边不得采用等离子设备进行切割。

2. 曲线超高设置导致的肥边，应在钢轨打磨的同时进行曲线参数优化，宜在调整超高设置后，再进行钢轨打磨。

3. 超过使用极限的钢轨应更换。

【预防措施】

1. 选用与运营条件相匹配的高强度等级钢轨，避免轮轨接触压应力超过钢轨屈服强度值，可以降低肥边的产生。

2. 合理设置曲线超高，避免下股钢轨承受过大的轮轨接触压应力。

3. 提高接头位置的平顺性，改善接头轨下弹性基础，降低车轮通过接头时的冲击载荷。

4. 对钢轨、接头进行周期性打磨，及时修复钢轨廓形，优化改善轮轨接触关系，能够延长肥边产生的周期，降低肥边发展速度。

5. 可以在尖轨上道前对尖轨与基本轨密贴面顶面进行倒棱，以预防尖轨肥边的产生。更换尖轨时，尽量同步更换基本轨；无法同步更换时，需要在更换后测量调整尖轨降低值，避免尖轨提前受力。

## 三、鱼鳞纹 ★★★
**Head checks**

【特征】

钢轨轨头踏面轨距角处密集分布的表面裂纹称为轮轨接触疲劳裂纹，因形貌呈现鱼鳞状，通常又被称为“鱼鳞纹”，较为常见，如图 4-1-10 所示。用手指顺着行车方向触摸鱼鳞纹时有刺手感。鱼鳞纹在轨距角踏面处萌生后，沿变形流线方向倾斜向下（通常为 10°～15°）发展，然后逐渐转向沿着纵向扩展，扩展深度与轨头踏面塑性变形层的深度有关。

图 4-1-10　鱼鳞纹

【检验方法】

1. 鱼鳞纹通过目视辅助手触检查。

2. 可以用涡流设备检测鱼鳞纹的分布密集程度，也能对深度进行评价，尤其适用于打磨后残留鱼鳞纹的检测。

【产生原因】

鱼鳞纹是一种滚动接触疲劳，当轨距角处轮轨接触应力超过钢轨的接触疲劳强度，疲劳裂纹萌生和扩展的速率大于轨头磨耗速率时，会导致鱼鳞纹的产生和发展。鱼鳞纹产生和发展的影响因素主要有两方面，一是轮轨接触应力过大，曲线参数设置不当、列车轴重过大、轮轨关系匹配不合理等均会导致早期鱼鳞纹的产生及鱼鳞纹的快速发展；二是钢轨强度偏低，轨头表面质量差、新制钢轨脱碳层的存在也会促进鱼鳞纹的产生和发展。

【发展结果】

1. 鱼鳞纹通常会发展成为剥离掉块，磨耗速率越慢，越容易发展成为剥离掉块。

2. 鱼鳞纹有可能向深度方向产生疲劳扩展，发展成为轨头横向疲劳裂纹（轨头核伤），从而引起钢轨折断。

【处理方法】

对存在鱼鳞纹的钢轨可根据情况进行修理性打磨，打磨方案应根据表面伤损程度及轮轨接触情况确定，打磨前应调查待打磨地段钢轨状况，采用钢轨廓形仪或廓形模板测量，根据钢轨表面状态、钢轨伤损和轮轨接触情况，结合设计廓形制订打磨方案。大机打磨过程中，应对打磨后效果进行测量分析，及时调整打磨方案，确保按设计廓形打磨到位。钢轨打磨作业质量应符合钢轨打磨作业验收标准要求。

【预防措施】

1. 使用与运营条件相匹配的高强度等级钢轨。

2. 改善轮轨关系，如根据列车运行情况选择轮轨关系匹配较好的廓形钢轨，通过打磨改善钢轨廓形等。

3. 加强轨道养护维修，优化曲线超高设置、改善轨底坡等。

4. 对钢轨进行合理润滑并控制轨顶面摩擦系数，以匹配最佳的钢轨磨损速率和鱼鳞纹扩展速率。

## 四、剥离掉块 ★★★

**Flaking and spalling**

【特征】

钢轨踏面由于金属脱落产生的凹坑，通常由接触疲劳裂纹(鱼鳞纹)扩展而产生，掉块后内部金属无法与车轮接触，颜色较深，轻微的掉块如同麻坑，严重的面积会覆盖整个钢轨光带块。钢轨轨端接头部位剥离掉块自轨端轨顶面产生并逐渐向远离轨端位置发展，一般产生于钢轨轨顶面，深度约为 5 ~ 20 mm，此伤损为开口伤损，掉块一般平行于轨面，也会形成不规则掉块。剥离掉块如图 4-1-11 所示。

(a)踏面剥离掉块

(b)接头夹板连接钢轨空隙处由于车轮撞击产生的剥离掉块

图 4-1-11　剥离掉块

【检验方法】

1. 采用目测进行定性判定，采用钢板尺确认其宽度及长度，深度尺测量凹坑深度。普速铁路钢轨剥离掉块依据《普速铁路线路修理规则》(TG/GW 102—2019)第 3. 6. 3 条判定，见表 4-1-9；高速铁路钢轨剥离掉块依据相关规定判定，见表 4-1-10。

表 4-1-9　普速铁路钢轨剥离掉块判定标准

| 伤损程度 | 轻伤 | | | 重伤 | | |
|---|---|---|---|---|---|---|
| 速度等级 | $v_{max}$>160 km/h | 160 km/h≥$v_{max}$>120 km/h | $v_{max}$≤120 km/h | $v_{max}$>160 km/h | 160 km/h≥$v_{max}$>120 km/h | $v_{max}$≤120 km/h |
| 判定标准 | 长度超过 15 mm 且深度超过 3 mm | 长度超过 15 mm 且深度超过 3 mm | 长度超过 15 mm 且深度超过 4 mm | 长度超过 25 mm 且深度超过 3 mm | 长度超过 25 mm 且深度超过 3 mm | 长度超过 30 mm 且深度超过 8 mm |

注：道岔上剥离掉块要求更严，如运行时速大于 120 km 的辙叉重伤标准是长度超过 30 mm 且深度超过 6 mm。

表 4-1-10　高速铁路钢轨头部磨耗轻伤和重伤判定标准

| 钢轨病害 | 病害程度 | 检查方法 | 整治方法 |
|---|---|---|---|
| 钢轨擦伤或剥离掉块 | 有 | 直尺、深度尺、硬度计、涡流探伤仪检测 | 深度≤1 mm，采取打磨处理；深度>1 mm，应尽快采取打磨（铣磨）或换轨处理 |

2. 使用超声波探伤检测，在剥离掉块发展初期，目视检查无明显异常，但可以使用超声波探伤进行检测，因掉块部位内部已形成空气间隙，0°通道或37°通道存在异常波，如图 4-1-12 所示。

图 4-1-12　剥离掉块前期超声波探伤回波

【产生原因】

剥离掉块是疲劳裂纹（鱼鳞纹）发展的结果。有研究表明，在轮轨接触范围内，最大接触应力出现在轨头表面上，最大剪应力出现在轨头踏面下的某一深度，金属疲劳理论认为，在足够大的交变应力作用下，金属中位置最不利或最弱的晶体，沿最大剪切力作用面形成滑移带，滑移带开裂形成微观裂纹，微观裂纹经过聚集沟通形成宏观裂纹，即裂纹的萌生。在接触应力循环作用下，裂纹向金属内部斜向下发展，在浅表层因发展受阻时出现二次分叉，一部分分叉裂纹向表面扩展，最终形成剥离掉块。剥离掉块的产生及严重程度不仅与钢轨材料的性能有关，而且与列车种类(机车类型、轴重等)及其运营速度、线路状态(曲线半径、超高等)、轮轨廓形匹配度、润滑状态和环境因素等均有关，如曲线半径较小时，更容易出现剥离掉块。接头部位剥离掉块主要源于接头区钢轨承受车轮较大的冲击载荷，钢轨接头养护工作不到位，造成道床板结、低接头、轨枕空吊、高低错牙，接头螺栓扭力不够或线路爬行，产生大轨缝等不良的接头状态，都会增加列车对接头的冲击力，使剥离掉块发生率上升。此外，轮轨表面的液体，如雨、油等浸入钢轨表面裂纹后，由于液体的挤压效应，将加速裂纹的扩展，形成剥离掉块。

【发展结果】

在钢轨使用过程中，剥离掉块底部残留的疲劳裂纹会持续扩展，导致剥离掉块深度、长度增加，若持续向深度方向扩展，会发展成为轨头核伤等伤损，严重的甚至会引起钢轨折断等。

【处理方法】

1. 剥离掉块应进行打磨(或铣磨)，打磨方案应根据表面伤损程度及轮轨接触情况确定，打磨后应保证伤损得到消除，打磨前应调查待打磨地段钢轨状况，采用钢轨廓形仪或廓形模板测量，根据钢轨表面状态、钢轨伤损和轮轨接触情况，结合设计廓形制订打磨方案。大机打磨过程中，应及时对打磨后效果进行测量分析，及时调整打磨方案，确保按设计廓形打磨到位。当成段钢轨表面伤损深度大于 0.5 mm 时，宜采用铣磨车作业。钢轨打磨作业质量应符合钢轨打磨作业验收标准要求。

2. 严重的剥离掉块应更换。

【预防措施】

1. 使用与运营条件相匹配的高强度等级钢轨，同时合理配轨，避免接头错边量过大。

2. 改善轮轨关系，如根据列车运行情况选择轮轨关系匹配较好的廓形钢轨，通过加强预防性打磨改善钢轨廓形，消除已产生的表面裂纹，减缓剥离掉块等病害。

3. 加强轨道养护维修，优化曲线超高设置，改善轨底坡，确保接头螺栓齐全有效、扣压力达标，出现接头翻浆冒泥、空吊等病害要及时安排线路整修。

4. 对钢轨进行合理地侧面润滑，并控制轨顶面摩擦系数以降低剥离掉块的发展速度。

## 五、轨头压溃 ★★★
## Crushed head

【特征】

轨头踏面呈扁平状，两侧有不同程度的肥边，伴随有程度不同的疲劳裂纹或剥离掉块，如图 4-1-13 和图 4-1-14 所示，常见于曲线下股钢轨。

图 4-1-13　轨头压溃

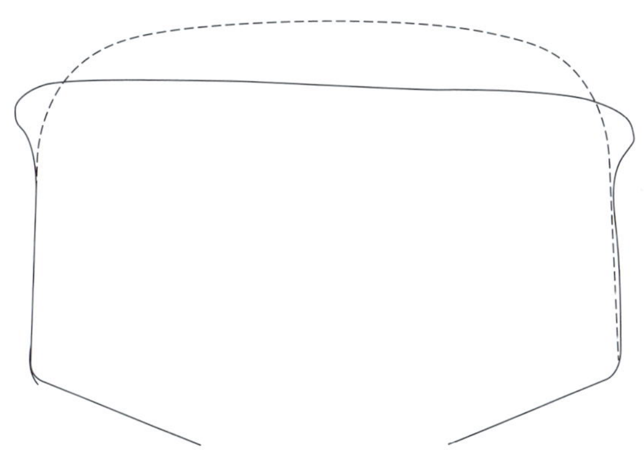

图 4-1-14　踏面压溃廓形示意

【检验方法】

1. 目测，使用机械卡尺或廓形仪测量。
2. 压溃参照垂直磨耗或剥离掉块中最严重的情况进行判定。

【产生原因】

钢轨轨头踏面的轮轨接触压应力大于钢轨的屈服极限导致钢轨轨头产生塑性变形。安定极限理论认为，新钢轨上道后，车轮初始压应力大于钢轨屈服强度，使钢轨轨面发生塑性变形，经一定的反复作用后接触应力值趋于稳定，随后当接触压应力大于安定极限，则持续的塑性变形将使钢轨踏面塌陷和出现肥边,反之钢轨将不再产生变形。有研究表明,我国铁路直线段最后稳定压力值小于钢轨安定极限值,因此直线段一般不会形成轨头压溃。

压溃的产生不仅与钢轨的性能有关,还受应力作用的影响,钢轨硬度越低,轮轨作用产生的应力越大,越易产生塑性变形形成压溃。

【发展结果】

随着通过总质量的增加,压溃量不断增加直至超过使用极限,使用过程中也会出现较为严重的疲劳裂纹及剥离掉块等情况,如图 4-1-15 所示。

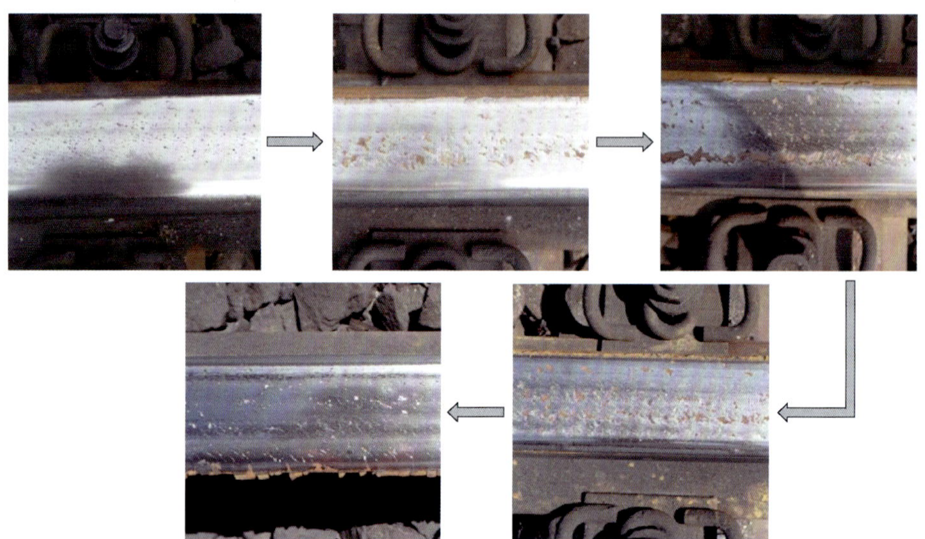

图 4-1-15　压溃量增加伴随表面剥离的变化

【处理方法】

1. 可进行打磨(或铣磨),打磨方案应根据表面伤损程度及轮轨接触情况确定,打磨后应保证伤损得到消除,打磨前应调查待打磨地段钢轨状况,采用钢轨廓形仪或廓形模板测量,根据钢轨表面状态、钢轨伤损和轮轨接触情况,结合设计廓形制订打磨方案。大机打磨过程中,应及时对打磨后效果进行测量分析,调整打磨方案,确保按设计廓形打磨到位。当成段钢轨表面伤损深度大于 0.5 mm 时,宜采用铣磨车作业。钢轨打磨作业质量应符合钢轨打磨作业验收标准要求。

2. 达到重伤的钢轨应更换。

【预防措施】

1. 采用与运营条件相匹配的高强度等级钢轨。

2. 改善轮轨关系,降低压应力。

## 六、轨头碾压凸台　★

### Head deformation

【特征】

钢轨轨头碾压凸台是轨面受到列车碾压形成两侧直台阶的光带，在光带处伴随有鱼鳞纹及剥离掉块等，如图 4-1-16 和图 4-1-17 所示，一般存在于小半径曲线下股，较为少见。

图 4-1-16　轨头碾压凸台

图 4-1-17　轨头碾压凸台测量

【检验方法】

1. 目测。
2. 使用廓形仪测量。

【产生原因】

1. 列车压应力超过钢轨的屈服强度导致钢轨产生塑性变形，但钢轨轮对游间不能全部与轨面完全吻合，导致轨头踏面处发生塑性变形形成类似凸台的缺陷。
2. 钢轨强度等级或轨型选择不合理。

【发展结果】

1. 形成剥离掉块等缺陷。
2. 造成轨头踏面不平顺。

【处理方法】

1. 可进行打磨（或铣磨），打磨方案应根据表面伤损程度及轮轨接触情况确定，打磨后应保证伤损得到消除，打磨前应调查待打磨地段钢轨状况，采用钢轨廓形仪或廓形模板测量，根据钢轨表面状态、钢轨伤损和轮轨接触情况，结合设计廓形制订打磨方案。大机打磨过程中，应及时对打磨后效果进行测量分析，及时调整打磨方案，确保按设计廓形打磨到位。钢轨打磨作业质量应符合钢轨打磨作业验收标准要求。
2. 更换与运营条件相匹配的高强度等级钢轨。

【预防措施】

改善轮轨关系。

## 七、核伤 ★★★
## Transverse fissure

【特征】

轨头内部核伤分为纵横裂型核伤和横裂型核伤两大类；呈椭圆形，长、短轴之比约 3∶2。核伤疲劳源一般位于距踏面 8～12 mm、距内侧 5～10 mm 处。一般来说，核伤方向与轨头侧面近乎垂直，与踏面多呈 10°～25°夹角（单线上）或近乎垂直（复线上）。

纵横裂型核伤是先在轨头内部形成与踏面平行的水平纵向疲劳裂纹，在应力作用下裂纹扩展方向改变，逐步扩展形成横向疲劳裂纹直至断裂；由夹杂物引起的纵横裂型核伤，在纵向疲劳断口处，可以观察到条状裂纹源和疲劳弧线，条状裂纹源一般是位于踏面下 5～12 mm 深的部位且平行于踏面，当纵向疲劳裂纹位于踏面下较浅位置时，起初踏面局部呈凹陷和暗斑状，之后会发展成局部掉块，掉块的深度通常为 3～5 mm。

横裂型核伤断口由裂纹源、疲劳断口和脆性断口组成。裂纹源通常位于踏面下 12 mm 以上深度的轨头内部，具有核状斑痕的形貌特征。疲劳裂纹扩展到一定尺寸后，导致钢轨横向断裂。

轨头内部核伤分白核与黑核。当内部疲劳裂纹未扩展到轨头表面时，断裂后断口表面呈金属光泽，称为“白核”，如图 4-1-18 所示；当内部裂纹已扩展到轨头表面时，断裂后疲劳裂纹受氧化腐蚀作用，断口表面呈暗褐色，称为“黑核”，如图 4-1-19 所示。

图 4-1-18　轨头核伤（白核）

图 4-1-19　轨头核伤（黑核）

【检验方法】

核伤均采用折射角为 65°～70°的超声横波探头进行探伤；根据核伤多出现在轨头内侧上角的特点，采用二次波法，即将探头向内侧偏转 14°～20°，利

用经轨颚反射后的二次波进行检测；同时使用中心直打 70°（探头向内侧偏转 0°）探伤检测通道，发现钢轨轨头中心的伤损。由于核伤取向对检测有影响，利用 70°超声横波探头进行钢轨轨头探伤时均需向前、向后进行探测。

对于较大轨头核伤，超声波探伤仪会出现多个通道反射情况，如直打 70°内侧、中间和外侧，有时还有 0°的底波消失的情况。

【产生原因】

钢轨核伤是由于制造过程中留有的细微伤源（材质缺陷），或使用过程中造成的缺陷，在列车荷载作用下产生应力集中，不断扩展而成。

1. 材质缺陷形成的核伤：钢轨在制造过程中，由于内部存在非金属夹杂物、白点、折叠、偏析和缩孔残余等缺陷，经轧制后存在于轨头中，在列车载荷的反复作用下，这些缺陷产生的疲劳源逐步扩展，形成有危害的核伤。

2. 使用过程中形成的核伤主要有接触疲劳形成的核伤，侧磨严重形成的核伤，鱼鳞纹发展形成的核伤，擦伤（焊补）形成的核伤等。

（1）接触疲劳形成的核伤：大运量重载区段，由于车轮与钢轨间接触应力过大，在列车荷载多次作用下，先产生轨头顶面剥离或其他表面伤损，然后发展成核伤，一般核源位于轨头内侧上角距顶面和侧面 5～15 mm 的范围内。

（2）侧磨严重形成的核伤：目前部分客车与货车运行速度相差较大，曲线地段超高设置无法满足各种车速的要求，因此容易造成钢轨偏载，使钢轨承载量上升，曲线上股钢轨侧磨严重，轮缘对轨颚的挤压加上水平推力与挠曲应力的复合作用，使下颚尖端产生微裂纹，成为疲劳源，在列车反复作用下，裂纹扩展形成核伤。

（3）鱼鳞纹发展形成的核伤：车流密度高、行车速度快的重载区段，由于列车在复线中单向运行，小半径曲线上股轨头内侧表面经常发生鱼鳞状破损，它不同于一般的轨头金属碎裂和剥离，常以裂纹尖端为疲劳源，逐步形成核伤，其特点是发展快且呈多面核。

（4）擦伤（焊补）形成的核伤：机车起动或爬坡时车轮空转，以及机车制动滑行时车轮与钢轨间剧烈摩擦产生高温，使轨顶面金属组织变硬、变脆（形成马氏体组织），在列车荷载作用下，形成网状裂纹，并向下发展成为核伤。当焊补轨面擦伤和掉块时，因焊面未打磨干净，留有微裂纹或因焊补工艺不良而产生的缺陷，这些缺陷在列车荷载作用下，易在焊补层下形成核伤。

3. 钢轨核伤的产生和发展不仅与材质有关，而且与钢轨所处的使用环境有关，受冲击力大、轨面状态不良地段的钢轨都容易产生轨头核伤，如线路出现翻白砟、翻浆冒泥地段，几何尺寸不良地点等。

【发展结果】

钢轨轨头核伤形成后，核伤周围的钢材强度不足以抵抗轮载作用下的应力，会发生突然脆断，严重威胁行车安全。

【处理方法】

1. 普速铁路钢轨核伤可加固处理，并在适宜温度及时进行永久处理；在实施永久处理前应加强检查，发现伤损发展时，应按照钢轨折断及时进行紧急处理、临时处理或永久处理。紧急处理是当钢轨断缝不大于 50 mm，在断缝处上好夹板或臌包夹板，用急救器固定，在断缝前后各 50 m 拧紧扣件，并派人看守，放行列车速度及邻线列车速度均应进行限制。临时处理是当折损严重或断缝大于 50 mm 且紧急处理后不能立即焊接修复时，应封锁线路，切除伤损部分，两锯口间插入长度不短于 6 m 的同型钢轨，轨端钻孔，上接头夹板，用 10.9 级螺栓拧紧，在短轨前后各 50 m 范围内拧紧扣件后，按正常速度放行列车，但不得大于 160 km/h。永久处理是对紧急处理或临时处理处所及时插入短轨进行焊复，恢复无缝线路轨道结构。

2. 高速铁路钢轨出现核伤时，有两种处理方式。一种是临时处理，锯掉核伤部位钢轨，并插入不短于 6 m 的短轨，但不得重复插入，且必须尽快焊复，临时插入短轨的线路允许速度不大于 160 km/h；另一种是直接更换钢轨。

3. 如核伤系白点造成的，应立即更换钢轨，并更换全部同炉号钢轨，排查该生产批次其他钢轨。

【预防措施】

1. 钢轨出厂前对内部质量进行超声波探伤检查，避免缺陷钢轨漏出。

2. 改善线路质量，提高基础弹性和平顺性，从而减少动荷载对轨道的冲击，如加强线路翻砟整治，定期对线路进行捣固维修，以保证基础弹性良好，保证线路几何尺寸良好等。

3. 利用大型探伤车和小型探伤仪对钢轨进行周期性探伤检查，以便早期发现轨头核伤，及时处置。

4. 加强钢轨修理，消除伤源，避免形成轨头核伤。轨头擦伤、轨面鱼鳞纹、轨面浅表层裂纹等均可以采用打磨的方式消除伤源，同时定期检查钢轨廓形，制定打磨方案，以保证良好的轮轨关系。

## 八、揭盖 ★

**Rail head departure**

【特征】

揭盖是疲劳裂纹扩展导致钢轨断裂后的一种表现形式，表现为轨头分离脱落，如图 4-1-20 所示。

图 4-1-20　揭盖

【检验方法】

1. 目测。
2. 超声波探伤检测。
3. 涡流或磁粉探伤检测。

发现普速铁路钢轨及高速铁路钢轨出现裂纹依据《普速铁路线路修理规则》(TG/GW 102—2019)第 3.6.3 条及相关标准判定为重伤，见表 4-1-11 和表 4-1-12。

**表 4-1-11　普速铁路钢轨裂纹轻伤和重伤判定标准**

| 伤损项目 | 判定标准 | | | | | | 备　注 |
|---|---|---|---|---|---|---|---|
| | 轻　伤 | | | 重　伤 | | | |
| | $v_{max}>$ 160 km/h | 160 km/h $\geqslant v_{max}>$ 120 km/h | $v_{max}\leqslant$ 120 km/h | $v_{max}>$ 160 km/h | 160 km/h $\geqslant v_{max}>$ 120 km/h | $v_{max}\leqslant$ 120 km/h | |
| 钢轨表面裂纹 | — | — | — | 有 | 有 | 有 | 包括螺孔裂纹、轨头下颚水平裂纹(透锈)、轨腰水平裂纹、轨头纵向裂纹、轨底裂纹等(不含轮轨接触疲劳引起轨顶面表面或近表面的鱼鳞裂纹) |
| 钢轨内部裂纹 | — | — | — | 有 | 有 | 有 | 包括核伤(黑核、白核)、钢轨纵向裂纹等 |

表 4-1-12　高速铁路钢轨裂纹轻伤和重伤判定标准

| 伤损项目 | 判定标准 | | 备　　注 |
|---|---|---|---|
| | 轻　　伤 | 重　　伤 | |
| 钢轨表面裂纹 | — | 轨头下颚水平裂纹（透锈）、轨腰水平裂纹、轨头纵向裂纹、轨底裂纹等 | 不含轮轨滚动接触疲劳引起轨顶面表面或近表面的鱼鳞裂纹 |
| 钢轨内部裂纹 | — | 探伤发现横向、纵向、斜向及其他裂纹和内部裂纹造成的踏面凹陷（隐伤） | 包括核伤（黑核、白核） |

【产生原因】

1. 因轨头断裂韧性大于其他部位，导致裂纹在轨头以下横向扩展受阻变为纵向扩展从而产生揭盖。断裂韧性表示钢轨在有裂纹存在的条件下抵抗脆性断裂的能力，是材料抵抗脆性破坏的韧性参数，和裂纹本身的大小、形状及外加应力大小无关，是材料固有的特性，只与材料本身、热处理及加工工艺有关，是应力强度因子的临界值。产生揭盖的裂纹源产生于钢轨的其他部位，如轨底锈蚀坑产生的裂纹，随着钢轨服役时间的延长从轨底横向扩展至轨头下颚处，当轨头断裂韧性高于轨腰，裂纹扩展阻力增大，因此裂纹扩展由横向转为纵向，向扩展阻力小的方向发展。当裂纹扩展到一定程度后，钢轨发生断裂，特殊情况下出现了轨头断裂脱落的情况。

2. 起源于其他部位的裂纹源因发展的偶然性导致揭盖。

【发展结果】

钢轨断裂。

【处理方法】

与裂纹处理方法相同。

【预防措施】

1. 改善钢轨性能，降低钢轨轨头与其他部位的断裂韧性差异。

2. 加强钢轨防护，减少裂纹源的产生，如降低钢轨锈蚀，减少钢轨外伤的产生等。

3. 加强钢轨状态检查，及时发现裂纹并更换缺陷钢轨。

## 九、钢轨擦伤 ★★

**Engine burn fracture**

【特征】

钢轨光带上呈现白亮的区域，形状有椭圆形、长条形等，如图 4-1-21 和图 4-1-22 所示，椭圆形擦伤通常在两股成对出现，擦伤处间隔一般与机车车轮间距相当。严重擦伤处易形成裂纹，特别严重者有压溃的情况，形成马鞍形，如图 4-1-23 所示。

图 4-1-21　钢轨擦伤

图 4-1-22　擦伤导致的钢轨低凹(少见)

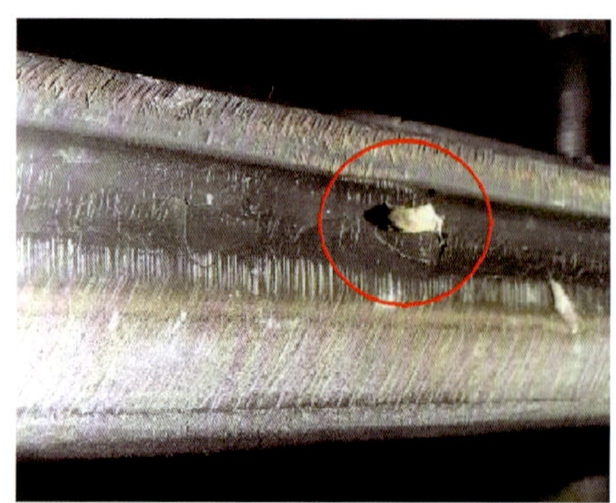

图 4-1-23　擦伤导致的掉块

【检验方法】

可以通过目视检查发现轨顶面的“白亮”区域，使用手持式布氏硬度计可以确认是否产生擦伤马氏体，一般擦伤马氏体的硬度明显高于相邻母材表面硬度；可以使用钢板尺及深度尺确认擦伤尺寸及擦伤深度。

普速铁路钢轨擦伤依照《普速铁路线路修理规则》（TG/GW 102—2019）第 3.6.3 条判定，见表 4-1-13。

**表 4-1-13　普速铁路钢轨擦伤判定标准**

| 损伤程度 | 轻伤 | | | 重伤 | | |
|---|---|---|---|---|---|---|
| 速度等级 | $v_{max}>$ 160 km/h | 160 km/h≥$v_{max}$>120 km/h | $v_{max}$≤120 km/h | $v_{max}>$ 160 km/h | 160 km/h≥$v_{max}$>120 km/h | $v_{max}$≤120 km/h |
| 判定标准 | 深度超过 0.5 mm | 深度超过 0.5 mm | 深度超过 1 mm | 深度超过 1 mm | 深度超过 1 mm | 深度超过 2 mm |

高速铁路钢轨擦伤依照相关标准判定，见表 4-1-14。

**表 4-1-14　高速铁路钢轨擦伤轻伤和重伤判定标准**

| 伤损项目 | 判定标准 | |
|---|---|---|
| | 轻伤 | 重伤 |
| 钢轨擦伤 | 0.3 mm<深度≤1 mm | 深度>1 mm |

【产生原因】

钢轨擦伤可以分为列车制动擦伤和启动空转擦伤两种。列车在长大坡道上进行制动时，轮轨之间不再是纯滚动接触，而是出现了滚动加滑动的接触方式，轮轨之间因滑动摩擦产生大量的热，导致钢轨顶面轮轨接触斑位置急剧升

温，并迅速冷却产生马氏体，形成列车制动擦伤。因轮轨间持续滑动使得列车制动擦伤通常呈现连续的长条形，深度不一，可能发生在一股钢轨也可能发生在两股钢轨上。车起动空转擦伤是机车轮对与钢轨表面之间的黏着系数过低，轮轨摩擦力不足，导致无法提供足够的牵引力，列车车轮发生空转，轮轨间摩擦产生的热量导致钢轨表面接触部位升温，并迅速冷却产生马氏体形成空转擦伤，一般空转擦伤的深度较深，可达 0.5～2 mm，长度为 20～100 mm，宽度为 30～50 mm，若长时间空转，会导致轮轨接触位置钢轨熔融，轨头性能下降并被严重压溃。

擦伤在钢轨上的分布具有一定的规律性，制动擦伤一般出现在长大坡道上和长期限速点前后，如列车需要减速通过长特大钢梁桥，则减速区段钢轨制动擦伤较多。空转擦伤一般出现在列车紧急制动区域和列车提速位置。

【发展结果】

轻微擦伤后，钢轨表面金属出现相变，产生硬而脆的马氏体。马氏体在列车运行过程中，会出现表面裂纹、碎裂，形成剥离掉块，或在擦伤底部萌生疲劳裂纹导致轨头核伤，严重影响线路平顺性，甚至钢轨折断，危及行车安全。

严重擦伤会导致钢轨顶面熔融、压溃，钢轨有效截面积减少，承载能力降低，平顺性被严重破坏，大大增加了钢轨在轮轨冲击下折断的风险。

【处理方法】

1. 较轻的钢轨擦伤可以通过打磨方式处理，打磨包括小机打磨和大机打磨。对于个别出现的轻微擦伤可以通过人工小机打磨处理，打磨时要先进行方案设计，先去除擦伤层，再修复钢轨廓形，打磨前后合理顺接。区间内出现多处擦伤时，可采用大机打磨，作业前要对钢轨进行全面调查，根据目标廓形设计打磨方案，确保打磨后轮轨合理匹配。

2. 严重擦伤应换轨处理。

【预防措施】

1. 减少新线建设中钢轨擦伤的措施：在铁路建设过程中，通过优化工程列车的调度，合理组织施工和运输，并建立准确的工程列车紧急制动和车轮空转台账，为准确查找空转擦伤提供依据；工务部门要提高提前介入效果，从铺轨开始，仔细检查和验收钢轨轨面情况，尤其是要重点检查长大坡道钢轨上是否存在擦伤，是否存在白亮层，发现白亮层要用硬度检测的方式来确认是否存在钢轨擦伤，发现钢轨擦伤后，及时进行处理。

2. 运营线路钢轨擦伤的预防：在长大坡道区段，对轨面进行撒沙，增加轮轨摩擦系数，避免车轮空转打滑；规范特殊地段的司机操作要求，杜绝出现长时间空转，工务部门应及时检查紧急制动位置，确认是否存在擦伤。

## 十、低塌 ★★★

**Low collapse**

【特征】

从钢轨纵向看踏面有明显的凹下，光带有变宽的情况，焊接接头的低塌形状主要沿轨面以焊缝为中心线呈矩形对称分布，如图 4-1-24 和图 4-1-25 所示，一般较为常见。

图 4-1-24　焊缝接头低塌

图 4-1-25　接头低塌导致的接头光带变化

【检验方法】

使用 1 m 平直尺和塞尺检测，或使用电子平直尺检测，接头低塌曲线如图 4-1-26 所示。普速铁路钢轨低塌依据《普速铁路线路修理规则》(TG/GW 102—2019)第 3.6.3 条判定，见表 4-1-15。

**表 4-1-15　普速铁路钢轨焊缝低塌判定标准**

| 损伤程度 | 轻　伤 | | | 重　伤 | | |
|---|---|---|---|---|---|---|
| 速度等级 | $v_{max}>$ 160 km/h | 160 km/h $\geq v_{max}>$ 120 km/h | $v_{max}\leq$ 120 km/h | $v_{max}>$ 160 km/h | 160 km/h $\geq v_{max}>$ 120 km/h | $v_{max}\leq$ 120 km/h |
| 判定标准 | 超过 1 mm | 超过 1.5 mm | 超过 3 mm | 超过 1.5 mm | 超过 2.5 mm | 超过 3.5 mm |

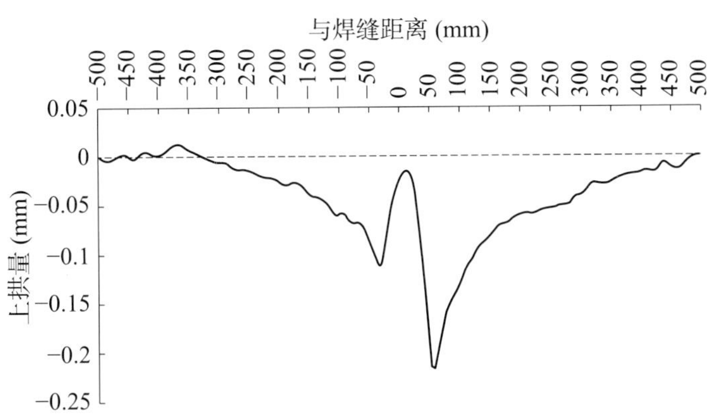


图 4-1-26　接头低塌曲线

高速铁路钢轨低塌依据表 4-1-16 判定。

**表 4-1-16　高速铁路钢轨低塌轻伤和重伤判定标准**

| 伤损项目 | 判定标准 | | 备　注 |
|---|---|---|---|
| | 轻　伤 | 重　伤 | |
| 焊接接头低塌 | 0.2 mm<低塌≤0.4 mm | 低塌>0.4 mm | 1 m 直尺或钢轨平直度测量仪测量矢度 |

【产生原因】

1. 钢轨焊接接头低塌与焊接接头硬度偏低有关。

2. 焊接接头低塌深度与采取的焊接工艺有关，固定式闪光焊、移动式闪光焊、移动气压焊、铝热焊的低塌程度依次增加。

3. 钢轨母材的低塌长度范围与硬度变化长度范围相关。

【发展结果】

钢轨接头焊缝区软化导致不平顺，会加剧轮轨动应力，容易造成钢轨焊接接头出现剥离掉块、裂纹等伤损。

【处理方法】

已存在的低塌接头应及时安排打磨，改善轨面的平顺性；加强接头部位的养护，减缓接头所受到的冲击。

【预防措施】

1. 规范焊接及焊后热处理工艺，减少硬度波动。

2. 加强生产控制，减少母材硬度波动。

## 十一、高低点 ★

**Irregularity in short distance**

【特征】

高低点与母材有关。根据调查发现，高低点位置一般为距离钢轨一端 2～3 m，高点和低点差值通常为 0.3～0.6 mm，个别在距端部 5～6 m 处也存在高低点。存在高低点的钢轨上线使用后，踏面存在不平顺现象，表现为光带宽度突变，如果是批量具有高低点的钢轨铺设在线路上会呈现明显的规律性，如图 4-1-27～图4-1-29 所示。

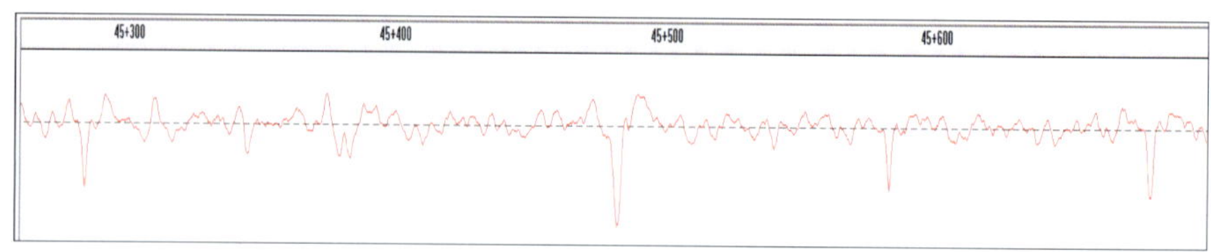


图 4-1-27　线路动检车检测高低点钢轨波形图（约 100 m 出现一次低塌）

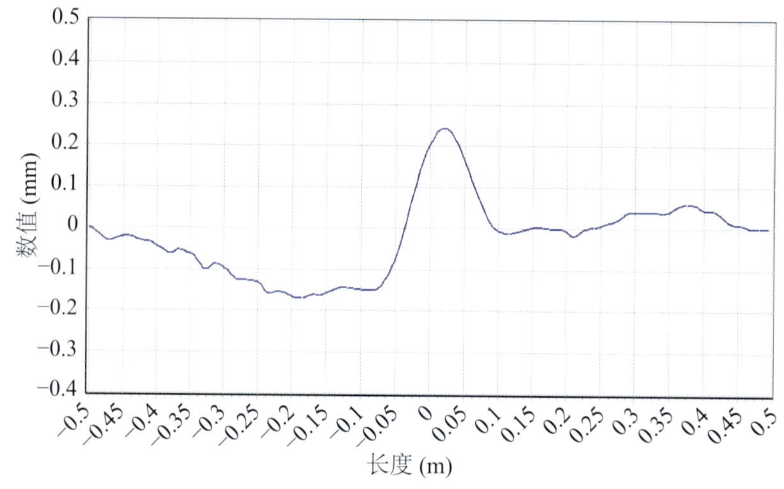


图 4-1-28　高低点测量示意

图 4-1-29　高低点钢轨使用后低塌处光带变宽

【检验方法】

1. 通过综合检测列车进行检测。

2. 利用电子平直尺测量。

【产生原因】

高低点是钢轨轧制过程中产生的,产生原因与钢轨制造阶段高低点产生的原因相同。目前各钢厂通过优化工艺,高低点问题已经基本解决。

【发展结果】

上线钢轨存在高低点会使线路存在纵向不平顺,影响列车运行的稳定性,加大轮轨冲击,容易造成钢轨及轨下基础的破坏。随着通过总质量的增加,钢轨的高点问题会逐渐改善,但低点会加重。

【处理方法】

采用打磨(铣磨)的方式进行处理,打磨前应调查待打磨地段钢轨状况,采用钢轨廓形仪或廓形模板测量,根据钢轨表面状态、钢轨伤损和轮轨接触情况,结合设计廓形制订打磨方案。大机打磨过程中,应及时对打磨后效果进行测量分析,及时调整打磨方案,确保按设计廓形打磨到位。钢轨打磨作业的质量应符合其验收标准要求。高低点小机打磨如图 4-1-30 所示。

图 4-1-30　高低点小机打磨

【预防措施】

钢厂改进工艺,从源头避免高低点的产生,加强原材料的检查,避免存在高低点的钢轨上道使用。

## 十二、波磨 ★★★

**Corrugation**

【特征】

钢轨波浪形磨耗简称波磨，是钢轨在投入使用后，随着运营时间的增加，逐渐在钢轨顶部沿其纵向出现的一种规律性的类似波浪形状的周期性不平顺磨耗现象，如图 4-1-31 所示。

图 4-1-31　波磨

【检验方法】

1. 目测并辅助 1 m 电子尺测量。

2. 将传感器安装在轨检车上，利用弦线法或惯性法进行测量，弦线法是利用传感器获得的钢轨踏面形貌，通过测量钢轨两测点的连线作为测量弦，中间测点到该弦的正矢作为钢轨波浪磨耗的测量值，惯性法是通过计算加速度值得到位移来计算波磨值。

普速铁路钢轨波磨依据《普速铁路线路修理规则》(TG/GW 102—2019)第 3.6.3 条判定，见表 4-1-17。

**表 4-1-17　普速铁路钢轨波磨判定标准**

| 伤损程度 | 轻伤 | | |
|---|---|---|---|
| 速度等级 | $v_{max}>160$ km/h | 160 km/h$\geqslant v_{max}>120$ km/h | $v_{max}\leqslant 120$ km/h |
| 判定标准 | 谷深超过 0.3 mm | 谷深超过 0.3 mm | 谷深超过 0.5 mm |

高速铁路钢轨波磨依据相关标准判定，见表 4-1-18。

表 4-1-18　高速铁路钢轨波磨判定标准

| 伤损项目 | 判定标准 | |
|---|---|---|
| | 轻　伤 | 重　伤 |
| 波　　磨 | — | 波长不大于 300 mm 时，平均谷深超过 0.08 mm；波长大于 300 mm 时，谷深 ≥0.2 mm |

【产生原因】

钢轨波磨产生的原因是比较复杂的，一般可以归纳为动力类成因理论和非动力类成因理论两类。动力类成因理论认为轮轨系统振动产生波磨，引起波磨的振动可分为自激、共振和反馈振动三类，波磨波长与轮轨系统中某一种或某几种振动形式相关联。非动力类成因理论认为即使轮轨作用力为常值，也会因为不均匀塑性流动或磨损等原因形成波磨，波磨的波长是随机的。曲线上的波磨一般认为是由于轮对转弯半径不同导致的。

【发展结果】

钢轨波磨会导致列车与轨道结构激烈的振动，从而产生噪声，影响旅客乘坐舒适度，同时也大大增加了铁路养护部门的维修工作量和维修费用。钢轨波磨的形成和发展不仅影响机车、车辆和轨道结构的使用寿命，严重的还会导致列车脱轨事故的发生。

【处理方法】

1. 波磨可通过打磨（或铣磨）进行处理，打磨方案应根据表面伤损程度及轮轨接触情况确定，打磨后应保证伤损得到消除，打磨前应调查待打磨地段钢轨状况，采用钢轨廓形仪或廓形模板测量，根据钢轨表面状态、钢轨伤损和轮轨接触情况，结合设计廓形制订打磨方案。大机打磨过程中，应及时对打磨后效果进行测量分析，调整打磨方案，确保按设计廓形打磨到位；对于成段钢轨表面伤损宜采用铣磨车作业。钢轨打磨作业质量应符合其验收标准要求。

2. 严重的应更换钢轨。

【预防措施】

波磨形成的机理不同，采取的治理措施也不一样。对于重载线路曲线钢轨，治理波磨的方法主要有钢轨打磨、钢轨润滑、轮轨摩擦系数调节、增加曲线钢轨材料硬度提高其抗磨损能力和更换钢轨等。另外，除了采用上述类似的办法以外，还可以从改变和优化轨道结构特性的根源上来消除诱发波磨的因素，如减小轨道不平顺、加大轨道弹性、采用最佳扣件减振刚度和枕距，研究速度、轮轨粗糙度激励以及轨道共振特性敏感程度之间的关系等。

## 十三、光带不良 ★★★

## Abnormal rail running surface

【特征】

光带不良是指光带宽度不均匀的情况，如图 4-1-32 和图 4-1-33 所示。钢轨光带是在轮轨长时间摩擦接触、碾压等动态作用下形成的沿钢轨纵向分布的带状区域，由于剧烈的轮轨接触作用导致钢轨顶面和作用边擦痕色泽明亮，与钢轨未接触区域形成明显对比，称之为钢轨光带。

图 4-1-32　光带不良

图 4-1-33　光带异常

【检验方法】

使用平直尺测量。

【产生原因】

异常的钢轨光带主要有光带过宽、光带过窄、蛇行光带以及突变光带。打磨不当也会导致钢轨光带异常。

1. 短距离的光带过宽主要是因为列车运行途中经过高低不平顺地段，受到一个向下的垂向加速度，导致车轮挤压钢轨，钢轨表面承受的垂向力剧烈增大，从而使车轮与钢轨的接触踏面增大，光带宽度也随之增宽。成段的光带过宽可能是由于原始廓形或者垂直磨耗较大导致。

2. 光带过窄主要是因为列车通过曲线超高地段时，由于轨道高低不平顺，受到一个向上的垂向加速度，导致车轮出现短暂悬浮，钢轨表面垂向力减小，从而使车轮与钢轨的接触踏面减小，光带宽度也随之减小。

3. 蛇行光带主要是因为轨道出现连续的方向不平顺，导致列车蛇行运动加剧，在钢轨扭曲处产生较大的横向力作用，踏面横向蠕滑力增加，形成蛇行光带。

4. 突变光带主要是由于钢轨材质不同或者焊后接头踏面连续硬度变化、焊接接头平直度或打磨质量差等原因，使得轮轨接触面抗压抗磨能力不同，从而导致光带宽度剧烈突变。

【发展结果】

光带过宽会导致列车在曲线的通过性变差，轮轨摩擦加剧，钢轨容易出现鱼鳞纹甚至出现剥落掉块，还会导致侧磨加剧。光带过窄会导致列车运行横向稳定性变差，影响行车品质。

此外，光带不良还会导致轮轨接触不良，影响钢轨的平顺性，同时加剧轮轨冲击，易诱发钢轨伤损的发生。

【处理方法】

光带不良可通过打磨进行处理，打磨方案应根据表面伤损程度及轮轨接触情况确定，打磨后应保证消除伤损，打磨前应调查待打磨地段钢轨状况，采用钢轨廓形仪或廓形模板测量，根据钢轨表面状态、轮轨接触情况，结合设计廓形制订打磨方案。大机打磨过程中，应及时对打磨后效果进行测量分析，及时调整打磨方案，确保按设计廓形打磨到位。钢轨打磨作业质量应符合其验收标准要求。

【预防措施】

光带过宽或过窄可以通过打磨保持合适的轮轨接触廓形，蛇行光带可以通过加强线路几何尺寸控制、保持轨距和廓形等手段来解决。由于材质或接头质量原因引起的突变光带可以通过使用热处理钢轨、接头精磨等方式，改善接头踏面硬度和平直度等进而改善光带不良。

## 十四、轨头裂纹 ★★★

### Heat cracks

【特征】

钢轨轨头可见的裂纹，如图 4-1-34 所示。

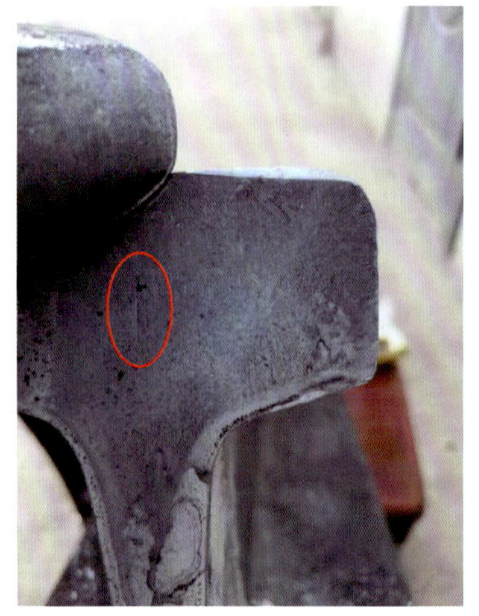

图 4-1-34　轨头裂纹

【检验方法】

1. 目视检查。
2. 超声波探伤检测，如图 4-1-35 和图 4-1-36 所示。
3. 涡流或磁粉探伤检测。

发现普速铁路钢轨及高速铁路钢轨出现裂纹依据表 4-1-11 和表 4-1-12 判定为重伤。

【产生原因】

1. 钢轨制造工艺不良，有严重偏析、缩孔、夹杂等缺陷，目前因模铸导致的钢锭缺陷已不多见。

图 4-1-35　钢轨超声波探伤车

图 4-1-36　钢轨超声波探伤

2. 钢轨在运营过程中受到的偏心载荷、水平力、弯曲应力等作用导致裂纹源形成和扩展。

【发展结果】

钢轨断裂，严重威胁行车安全。

【处理方法】

1. 普速铁路钢轨应按照钢轨折断及时进行紧急处理、临时处理或永久处理。紧急处理是当钢轨断缝不大于 50 mm，在断缝处上好夹板或臌包夹板，用急救器固定，在断缝前后各 50 m 拧紧扣件，并派人看守，放行列车速度及邻线列车速度均应进行限制。临时处理是当折损严重或断缝大于 50 mm 以及紧急处理后不能立即焊接修复时，应封锁线路，切除伤损部分，两锯口间插入长度不短于 6 m 的同型钢轨，轨端钻孔，上接头夹板，用 10.9 级螺栓拧紧，在短轨前后各 50 m 范围内拧紧扣件后，按正常速度放行列车，但不得大于 160 km/h。永久处理是对紧急处理或临时处理处所及时插入短轨进行焊复，恢复无缝线路轨道结构。

2. 高速铁路钢轨出现裂纹时，有两种处理方式。一种是临时插入不短于 6 m 的短轨，但不得重复插入，且必须尽快焊复，临时插入短轨的线路允许速度不大于 160 km/h；另一种是直接更换钢轨。

【预防措施】

1. 严格控制钢轨生产质量。

2. 改善线路质量，提高基础弹性和平顺性，从而减少动荷载对轨道的冲击，加强道岔各部位的病害整治，保证整体框架和几何尺寸良好。

3. 加强周期性检查，及早发现裂纹，及时处置。

## 第二节　其他伤损

### 一、多孔　★

**Drilling position error**

【特征】

在不需要的位置产生了新的孔，如图 4-2-1 所示。

图 4-2-1　多孔

【检验方法】

目测。

【产生原因】

现场接头钻孔时，由于螺栓孔位置定位不准确，螺栓无法穿入，对螺栓孔进行二次扩孔，从而形成多孔。

【发展结果】

多孔易在螺栓孔的某个部位形成应力集中而形成螺栓孔裂纹。

【处理方法】

立即更换。

【预防措施】

提高现场接头钻孔的准确度。

## 二、锈蚀　★★★
### Corrosion

【特征】

钢轨表面形成锈蚀点或片状锈蚀层，严重者可能产生锈蚀坑甚至分层脱落，在钢轨表面可以看见明显的深褐色甚至是黑色区域，如图 4-2-2～图 4-2-5 所示。一般轨腰及轨底较多，轨头因长期与车轮接触，锈蚀情况较少。

图 4-2-2　轨腰锈蚀

图 4-2-3　轨底上表面锈蚀产生的锈蚀坑

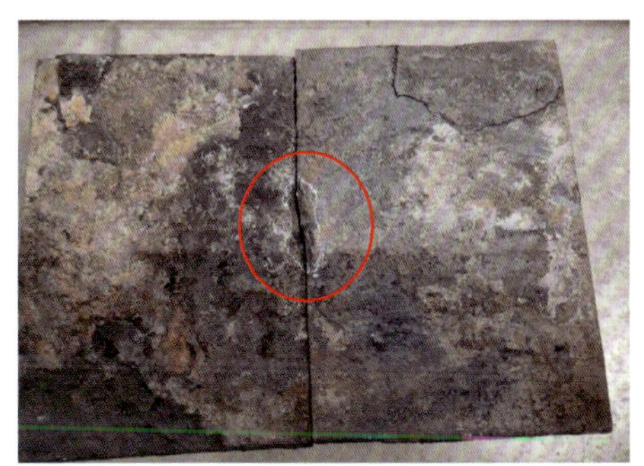

图 4-2-4　轨底锈蚀产生的锈蚀坑

图 4-2-5　钢轨锈蚀

【检验方法】

钢轨轨腰及轨底上表面的锈蚀坑可以直接目视检查，轨底锈蚀通过镜面反射查看或通过超声波探伤检测，可参照表 4-2-1 进行判定。

**表 4-2-1　钢轨锈蚀判定标准**

| 速度等级 | 高速铁路 | $v_{max}>160$ km/h | 160 km/h$\geq v_{max}>$120 km/h | $v_{max}\leq$120 km/h |
| --- | --- | --- | --- | --- |
| 判定标准 | 经除锈后，轨底厚度不足 8 mm 或轨腰厚度不足 12 mm | 经除锈后，轨底厚度不足 8 mm 或轨腰厚度不足 14 mm | | 经除锈后，轨底厚度不足 5 mm 或轨腰厚度不足 8 mm |

【产生原因】

钢轨锈蚀是钢轨表面与周围介质发生化学反应或电化学反应后遭到破坏

的现象，其本质是钢轨中的铁元素被氧化，在钢轨表面形成一层疏松的铁氧化物的过程。钢轨锈蚀可分为化学锈蚀和电化学锈蚀两类，化学锈蚀是钢轨直接与周围介质发生化学反应而产生的锈蚀，这种锈蚀多数是钢轨发生氧化作用而在表面形成疏松的铁氧化物；电化学锈蚀是钢轨与电解质溶液接触，形成微电池而产生的锈蚀，潮湿环境中钢轨表面被一层电解质水膜所覆盖，在钢轨表面易形成许多微电池，加速钢轨锈蚀。电化学锈蚀是钢轨锈蚀最主要的形式，也是导致钢轨锈蚀严重的形式。

钢轨锈蚀的产生主要有几方面的原因：一是线路排水不理想导致自然降水附着在钢轨表面，甚至钢轨直接浸泡在水中；二是钢轨与其他部件，如扣件、轨距挡板等产生动态振动形成卡痕，雨水或其他滴落物在钢轨表面堆积产生局部腐蚀；三是环境空气污染导致的锈蚀，如空气中的水分较大，加上 $CO_2$、$SO_2$ 等酸性气体溶解在水蒸气中加剧了腐蚀的产生，以隧道等通风不良的区段较为明显，此外海滨、盐渍地区等区域的大气环境也会加速钢轨的锈蚀；四是列车的废水、矿粉和排污物等散漏在钢轨上，造成锈蚀，在站点进出站时较为明显，但随着列车排污系统的改进，该原因产生的锈蚀有所减少。

【发展结果】

锈蚀会使钢轨轨腰和轨底的断面尺寸逐渐减小，降低钢轨的有效面积，进而降低钢轨强度及使用寿命。轨底下表面因锈蚀形成的腐蚀坑隐蔽不易发现，容易形成裂纹源，在应力作用下发生裂纹扩展及断裂。

【处理方法】

锈蚀严重的钢轨应更换。

【预防措施】

1. 掌握钢轨使用状态，对曲线、站内、桥隧等重点地段加强检查，摸清锈蚀和伤损规律，缩短钢轨易锈蚀地段的检查周期，常规探伤时，加强对轨底横向裂纹检测，分析人员应重点查看和分析探伤回放数据，做好各周期台阶波形变化对比分析，确保能及时发现因锈蚀导致的钢轨伤损。

2. 做好线路设备日常保养，及时疏通排水系统，清除具有腐蚀性的煤、砂等，防止长期接触侵蚀钢轨。

3. 在钢轨表面涂抹防锈剂(底层环氧富锌漆、面层灰铅漆或者防锈油)等防止钢轨锈蚀。

4. 在易锈蚀地段铺设耐腐蚀钢轨。

5. 采用牺牲阳极的阴极保护法。为了保护阴极的钢轨不被腐蚀，通过贴上锌片等阳极材料，以牺牲阳极材料来保护阴极不被锈蚀，但阳极材料大小的选择直接关系到成本与使用效果，过大则造成成本浪费，过小则不能起到保护作用，因此该方法仍有待持续研究。

## 三、孔裂 ★★★

**Bolt hole crack**

【特征】

轨腰孔裂产生在连接夹板螺栓孔或其他孔周围，如图 4-2-6 ~ 图 4-2-9 所示，且沿孔边缘向外侧发展，多斜向发展，产生孔裂的多是连接夹板螺栓孔，偶有电务等设备与钢轨的连接孔。按孔裂发生方向可以分为螺栓孔水平裂纹、上斜裂纹、下斜裂纹。在列车荷载作用下，将在应力较大处萌生疲劳裂纹并逐渐扩展。当疲劳裂纹扩展至大约 10 mm 时，裂纹开始快速扩展，导致轨头掉块或揭盖。统计资料表明，连接夹板螺栓孔在钢轨孔裂伤损中所占比例较大，在有缝线路中位居第一。

图 4-2-6 孔裂斜裂纹

图 4-2-7 孔裂水平裂纹

图 4-2-8 孔裂断口

图 4-2-9 导线孔裂纹

三个连接夹板螺栓孔中，靠近轨端的第一个螺栓孔受冲击力最大，因此夹板孔裂纹一般首先在靠近轨端的第一孔形成，并沿与纵轴约 45°角方向分别向轨头及轨底方向扩展，形成的裂纹还有一定概率向第二夹板孔的方向扩展。此外，裂纹会在垂直于前两条裂纹的孔壁处形成第三条与纵轴约成 45°角的裂纹，个别连接夹板螺栓孔裂纹可以沿纵向疲劳扩展。

【检验方法】

1. 目测。

2. 利用探伤仪前、后 37°探头进行判别，再利用 0°探头对判别结果进行验证（裂纹长度≥10 mm 时，0°判定的准确率较高）。

【产生原因】

1. 钢轨轨腰因钻孔后强度被削弱，螺栓孔周围产生较高的局部应力，且与纵向成 45°角方向的应力最大。在列车荷载作用下，在应力较大处萌生疲劳裂纹并逐渐扩展。

2. 钢轨接头高低错牙、绝缘接头、异形接头、轨缝过大等钢轨不平顺，线路因基础不实养护不良而造成低接头、暗坑、空吊等病害都会造成车轮对钢轨的冲击力过大。

3. 形成应力集中点，使用过程中由于应力集中导致裂纹的产生，主要是螺栓孔孔距不合理，易形成某个孔眼应力集中；钻孔后，未进行倒棱，在螺栓孔内壁形成毛刺、缺口或错台，形成应力集中点；螺栓孔与螺栓接触并反复作用，在螺栓孔表面形成应力集中点；在钢轨热打印标识等处形成应力集中点。

【发展结果】

轨腰孔裂如未检出，上斜裂纹会造成钢轨轨头掉块或揭盖，下斜裂纹会造成钢轨掉底。

【处理方法】

发现轨腰螺栓孔裂纹后，及时更换钢轨。

【预防措施】

1. 加强钢轨的养护维修，钢轨上的螺栓孔不得重叠且必须倒棱，避免形成应力集中点；两螺栓孔的净距，不得小于孔径的两倍，直径不同时按大孔径计算，严禁烧孔和冲孔；更换钢轨时，挑选磨耗（垂磨、侧磨）一致的钢轨或对接头进行焊补打磨，减少接头的冲击力；异型轨接头按标准优先采用异型轨连接，减缓接头的挠度。

2. 加强线路的养护维修，经常性地调整接头轨缝，有计划地清筛接头下的板结道床，保持轨下的弹性基础，加强接头下道床的捣固，消除空吊、低接头等作业，提高线路、钢轨的平顺性，减轻车轮对钢轨的冲击。

3. 加强钢轨探伤与检查，对伤损多发地段，重点检查钢轨外观状态，在钢轨有孔的处所重点探伤。

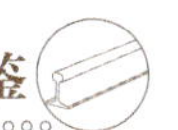

## 四、扣件压痕　★★

## Indentation of rail fastenings

【特征】

扣件压痕位于钢轨轨底脚边缘，扣件与轨底接触位置，其宽度与扣件宽度一致，如图 4-2-10 和图 4-2-11 所示。

图 4-2-10　扣件在钢轨轨底上表面产生的压痕

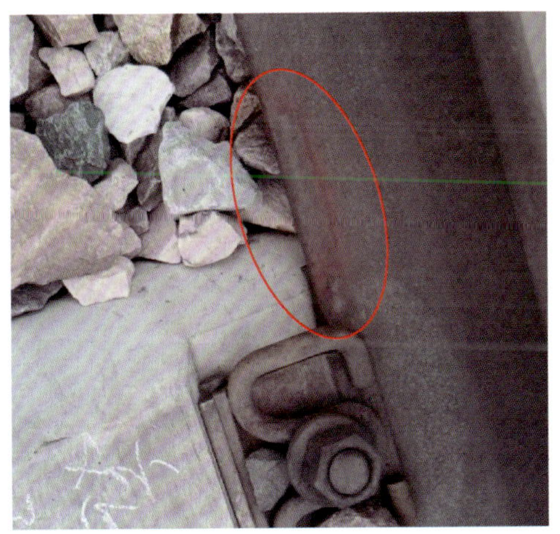

图 4-2-11　压痕处锈蚀

【检验方法】

采用测量剩余钢轨厚度的方式，通过计算剩余钢轨与标准钢轨尺寸间的差值，获得扣件压痕深度。一般采用钢板尺测量，可以采用游标卡尺或千分尺测量获得更加精准的数据。扣件压痕参照表 4-2-2 进行判定。

表 4-2-2　扣件压痕判定标准

| 速度等级 | 高速铁路 | $v_{max}$>160 km/h | 160 km/h≥$v_{max}$>120 km/h | $v_{max}$≤120 km/h |
| --- | --- | --- | --- | --- |
| 判定标准 | 经除锈后，轨底厚度不足 8 mm 或轨腰厚度不足 12 mm | 经除锈后，轨底厚度不足 8 mm 或轨腰厚度不足 14 mm | | 经除锈后，轨底厚度不足 5 mm 或轨腰厚度不足 8 mm |

【产生原因】

扣件压痕只在钢轨轨底脚扣件扣压位置产生，一般包括磨损和锈蚀两种情况。

1. 列车运行过程中扣件与钢轨之间存在相对运动，由于轨下基础弹性不良、轴重过大等因素影响，列车通过时的振动加大了扣件与钢轨之间的相对运动，导致磨损产生，扣件扣压力的大小也会影响磨损速率。

2. 锈蚀产生的影响因素较多，潮湿多雨地区、沿海地区会因扣件与钢轨接触位置存水等产生锈蚀；货运列车运输的矿粉等洒落在钢轨表面，并在扣件与钢轨接触位置累积，导致电化学腐蚀的加剧而产生锈蚀；客运列车产生的生活废物，也是导致扣件与钢轨接触位置锈蚀产生的重要因素，表现为大站出站区段钢轨扣件和钢轨锈蚀普遍严重，但该因素已经伴随着列车集中排污而缓解。

【发展结果】

扣件压痕的持续发展将导致钢轨轨底机械性能降低，也影响扣件与钢轨之间的扣压效果。

【处理方法】

轻微扣件压痕无需进行特殊处理，扣件压痕严重时，需要打磨除锈后进行测量以确认钢轨是否达到重伤标准，达到重伤的，需要及时进行更换。

【预防措施】

在潮湿多雨和沿海区域，可以选择采用耐腐蚀钢轨和耐腐蚀扣件，通过增加钢轨和扣件本身的耐腐蚀性能，降低扣件锈蚀压痕的产生。

加强线路养修质量，确保扣压力达标、轨下基础弹性均匀，可以降低轨底脚和扣件之间的不均匀相对运动，减少扣件磨损压痕的产生。

## 五、水平碎弯　★

**Wavy irregularity**

【特征】

钢轨水平方向的波浪状弯曲变形，如图 4-2-12 所示。

图 4-2-12　水平碎弯

【检验方法】

1. 目测。

2. 使用电子平直尺或弦绳法测量。

【产生原因】

1. 钢轨母材加工不良会导致波浪状弯曲变形或硬弯，在运输和装卸过程中也会因非正常原因产生波浪状弯曲。

2. 使用过程中是钢轨铺设后未及时做好调直、固定等工作，随后大型机械走行造成了钢轨的弯曲。

【发展结果】

碎弯的存在影响列车运行的平稳性和安全性，还有可能随着运行时间的延长而恶化，严重的碎弯线路列车将无法行驶。

【处理方法】

调直，严重的需要更换钢轨。

【预防措施】

1. 确保出厂钢轨的质量满足标准要求，钢轨卸载时应注意保护。

2. 钢轨铺设后应及时做好调直、固定等工作，防止后续施工导致的钢轨弯曲。

## 六、裂　　纹
## Fatigue crack

### (一)轨腰裂纹 ★

【特征】

轨腰裂纹可以根据裂纹源分为表面疲劳裂纹或内部疲劳裂纹。

1. 表面疲劳裂纹是在轨腰位置沿钢轨纵向产生的连续的疲劳裂纹，裂纹发展方向没有明显规律性，沿水平方向发展会穿透轨腰，沿纵向发展在达到一定尺寸后会向轨底或轨头扩展。

2. 内部疲劳裂纹是在制造过程中形成的裂纹源，断裂后可见明显的疲劳裂纹源及断口。

钢轨轨腰裂纹形貌如图 4-2-13 和图 4-2-14 所示，轨腰裂纹源断口形貌如图 4-2-15 所示。

图 4-2-13　轨腰纵向裂纹

图 4-2-14　轨腰斜裂纹

图 4-2-15　轨腰裂纹源

【检验方法】

1. 目测。

2. 主要利用钢轨超声波探伤仪器前、后 37°(A 显在 4.4 刻度左右显示没有位移的跳跃波、B 显在轨腰中轴线连续性的点状回波）及 0°探头（轨底回波丢失，B 显在轨腰中轴线连续性的回波）综合判别，如图 4-2-16 所示。

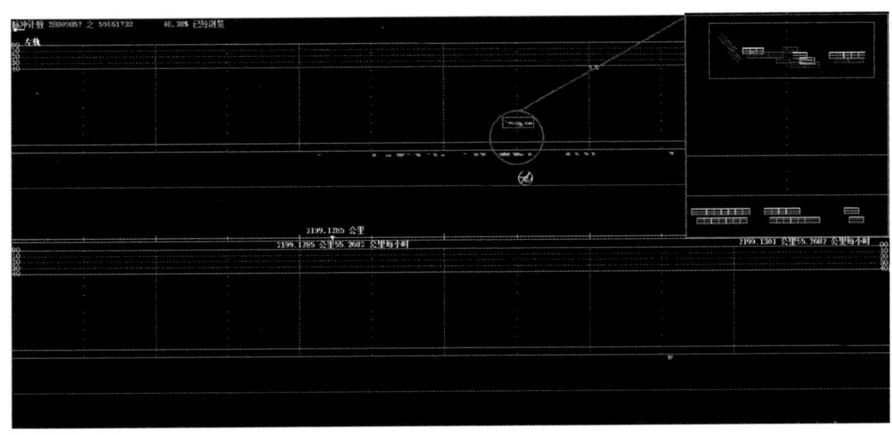

图 4-2-16　钢轨轨腰伤损回波

3. 涡流或磁粉探伤检测。

发现普速铁路钢轨及高速铁路钢轨出现裂纹依据表 4-1-11 和表 4-1-12 判定为重伤。

【产生原因】

1. 制造产生的表面裂纹源主要是轧制折叠、外物刮伤等，内部裂纹源是轨腰缩孔等内部缺陷引起的。

2. 使用过程中产生的裂纹源是外伤引起或因钢轨轨腰热打印炉号处形成应力集中导致。

【发展结果】

1. 沿水平裂纹轨迹向上或向下发展，向上发展会造成钢轨揭盖，向下发展纹会造成钢轨掉底；或沿着横向发展造成横向脆性断裂。

2. 钢轨轨腰缩孔等会导致轨腰鼓包或轨头扩大，并逐渐发展到钢轨表面，形成轨头和轨腰纵向劈裂或开裂等伤损。

【处理方法】

与轨头裂纹处理方法相同。

【预防措施】

1. 提高钢轨生产厂的生产工艺水平，减小钢轨的制造缺陷。

2. 在钢轨的运输和使用过程中，避免钢轨表面局部受外力作用而产生外伤。

3. 加强对线路钢轨的检查，提高线路和钢轨的平顺性，减小车轮对钢轨的冲击，延缓裂纹扩展速度。

### (二)轨底裂纹 ★★

【特征】

轨底疲劳裂纹会出现在轨底任意范围内,包括轨底边缘、轨底中心等,道岔区域在导曲轨、尖轨、心轨、翼轨等发生钢轨轨底疲劳裂纹的占比较大,主要出现在轨底边缘处;大多轨底疲劳裂纹表面呈暗褐色,可以观察到疲劳弧线,伤损形状以扇形、月牙形居多,如图 4-2-17 和图 4-2-18 所示。

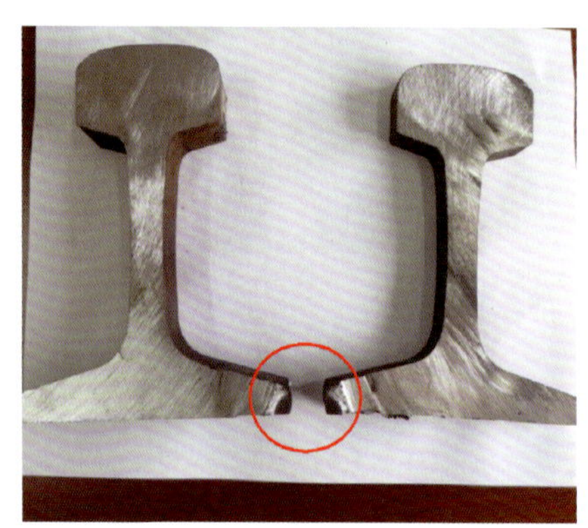

图 4-2-17 扇形轨底疲劳裂纹

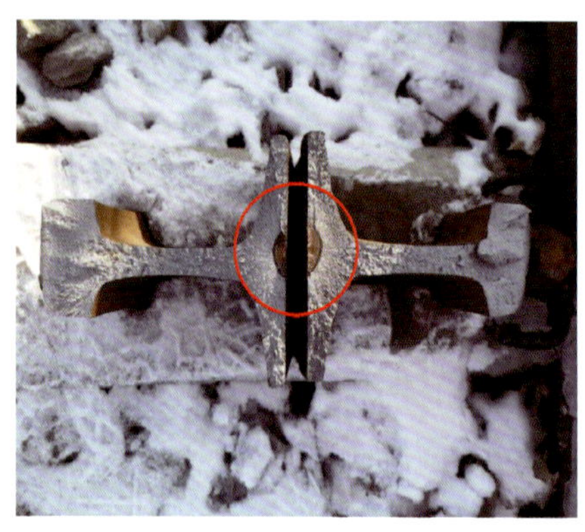

图 4-2-18 月牙形轨底疲劳裂纹

【检验方法】

1. 超声波检测:轨底板中心的疲劳伤损,可利用 30°～45°超声波横波探头从轨面入射后作单探头扫查或双(多)探头探伤检测;也可以以轨底圆弧面做探测面,利用 K1 或 K2.5 探头作 K 形探伤检测;轨底板边缘的疲劳伤损,可利用 45°～70°横波探头在轨底板上表面分段进行扫查,也可制作扫查装置,进行阵列式探伤扫查。图 4-2-19 是使用超声波探伤发现的铝热焊轨底有异常回波,经分析为裂纹及疏松缺陷。

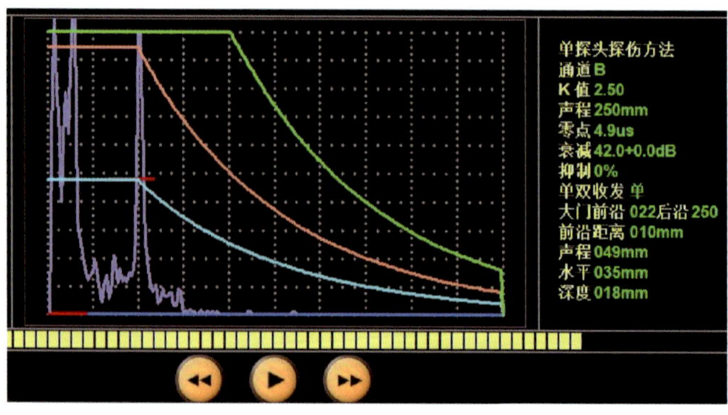


图 4-2-19 铝热焊焊缝轨底热裂纹、疏松及探伤回波

2. 专用涡流探伤仪检测:使用 L 形探头和 I 形探头,在轨底板表面和轨底板下表面进行扫查,以发现轨底板表面的伤损。

3. 目视检查:使用反光小镜观看轨底下表面。

发现普速铁路钢轨及高速铁路钢轨出现裂纹依据《普速铁路线路修理规则》(TG/GW 102—2019)第 3.6.3 条及相关标准判定为重伤,见表 4-1-11 和表 4-1-12。

【产生原因】

1. 轨底锈坑或划痕发展形成的轨底裂纹。

2. 轨底板底部与轨底侧面交合的夹角处加工不良或未倒棱处理,使用过程中该部位应力集中,疲劳扩展形成轨底裂纹。易出现在道岔区段,尖轨、翼轨等钢件在刨切加工时加工工艺不良,使用过程中与其他设备相互作用产生疲劳。

3. 轨底存在轧制缺陷或因轨底底凹与垫板轨枕间不密贴,使用过程中轨底局部产生过大的应力,产生轨底裂纹或破裂。

4. 焊接工艺不良,产生过烧、未焊透、气泡、夹杂以及光斑或灰斑等内部缺陷,造成轨底横向裂纹。

【发展结果】

钢轨轨底受拉应力,钢轨轨底存在疲劳裂纹时极易发生折断,严重威胁行车安全。

【处理方法】

与轨头裂纹处理方法相同。

【预防措施】

1. 加强钢轨出厂前检查,避免超标的缺陷钢轨出厂使用。

2. 加强焊接工艺控制,以防焊接工艺不良产生过烧、未焊透、气泡、夹杂以及光斑或灰斑等内部缺陷。

3. 改善线路质量,提高基础弹性和平顺性,从而减少动荷载对轨道的冲击。如加强线路翻砟整治,定期对线路进行捣固维修,以保证基础弹性良好,杜绝线路超垫胶垫,保证线路几何尺寸良好等。

4. 加强道床清污工作,最大限度减少道床污染板结对钢轨锈蚀的影响。

5. 利用大型探伤车和小型探伤仪对钢轨进行周期性超声波探伤检查,及早发现轨底板中心伤损,及时处置。

6. 加强道岔区域的线路养护,保证道岔各部件几何尺寸良好,整体框架良好。一些使用铁垫板的道岔,应保证刨切部位倒棱圆角与垫板接触时应力分散。

## 七、外物损伤 ★★★

**Foreign objects damage**

【特征】

外物损伤是指钢轨受外力而导致的钢轨伤损，如锤击、大型机械磕碰、钢轨卸车导致的弯曲等，产生位置不固定，多发生于不规范施工现场，如图 4-2-20～图 4-2-25 所示。

图 4-2-20　机械造成的钢轨踏面伤损

图 4-2-21　锤击轨底造成的裂纹

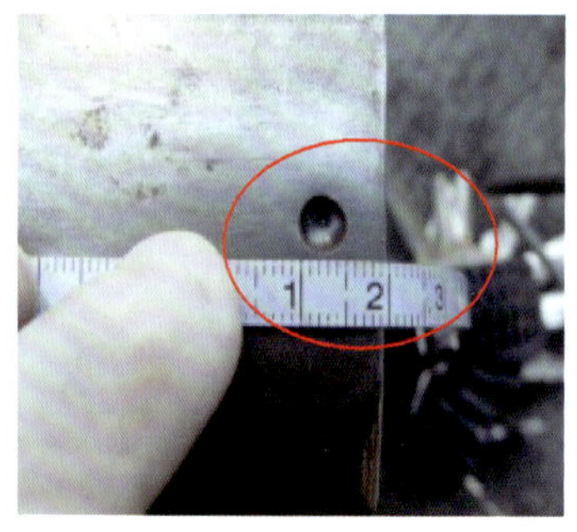


图 4-2-22　轨头硬物压痕

图 4-2-23　轨底磕伤

图 4-2-24　卸车不规范导致的轨底划伤

图 4-2-25　轨底冲击造成的伤损

【检验方法】

一般采用目测，再配合直尺、深度尺等量具测量伤损的尺寸大小和深度。

对于道岔尖轨背面等目视检查困难位置，可优先采用涡流检测，并注重对钢轨表面变化导致波形报警的判别，及时发现外物损伤。

【产生原因】

外物损伤主要原因是作业不当，包括在新建、改建、大修施工中，采用挖掘机等大型机械作业时，挖掘机挖齿碰伤钢轨或履带压伤钢轨；在维修作业中采用大锤敲击钢轨进行改道等作业时，使用大锤击伤钢轨；在钢轨装卸运输过程中野蛮操作导致钢轨跌落撞伤等；在采用捣固车进行线路大机捣固作业中，因捣固位置不当导致捣固头伤及钢轨等。

外物损伤也会在钢轨生产或焊接过程中产生，需要通过查看或检验区分其是在钢轨生产中产生还是在后续装卸使用中产生。

【发展结果】

外物损伤在钢轨使用过程中会因应力集中的存在而萌生疲劳裂纹，疲劳裂纹的扩展甚至会导致钢轨折断。

【处理方法】

1. 应及时进行处理，避免损伤位置萌生疲劳裂纹：

(1)钢轨顶面机械损伤，可采用钢轨打磨的方法进行处置，消除钢轨表面伤损，恢复钢轨廓形。单点伤损或小范围伤损可采用小机打磨处置；大范围伤损可采用钢轨打磨(铣磨)列车进行打磨(铣磨)处理。

(2)钢轨其他位置的机械损伤若伤损较小，打磨后不影响钢轨使用，可采用打磨方式进行修理；若伤损较大，打磨后影响钢轨使用的，应更换钢轨；单点伤损也可采用锯切伤损后原位焊接的方式，以减少焊接接头数量。

(3)外物损伤严重的钢轨应进行更换。

2. 对于在伤损位置已经产生裂纹的钢轨，按前述“裂纹”伤损的处理方法进行处理。

【预防措施】

1. 在采用大型机械作业时，要加强对钢轨的保护和检查，一是挖掘机履带应加装橡胶履带，并及时检查更换，避免履带伤及钢轨；二是避免采用挖掘机直接扒动或更换钢轨，若采用挖掘机扒动钢轨后，应检查钢轨表面状态。

2. 在日常养护维修作业中，禁止用大锤敲击钢轨，在安装轨距块等作业时，锤击作业要避免碰到钢轨。

3. 钢轨装卸运输应采用吊车，轻装轻卸，禁止钢轨直接从轨道车上跌落。当钢轨发生高空跌落时，应依据标准《钢轨　第1部分：43 kg/m～75 kg/m钢轨》(TB/T 2344.1—2020)第7.9.1条要求，禁止使用。

4. 在使用大型捣固机械进行线路大机捣固时，严格落实作业要求，确保捣固位置准确。

## 八、锯切损伤 ★★

### Cutting defects

【特征】

锯切损伤是由于角磨机等锯切工具作用在钢轨上形成锯切痕，如图 4-2-26 所示；或锯切作业不规范导致锯切后期钢轨被拉断形成凹坑等脆性断裂缺陷，如图 4-2-27 和图 4-2-28 所示。

图 4-2-26　锯切造成的锯切痕

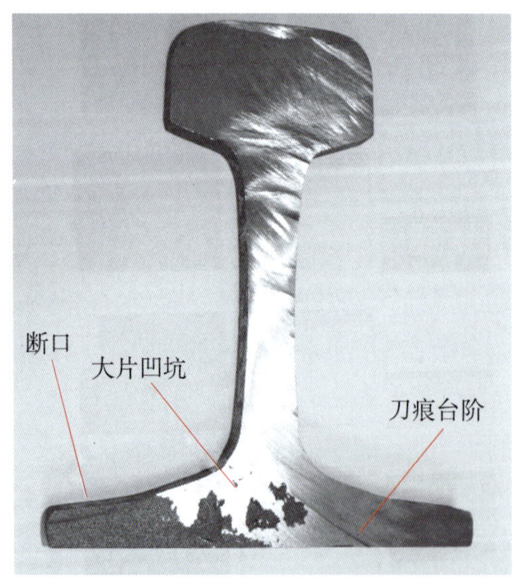


图 4-2-27　锯切导致的脆性断裂

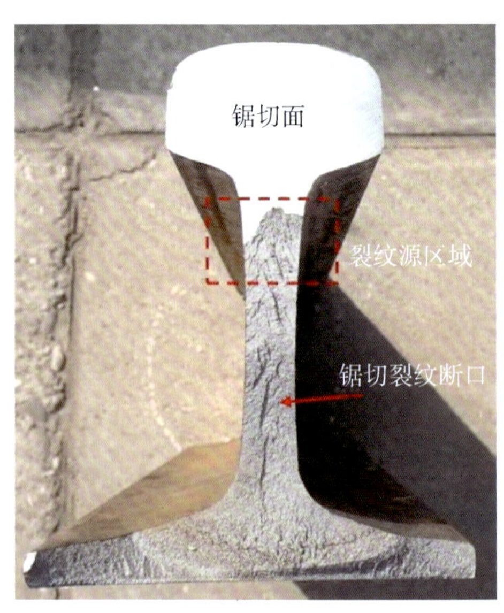


图 4-2-28　锯切导致的断裂

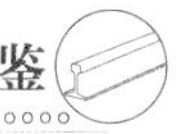

【检验方法】

一般采用目测，再配合直尺、深度尺等量具测量伤损的尺寸大小和深度。

【产生原因】

1. 锯切其他工件时离钢轨较近并切割了钢轨，在钢轨上形成锯切痕。

2. 锯切钢轨时，将钢轨垫高以方便切割，此时钢轨处于拉应力状态，如图 4-2-29 所示。随着切割作用的进行，最后的剩余金属因为拉应力作用而断裂形成脆性断口（图 4-2-27）。

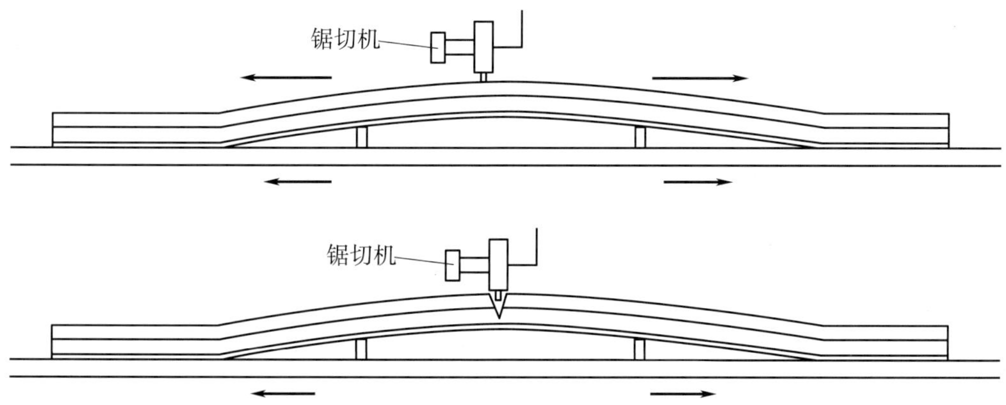


图 4-2-29　锯切时钢轨所受纵向应力示意

【发展结果】

产生的伤损在使用过程中易产生应力集中，导致钢轨出现裂纹，甚至断裂。

【处理方法】

1. 对于轻微的轨底横向划痕可以通过修磨处理，严重的应进行更换。

2. 对于已经产生裂纹的应按照钢轨折断及时进行临时处理或永久处理。临时处理是指不能立即焊接修复时，应封锁线路，切除伤损部分，两锯口间插入长度不短于 6 m 的同型钢轨，轨端钻孔，上接头夹板，用 10.9 级螺栓拧紧，拧紧扣件后，按正常速度放行列车，列车速度不得大于 160 km/h。永久处理是对紧急处理或临时处理处所，及时插入短轨进行焊复，恢复无缝线路轨道结构。

【预防措施】

1. 锯切其他工件时应远离钢轨，如条件不允许的，应做好钢轨保护。

2. 锯切钢轨时应使钢轨处于自然状态，不应承受应力作用。

## 九、打磨灼伤 ★★

**Grinding burn**

【特征】

打磨灼伤是指在钢轨打磨过程中，由于打磨方式不当导致组织发生变化（伴随表面出现氧化变色），如图 4-2-30 和图 4-2-31 所示。打磨灼伤处强度和硬度发生变化，甚至出现微裂纹。图 4-2-32 为打磨灼伤断口。

图 4-2-30　轨底打磨灼伤

图 4-2-31　焊缝打磨灼伤

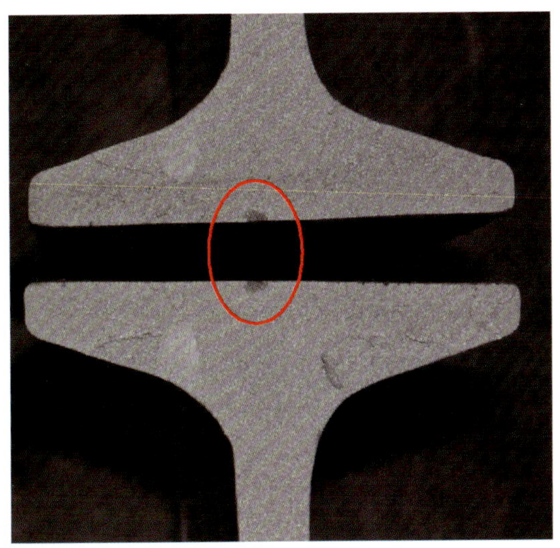

图 4-2-32　打磨灼伤断口

【检验方法】

与第二章钢轨制造阶段产生的打磨灼伤相同。

【产生原因】

与第二章钢轨制造阶段产生的打磨灼伤相同。

【发展结果】

一般轻度的打磨灼伤会造成钢轨表面退火或回火，热处理钢轨会导致硬度下降，发生在钢轨踏面会导致钢轨局部硬度降低，容易发生低塌缺陷。当打磨钢轨表面产生高温时，如果散热措施不好，也很容易在钢轨表面（从几十微米到几百微米）发生二次淬火及高温回火。如果打磨表面层的瞬间温度超过钢种的 $AC_1$ 点（珠光体向奥氏体转变温度），在快速冷却过程中容易出现二次淬火马氏体，在表层下可能形成高温回火组织，使表层和次表层之间呈现拉应力，而表层为一层薄而脆的二次淬火马氏体，当应力过大时，将产生裂纹。

【处理方法】

应控制钢轨打磨灼伤的出现，出现时应尽量切除打磨灼伤段钢轨，采用修磨方式处理时应保证修磨的最小深度，确保灼伤部分完全修磨处理掉，无法处理掉的应进行更换。

【预防措施】

1. 尽量减少磨削时产生的热量。作业方面应控制打磨的吃刀量，不可形成冲击，常温下钢轨打磨应尽量控制不出现烤蓝。打磨过程中不能持续打磨一处时间过长；砂轮材质选择不能过硬或过细；选择手砂轮的电机功率不宜过大，适当控制砂轮线速度。

2. 尽量加速热量的散发。

# 参考文献

[1]《钢轨基础知识及实用技术》编委会. 钢轨基础知识及实用技术[M]. 北京：中国铁道出版社，2018.

[2]《钢轨焊接实用技术》编委会. 钢轨焊接实用技术[M]. 北京：中国铁道出版社有限公司，2019.

[3] 邹定强，杨其全，卢观健，等. 钢轨失效分析和伤损图谱[M]. 北京：中国铁道出版社，2010.

[4] 刘宝昇，赵宪明. 钢轨生产与使用[M]. 北京：冶金工业出版社，2009.

[5] 铁路职工岗位培训教材编审委员会. 铁路探伤工：钢轨探伤[M]. 北京：中国铁道出版社，2014.

[6] 铁路职工岗位培训教材编审委员会. 铁路线路工[M]. 北京：中国铁道出版社，2010.

[7] 铁道部运输局. 高速铁路工务知识读本[M]. 北京：中国铁道出版社，2011.

[8] 吴细水. 高速铁路轮轨关系典型案例研究[J]. 中国铁路，2018(3)：65-68.

[9] 周清跃，张银花，朱梅. 国内外钢轨标准制修订回顾[J]. 铁道技术监督，2012，40(8)：1-5.

[10] 高文会. 钢轨闪光焊接头平直度控制技术[J]. 铁道建筑，2010(9)：103-107.

[11] 高彦嵩. 浅析钢轨厂内固定闪光焊接质量控制关键环节[J]. 金属加工(热加工)，2011(16)：39-40.

[12] 高彦嵩. 钢轨焊接接头平直度测量方法及效果研究[J]. 铁路技术创新，2019(2)：51-55.

[13] 董华利. 小半径曲线上股热处理钢轨的选择及磨耗规律研究[J]. 铁道建筑，2021，61(6)：121-123.

[14] 董华利. U75V 在线热处理尖轨服役状态下廓形演化规律分析[J]. 中国铁路，2017(11)：77-81.

[15] 刘丰收. 基于磨耗的高速铁路轮轨接触关系研究[J]. 中国铁道科学，2019，40(3)：38-43.

[16] 刘丰收，李闯，田常海. 我国高速铁路钢轨早期伤损研究[J]. 铁道建筑，2018，58(1)：138-140.

[17] 刘洋. 轮轨接触特性及钢轨损伤因素的理论及试验研究[D]. 兰州：兰州交通大学，2016.

[18] 胡杰，邹定强，杨其全，等. PG4 钢轨断裂原因分析[C]//中国材料科学学会破坏科学

委员会,中国力学学会 MTS 材料试验协作专业委员会. 2014 海峡两岸破坏科学与材料试验学术会议暨第十二届破坏科学研讨会/第十届全国 MTS 材料试验学术会议论文集. [出版地不详]:[出版者不详],2014:1.

[19] 刘永乾,郭猛刚,侯银庆,等. 有砟客运专线钢轨周期性不平顺整治技术研究[J]. 中国铁路,2020(9):98-105.

[20] 周剑华,任安超,吉玉,等. U71Mn 钢轨踏面剥离掉块缺陷分析[J]. 中国铁道科学,2013,34(2):1-6.

# 伤损类型索引

## 钢轨型式尺寸缺陷



## 钢轨外形缺陷



## 钢轨表面质量缺陷与伤损

## 钢轨理化性能不合格



## 焊缝外观缺陷与伤损

## 钢轨焊接内部缺陷



## 钢轨焊接理化性能不合格

## 主要出现在轨头的伤损



## 其他伤损

# 缺陷名称中英文对照

**F**



**G**



**H**

## I



## J



## L



## M



## N



## O

**P**



**R**



**S**



**T**

**U**



**W**